脱贫攻坚

有我钢铁人

中国钢铁工业协会 编

北 京

冶 金 工 业 出 版 社

2020

内 容 提 要

本书反映了我国钢铁行业、钢铁人在脱贫攻坚、全面建成小康社会伟大事业中的风貌，展现了中国钢铁人与党同心、立下愚公志、打赢脱贫攻坚战的责任感和使命感。

本书集合了近几年《中国冶金报》发表的和众多钢铁企业撰写的反映钢铁行业脱贫攻坚、共同建设小康社会的部分新闻稿件、图片和文章，包括科学分析、精准扶贫、对口支援、产业支持、扩大生产、转移就业等内容。

图书在版编目(CIP)数据

脱贫攻坚　有我钢铁人／中国钢铁工业协会编．—北京：冶金工业出版社，2020.9

ISBN 978-7-5024-8490-3

Ⅰ.①脱…　Ⅱ.①中…　Ⅲ.①钢铁工业—扶贫—概况—中国　Ⅳ.①F426.31　②F126

中国版本图书馆 CIP 数据核字(2020)第 103302 号

出 版 人　苏长永

地　　址　北京市东城区嵩祝院北巷 39 号　邮编　100009　电话　(010)64027926

网　　址　www.cnmip.com.cn　电子信箱　yjcbs@cnmip.com.cn

责任编辑　姜晓辉　美术编辑　郑小利　版式设计　孙跃红

责任校对　郑　娟　责任印制　李玉山

ISBN 978-7-5024-8490-3

冶金工业出版社出版发行；各地新华书店经销；北京建宏印刷有限公司印刷

2020 年 9 月第 1 版，2020 年 9 月第 1 次印刷

169mm×239mm；20.25 印张；309 千字；307 页

126.00 元

冶金工业出版社　投稿电话　(010)64027932　投稿信箱　tougao@cnmip.com.cn

冶金工业出版社营销中心　电话　(010)64044283　传真　(010)64027893

冶金工业出版社天猫旗舰店　yjgycbs.tmall.com

(本书如有印装质量问题，本社营销中心负责退换)

《脱贫攻坚　有我钢铁人》
编委会

序　言

2020年是全面打赢脱贫攻坚战收官之年，是全面建成小康社会的实现之年。几年来，全国各族人民积极响应习近平总书记的伟大号召，在党中央的统一领导和部署下，万众一心，同心同德，勠力同心，全力发奋，在这场人类历史上最大规模的脱贫攻坚事业中，取得了喜人的成就。为反映我国钢铁行业、钢铁人在此次伟大事业中的风貌，展现中国钢铁人与党同心、立下愚公志、打赢脱贫攻坚战的高度责任感和使命感，鼓舞钢铁人在打赢脱贫攻坚战、共同奔小康的征程上再接再厉、再创辉煌，我们将钢铁行业参加这次伟大事业的有关文章和报道集结成书，从科学分析、精准施策、对口支援、产业扶持、扩大生产、转移就业等几个方面来记录中国钢铁行业、钢铁人在听党指挥、实现中华民族伟大复兴征程上的奋发努力和拼搏进取精神。

本书稿件截取的时间为2016年至2020年初，内容分两个部分：一是特稿，主要是以群像的形式反映我国钢铁行业和钢铁人在脱贫攻坚中所做的努力；二是企业报道，主要是展现各个钢铁企业按照习近平总书记针对脱贫攻坚提出的“要坚定信心不动摇、要咬定目标不放松、要整治问题不手软、要落实责任不松劲、要转变作风不懈怠”的要求，以昂扬的斗志、饱满的热情、旺盛的干劲，为如期全面打赢脱贫攻坚战、全面建成小康社会作出的贡献。

为了使读者了解脱贫攻坚、致富奔小康事业的进展，本书选取的每家钢铁企业，报道基本上按发表时间顺序编排，每篇文章后标明刊发报纸名称、时间和撰写人。

编辑出版本书的目的就是要人们牢记，祖国的命运和亿万中国人民的命运紧紧联系在一起，和我们百万钢铁人的命运紧紧联系在一起；就是要表达百万钢铁人对祖国、对党的无限忠诚和无比的信赖；就是要表达百万钢铁人时刻听党指挥、永远跟党走的坚定决心；就是要展现百万钢铁人在党的正确领导下，决战决胜，战胜一切困难的大无畏气概；就是要鼓舞百万钢铁人勇往直前、再接再厉、再立新功的动力和干劲，在今后的工作中不断进取、不断发展、再创辉煌。

编辑和出版本书的时间紧迫、资料繁杂，特别是因新冠肺炎疫情严重居家办公，困难重重。撰写稿件的作者和参与编辑工作的同志们，克服困难，恪尽职守，努力拼搏，在短短的时间里以高质量的稿件，编辑出版了鼓舞人心的好作品。我们坚信，在习近平总书记的指挥下，在党中央的坚强领导下，中国人民一定能够取得脱贫攻坚、全面建成小康社会的伟大胜利。

中国钢铁工业协会党委书记

2020 年 8 月

目　录

特　稿

企业报道

特 稿

TE GAO

大国钢铁担当　精准扶贫

2019年3月7日，习近平总书记参加十三届全国人大二次会议甘肃代表团审议时指出，现在距离2020年完成脱贫攻坚目标任务只有两年时间，正是最吃劲的时候，必须坚持不懈做好工作，不获全胜、决不收兵。这些年来，脱贫攻坚取得了决定性进展，力度之大、规模之广、影响之深前所未有。取得这样的成绩实属不易，谱写了人类反贫困历史新篇章。

两会期间，《中国冶金报》特别推出“大国钢铁担当·精准扶贫”专题，展示我们钢铁企业在2018年“精准扶贫”方面取得的成绩或某一方面的亮点。这些企业是我国钢铁企业在扶贫攻坚方面的代表，我们可以自豪地说，所有的钢铁企业都以高度的责任感和使命感，在打赢脱贫攻坚战中彰显了我们的钢铁担当！

2019年，我们钢铁企业将按照习近平总书记针对脱贫攻坚提出的“要坚定信心不动摇、要咬定目标不放松、要整治问题不手软、要落实责任不松劲、要转变作风不懈怠”的要求，以昂扬的斗志、饱满的热情、旺盛的干劲，为如期全面打赢脱贫攻坚战、如期全面建成小康社会做出新的更大贡献。

宝武做强产业扶贫　培育龙头企业的永生动力

2018年，中国宝武集团以“做强产业扶贫、培育龙头企业的永生动力”为根本，增强扶贫地区“造血能力”。中国宝武集团党委书记、董事长陈德荣强调，要实现从过去捐赠式扶贫向产业扶贫的根本转变，提高脱贫攻坚的档次、能力和效果。2018年，中国宝武集团把产业扶贫项目的投入由原来的20%提升至40%，积极培育龙头企业，帮助定点扶贫6县引进企业8家，引进企业实际投资额达到4795万元，扶持定点扶贫县龙头企业7家、农村合作社12家，带动建档立卡贫困人口脱贫数15764人。

2018年，中国宝武集团创新产业扶贫模式，在云南省普洱市江城县建立新型农业经营主体，带动贫困户增收；在宁洱县深入推进区域特色农业，探索发展休闲农业产业；在镇沅县松子地进行农产品产地初加工；在广南县开展以销售农特产品为主的农村电商扶贫，推进农村电商平台建设。此外，宝武集团在广西壮族自治区上林县芳樟产业园建立农业产业扶贫示范基地；把西藏自治区仲巴县帕羊镇打造成特色小镇、西部重镇，如今成为文化旅游品牌。这些举措在促进旅游资源开发的同时，拉动当地人民的自我消费，以促进当地人民就业。

2018年9月19日，中国宝武集团党委书记、董事长陈德荣（左二）到广西壮族自治区上林县贫困村民家中走访（蒋丹枫　摄）

（原刊于《中国冶金报》2019年3月14日8版　记者　蒋文雯）

鞍钢力促戈壁荒滩变身幸福家园

2018年，鞍钢集团全力推进对新疆塔什库尔干塔吉克自治县（以下简称塔县）塔提库力易地扶贫搬迁土地平整项目。2018年5月，鞍钢集团党委书记、董事长姚林到新疆塔县调研期间了解到，该县塔提库力移民搬迁进展缓慢，主要原因是搬迁点土地不平整，推迟了移民搬迁进度，当即决定将土地平整列为重点项目推进。

塔提库力移民搬迁点原是一片荒滩戈壁，年降水量稀少，无任何农牧业与水利基础，农牧民搬迁后无法种植林木与农产品，无法从事畜牧业。为了让农牧民安心搬迁，鞍钢集团援塔干部与塔县水利局、第三方水利规划设计单位等无缝对接推进。2018 年 9 月 2 日项目开始施工，鞍钢集团捐赠项目全部资金达 321.26 万元，新建道路 10.03 千米，平整土地 1756 亩，新建防渗渠道 2.676 千米，配套建筑物 68 座，彻底解决了该地区无地种植问题。据测算，该项目效益为 46.5 万元/年，可易地搬迁建档立卡贫困户 358 户，人均年收入可增加 321 元。

2018 年 9 月，鞍钢援塔干部跟踪塔提库力易地扶贫搬迁土地平整项目施工进度（张云会　摄）

（原刊于《中国冶金报》2019 年 3 月 14 日 8 版　记者　刘敬元　通讯员　叶　舟）

河钢集团留下“永不走的工作队”

2018 年以来，河钢集团作为“五包一”“三包一”帮扶河北省保定市涞源县脱贫攻坚的河北省属大型骨干企业，充分调动内外各种资源，以产业扶贫为重点，全力破解贫困难题，绝不让一名老乡掉队。

涞源县位于太行山北端，是国家扶贫开发工作重点县、河北省深度贫困县。河钢集团党委书记、董事长于勇多次到涞源县调研督导扶贫脱贫工作，走访慰问贫困户。他说："要把扶贫脱贫工作作为一项重要的政治任务，以高度的政治责任感和强烈的政治担当，坚决完成扶贫脱贫任务！"河钢集团在涞源县对接的3个帮扶村共建光伏发电1220千瓦；引进宝迪养猪项目，建成了3000头规模的猪舍及流水线；规模化饲养肉牛120头，实验养殖绿皮黑鸡200只，种植谷子250亩、有机玉米200亩、葡萄50亩、果树4000余棵……一大批产业项目落地见效，为帮扶村脱贫打下了坚实的基础。

一人稳定就业，一家脱贫致富。河钢选派了39名干部组成13支驻村工作队分赴河北省各地开展扶贫脱贫帮扶工作，选派了262名同志结对帮扶1022户贫困家庭，入户走访4500次，为一个个生活拮据的家庭送去了希望和祝福。

13支驻村工作队，根据所在村实际情况，引进产业和带动就业相结合，建成服装加工厂1个、黄芩茶叶加工厂1个，建成蔬菜大棚190个、菌棚14个……截至2018年底，河钢对口帮扶的13个贫困村中，有6个贫困村成功脱贫出列。"河钢工作队就是真扶贫！自从工作队住进村子，就没停过为咱们村办实事办好事，我们的日子越过越有盼头喽！"涞源县留家庄村徐老汉的话语中充满了赞誉。

2018年11月23日，河钢集团党委书记、董事长于勇（右二）
在涞源县留家庄乡留家庄村结对帮扶的贫困户徐沛泽家中走访慰问（赵辉　摄）

（原刊于《中国冶金报》2019年3月14日8版　记者　杨海霞　通讯员魏清源）

太钢对接扶贫村实现“村村有产业、户户有人管”

太钢集团作为山西省属大型国有企业，始终把助力脱贫攻坚作为首要政治任务和头等大事来抓，积极发挥国有企业在打赢脱贫攻坚战中的生力军作用。2018年，面对15个村912户、1656人的脱贫任务，太钢集团党委书记、董事长高祥明等公司领导多次深入太钢集团负责帮扶的山西省娄烦县、保德县扶贫点进行专项调研，进一步安排部署扶贫工作。

近年来，太钢集团派出17名驻村第一书记、30名驻村扶贫队员分赴山西省娄烦县和保德县扎根驻村，以“两不愁、三保障”为脱贫攻坚目标，按照“6个确保”工作方针开展各项扶贫工作，在扶贫点帮助村民培育发展起了肉牛养殖项目、西洋参深加工项目、香菇深加工项目、中药材和马铃薯种植等项目，引导专业合作社、产业带头人、家庭农场等与贫困户建立产业增收利益联结机制，实现了“村村有产业、户户有人管”。同时，太钢集团还帮助村民们建起文化广场、爱心磨坊、爱心日间照料中心等惠民项目。截至2018年底，太钢集团帮扶的15个村各项脱贫退出指标全部达标，建档立卡贫困户人均收入超过全国贫困线的25%以上。太钢集团先后被山西省、太原市评为“先进扶贫单位”。

2018年6月8日，全国人大代表，太钢集团公司党委书记、董事长高祥明（左二）在山西省娄烦县马家庄了解扶贫情况（特约通讯员　王旭宏摄）

（原刊于《中国冶金报》2019年3月14日8版　记者　陈　强）

沙钢以三大工程树立脱贫典范

2018 年，沙钢集团坚持“钢铁报国，做精做强，成就员工、回报社会”的社会责任理念。2018 年 6 月，作为“江苏民营企业决胜全面小康社会助力精准扶贫基金”的倡议者和发起人之一，沙钢集团党委书记、董事长沈彬代表沙钢捐赠 2000 万元，主要用于对口扶贫及助老助学等公益慈善项目。2018 年，沙钢集团向江苏光彩事业基金会捐赠 2000 万元，定向用于江苏省民营企业决胜全面小康社会精准扶贫基金，为推动江苏省“百企帮百村”扶贫活动提质增效。

多年来，沙钢集团用于抗震救灾、捐资助学、扶贫济困等公益慈善事业的捐助资金超过 6 亿元，主要实施三大工程项目：一是对贫困地区实施文教卫生福利工程。其中，在四川省巴中市、南充市仪陇县分别捐建两所希望小学，在四川省绵竹市东北镇建造了配套设施齐全的荣华医院和敬老院。二是对贫困地区青年学子实施优先安排就业工程。招工时，沙钢向经济欠发达的云南、贵州、四川、安徽等山区和农村的大中专毕业生倾斜，累计招收 1200 多人，一大批莘莘学子成为企业生产管理的骨干，还有 10 多人被提拔为中层干部，在沙钢安居乐业。三是在贵州对口地区实施“造血工程”。贵州省铜仁市是张家港对口精准扶贫地区，沙钢毫无保留地支持地方政府实施扶贫“造血工程”。近日，沙钢又捐资百万元，帮助贵州省毕节市织金县实施产业转型项目，力保 2019 年如期脱贫。

来自四川省贫困山区的大学生卢禹龙（右一）在沙钢锻炼成长，
2018 年 3 月被任命为冷轧厂硅钢车间主任（周松华　摄）

（原刊于《中国冶金报》2019 年 3 月 14 日 8 版　记者　陈黎明　通讯员　陶向月）

马钢对口扶贫村成功实现“村出列、户脱贫”目标

2018 年 6 月 12 日，马钢集团公司党委领导向对口扶持的安徽省阜阳市阜南县王堰镇马楼村、地城镇李集村分别送上 60 万元产业扶贫资金时，77 岁的贫困户宋英杰笑盈盈地说：“马钢驻村扶贫干部带动村里发展莲藕种植特色产业，让不少村民从中获益，这真是马钢顶呱呱的精准扶贫行动！”

自 2014 年接到对口扶持任务后，马钢立即捐赠 42 万元新建一条长 1.1 公里的水泥马路，解决了村民出行难、乡村运输难的实际问题。同时，马钢还向当地小学捐赠了 11 台电脑、3 台打印机以及若干文体用具、教育课本等。

马钢还向帮扶村捐赠 46 万余元，建设了光伏发电站、大棚种植、水产养殖、莲藕种植等科技示范园项目。贫困户陈宜芳兴奋地告诉马钢领导，仅马钢为村里援建的光伏发电站项目，每年能给他们家带来 2000 多元的收入。在马钢和当地政府的共同努力下，安徽省阜阳市阜南县王堰镇马楼村、李集村先后成功实现“村出列、户脱贫”目标。

2018 年 6 月 12 日，马钢集团公司党委书记、董事长魏尧（右一）代表马钢集团慰问当地村民并捐赠慰问金（张明伟　摄）

（原刊于《中国冶金报》2019 年 3 月 14 日 8 版　记者　章利军）

包钢以“绣花的功夫”扶贫

2018 年夏天，一场突如其来的暴雨，致使内蒙古自治区包头市固阳县遭受史无前例的严重洪灾。危急时刻，包钢集团向对口帮扶的固阳县捐助 200 万元抗洪救灾款，包钢旗下各二级单位纷纷伸出援手，立即派出抗洪救援队伍，协助固阳县政府解救被困群众，清理倒塌房屋，帮助当地恢复生产生活秩序。

自 2017 年以来，包钢集团专题部署对口扶贫工作，要求各部门、各单位做实做细，让贫困群众真正受益，用真情做到扶真贫、真扶贫、真脱贫。截至目前，包钢已完成 2014 至 2017 年对口帮扶工作任务，每年包村帮扶 30 万~50 万元资金。短短 3 年内，包钢集团争取专项配套资金 157.53 万元，建成“一体化猪鸡舍”216 套；协调金融机构为贫困户提供低息或无息贷款，解决贫困户脱贫产业项目所需资金，落实创业贷款；帮助争取退耕还林指标 1.1 万亩，其中贫困户退耕还林达 4000 余亩；拓宽包括贫困户在内的全体农户长效的稳定增收渠道。此外，包钢正探索与固阳县开展农业科技开发合作，以“地企融合”方式推动项目建设。

2018 年 6 月 5 日，包钢（集团）公司党委书记、董事长魏栓师（右二）深入内蒙古自治区包头市固阳县扶贫点调研，现场帮助村民解决扶贫问题（白立新　摄）

（原刊于《中国冶金报》2019 年 3 月 20 日 4 版　实习记者　于泓泽）

南钢精准扶贫　彰显责任担当

2018年12月24日，南钢股份捐赠总价值约733万元的农村生活垃圾收运处置设备，用于提升甘肃省武山县环境保护基础设施建设水平，助力武山县改善人居环境、打造美丽乡村。2018年，南钢股份投资100万元设立武山项目公司，引入环卫一体化的先进理念，提供市场化服务，解决固体废物污染问题。

南钢积极践行“真扶贫、扶真贫”理念，派出6位精准扶贫青年志愿者全职驻扎国家级贫困县进行一线帮扶，南钢集团党委书记、董事长黄一新，总裁祝瑞荣对口帮扶安徽省金寨县、山西省大宁县开展乡村医生精准扶贫“五个一工程”：一个乡村医生保障工程、一个健康扶贫慢病签约服务奖励包、一个大病社会救助服务平台、一个暖心乡村医生评选和一批乡村卫生室智慧升级。南钢集团始终把打赢脱贫攻坚战作为最大的政治责任。南钢党委组织全体党员捐赠特殊党费，资助安徽省六安市裕安区西河口乡修建“同心路”，彻底打通两村间“咽喉之道”，大大方便了学生上学、村民出行和物资运输，助力老区人民精准脱贫。

2018年12月24日，南钢股份捐赠总价值约733万元的农村生活垃圾收运处置设备（邵启明　摄）

（原刊于《中国冶金报》2019年3月20日4版　记者　王　敏　邵启明）

攀钢与扶贫村心连心　踏上致富路

2018年，鞍钢集团攀钢以高度的政治责任感和使命感，尽职履责，勇于担当，积极开展扶贫工作。自党的十八大以来，攀钢集团深入贯彻落实党中央和国务院精准扶贫、精准脱贫的基本方略，按照中央、地方政府和鞍钢集团的安排部署，先后对四川省旺苍县、贵州省盘州市两个国家指定的对口扶贫点，盐源县、稻城县、木里县等四川省指定的对口扶贫点，以及喜德县洛武乡、盐边县格萨拉乡等攀枝花市、凉山州指定的扶贫点，开展对口扶贫工作。截至目前，攀钢集团已累计投入4000余万元扶贫资金，在产业扶贫、民生扶贫、医疗扶贫、教育扶贫、干部驻村扶贫等多个方面取得明显成效。

2018年9月22日，攀钢西昌钢钒公司以购代捐
走进西昌市安哈镇摆摆顶村（赖世怀　摄）

（原刊于《中国冶金报》2019年3月20日4版　记者　孟祥林　通讯员何仁江）

昆钢刺梨琼浆润农心

2019 年 2 月，云南省宣威市海岱镇刺梨加工厂内，100 万个易拉罐刺梨汁饮料成功下线，标志着昆钢为海岱镇量身打造的“海岱金果”绿色产业扶贫项目形成了种植、加工、销售的全产业链。

近年来，昆钢创新推进对海岱镇月亮田、腊谷两个挂联村的扶贫工作，在实施订单农业、修路建桥的同时，积极探索“造血式”扶贫路径。根据宣威市海岱镇的气候特点，昆钢因地制宜，在石漠化严重的两个挂联村引导贫困户种植无籽刺梨。截至 2018 年，昆钢引导海岱镇完成了 60 万株无籽刺梨种植，挂果后，每年将为刺梨加工厂提供 2800 吨刺梨鲜果。

新建成的刺梨加工生产线可年产果汁饮料 5000 吨、果脯 500 吨，预计年平均销售收入达 5500 万元，可以带动建档立卡贫困户 1500 余户 4600 余人，户均增收 4000 元，并可为当地提供 50 个就业岗位。

同时，刺梨产业的发展让海岱镇村容村貌发生了改变，绿了青山、美了环境，也富了农民，是一条实现“生态美与百姓富”有机结合的产业扶贫之路。

2019 年 2 月 1 日，昆钢公司党委书记、董事长赵永平（右一）与大家一起种植刺梨幼苗（李红瑞　摄）

（原刊于《中国冶金报》2019 年 3 月 20 日 4 版　记者　王晓江　通讯员　王天俊）

柳钢把贫困村农副产品引入职工“菜篮子”

“这些土特产品质量好，价格优惠，买了还能献爱心，要多买点。”这样的话语在今年1月31日柳钢集团举办的“新春爱心购”扶贫农产品团购会上被大家纷纷提及。这是柳钢拓宽定点帮扶贫困村（以下简称定点村）扶贫农产品营销渠道的一次尝试。

柳钢党工部根据产品的类别、数量、价格进行筛选，综合选定参与本次团购会的扶贫农产品，并按照比市场价格更优惠的原则确定各产品团购价。在“新春爱心购”团购会现场，由各单位认购的农产品超过20多万元。

此外，柳钢集团还通过组织村民合作社生产的农副产品进驻柳钢钢星公司长期定点销售，在职工食堂定期展销，把贫困村农副产品主动引入柳钢职工的“菜篮子”，受到职工们的热烈欢迎。2016~2018年，柳钢集团实现了从“输血式”扶贫向“造血式”扶贫的转变，取得了较好的工作成效，有力推动了全区脱贫攻坚工作。

2018年5月24日，柳钢集团党委书记、董事长潘世庆（右三）深入定点帮扶贫困村——广西壮族自治区融水县安陲乡乌吉村贫困学生杜家丽家中慰问（蒋国华　摄）

（原刊于《中国冶金报》2019年3月20日4版　记者　覃守超　实习记者　罗熔军）

酒钢以“电子商务进农村”助力脱贫攻坚

2018年，酒钢集团不断深入推进脱贫攻坚帮扶工作探索新方式。

甘肃省古浪县黑松驿镇信息闭塞，与外界市场商品交易滞缓。酒钢集团投入20万元扶持资金，筹建黑松驿镇电子商务服务中心。该中心由黑松驿镇党委、政府与酒钢集团驻村帮扶工作站共同筹建，以“电子商务进农村、助力脱贫攻坚”为宗旨，本着“电商扶贫、服务为主、网购网销、让利百姓”的经营理念，相继完成了黑松驿镇人民政府基础网络升级改造、建立中心机房、“丝路驿购”电子商务服务平台架构设计、运营模式规划、网络域名注册、“丝路驿购”体验店装修等前期准备工作，于2018年4月16日正式投入运营。目前，该中心已为黑松驿镇提供就业岗位19个，同时为当地百姓提供了网上缴费、养老金提现、代购商品、收发快递、代销产品等服务。

此外，酒钢量身定做“一户一策”帮扶清单，选准主攻产业和主攻方向，发展日光温室、养殖暖棚和特色林果等富民产业，对报名建日光温室的农户每户扶持3000元、养殖大棚每户扶持2000元，专门邀请养殖专家举办40名贫困群众参加的养殖技术培训班，助力扶持贫困户尽快脱贫致富奔小康。

2018年4月16日，酒钢集团公司科技扶贫项目
——黑松驿镇电子商务服务中心揭牌了（酒钢集团提供）

（原刊于《中国冶金报》2019年3月20日4版　记者　王汉杰）

河钢唐钢绿色扶贫产品进了职工食堂

2019年2月22日，又一批来自河钢集团唐钢公司对口扶贫村——河北省承德市滦平县长山峪镇二道营子村的绿色蔬菜运抵唐山，它们将很快变成美味佳肴，端上河钢唐钢职工们的餐桌。

二道营子村是一个以农业生产为主要经济来源的山区村，也是长山峪镇贫困人口最多的贫困村。当地自然环境条件好，日照充足，昼夜温差大，农产品生长周期长、营养价值高。在河钢唐钢的谋划与推动下，驻村工作队与当地政府密切协作，用该公司20万元帮扶款项作为前期启动资金，帮助帮扶村集体成立了承德捷成农业发展有限公司（以下简称捷成公司），主要经营无公害粮食蔬菜的种植、加工、销售以及农副产品批发销售，其收入65%归村集体所有，剩余35%返补贫困户，并由贫困户轮流务工。目前，捷成公司已与河钢唐钢建立起供需合作关系，直供的绿色蔬菜，除用于食堂用餐加工外，还通过食堂窗口对职工销售。捷成公司运营半年多来，已经有50多吨蔬菜发往河钢唐钢。

此外，河钢唐钢驻二道营子村工作队还帮助169户村民自主发展温室蔬菜种植，16户村民自主发展猪、牛、羊、蜂等养殖；56户村民借用扶贫贷款5万元用于自主发展产业，79户贫困户入股绿康园合作社，127户村民入股滦平奇滦药业公司；劳务输出231人。全村人均年收入达3924元，贫困户人均年收入达3560元。

目前，二道营子村已达到贫困村退出的6项标准，完成2018年度脱贫任务，并通过了国家专项考核验收。

2018年8月6日，河北省承德市滦平县二道营子村村民正将新采摘的绿色蔬菜码放整齐，准备装车发往河钢集团唐钢公司职工食堂（赵　辉　摄）

（原刊于《中国冶金报》2019年3月20日4版　通讯员　温　明）

扶贫一线拜年声

2020年是脱贫攻坚战的决胜之年。全国各钢铁企业以“不获全胜、决不收兵”的决心以及高度的责任感和使命感，在打赢脱贫攻坚战中扛起历史重任、彰显钢铁担当。值此新春佳节来临之际，钢铁企业驻村扶贫干部们纷纷行动起来，慰问贫困户、回访脱贫户。《中国冶金报》记者、通讯员记录下这些场景，并为广大读者带来了扶贫一线的拜年声。

来自遥远新疆的祝福

鞍钢集团定点帮扶村塔吉克族村民马吐库尔班·洒木沙克全家向大家拜年

新疆塔什库尔干塔吉克自治县（以下简称塔县）是鞍钢集团的对口扶贫单位。春节前，塔县班迪尔乡波斯特班迪尔村塔吉克族村民马吐库尔班·洒木沙克通过视频，向鞍钢人送去心声：“感谢鞍钢集团为我们做出的重大贡献和驻村干部付出的辛苦努力。值此新春佳节来临之际，祝鞍钢集团创造更加辉煌的业绩，祝全国人民新春快乐、阖家幸福、身体健康、万事如意！给你们拜年啦！2019年，鞍钢集团帮助我们脱贫攻坚，我们全村贫困户的农产品增收了，也顺利脱贫，感谢鞍钢集团做出的贡献。2020 年，我们将更加努力，创造更加美好的生活！”

蔬菜大棚里的拜年声

春节前，蔬菜大棚里的河钢唐钢驻村干部正在整理准备发运的蔬菜

时间：新春佳节前夕

人物：河钢唐钢派驻河北省滦平县二道营子村工作队队长王静泊，河北省滦平县二道营子村帮扶户李玉波。

地点：河北省滦平县二道营子村蔬菜大棚。

帮扶户：作为河北省滦平县二道营子村的脱贫户，我们感谢党！感谢政府！在河钢集团唐钢公司的帮助下，我们村的蔬菜大棚经营得非常好。这里供应的黄瓜、茄子等绿色优质蔬菜非常受欢迎。这些年，老百姓的日子真是越过越红火了。在脱贫攻坚战中，党和政府给了我们大力的支持，河钢唐钢给了我们很多帮助。这不，春节前，河钢唐钢的扶贫干部还给我们送来了米、面、油。我们衷心祝愿大家新春快乐、万事如意！

扶贫干部：2019年，我们河钢唐钢定点帮扶村的307户实现了全部脱贫，值此2020年新春到来之际，向关心和帮助我们的各级领导、社会各界人士以及河钢的全体职工，送去我们最真诚的祝福，祝大家春节快乐、万事如意、身体健康、工作顺利！我们会在脱贫一线全面打赢脱贫攻坚战！

小康路上一个也不能少

春节前，本钢驻村干部为脱贫户送去米、面、油

春节前夕，从本钢集团传来令人振奋的消息，截至2019年底，本钢集团累计为辽宁省本溪市桓仁满族自治县黑沟乡石虎子村直接投入专项扶贫资金351万元；本钢集团领导班子和各部门负责人在“一对一”帮扶中，累计发放慰问品、扶助资金达15.7万元。

农历腊月二十七，本钢集团驻村工作队领队耿进芳和第一书记乔士良、队员张妍仍工作在脱贫攻坚第一线，挨家挨户走一走、看一看，确保每一个贫困户都能过上一个幸福年。

“真扶贫、扶真贫、不返贫，小康路上一个也不能少。”这是本钢集团党委书记、董事长陈继壮深入到石虎子村实地调研时，从政治高度对本钢集团驻村扶贫干部提出的要求。

自2014年本钢集团党委根据2014年辽宁省委组织部《关于向贫困村选派驻村工作队的实施意见》选派优秀干部组建驻村工作队以来，本钢集团党委高度重视扶贫工作。本钢集团主要领导还多次深入到石虎子村实地调研，共同商讨扶贫项目，争取各方资金1173万元，用于扶贫产业和基础设施建设。截至2019年底，本钢集团累计直接投入专项扶贫资金351万元，主要用于150亩康鑫野生猕猴桃产业合作社、750平方米气调保鲜库、10亩高标准蔬菜种植大棚等村集体产业建设，同时用于桥梁、涵洞及小流域治理，石虎子村文化广场建设，柞树岭石笼护岸工程、村民饮水安全工程建设，以及贫困户走访慰问等。

陈继壮身体力行，帮扶3户贫困户。本钢集团其他班子成员和各部门负责人有43人同石虎子村100户建档立卡贫困户结成帮扶对子。一来一往，走动得勤了，村里的这些贫困户把本钢人当成了自家“亲戚”。每次走访慰问，村里人都奔走相告：“咱家的‘本钢亲戚’来啦!”

村里的韩凤英老人肢体残疾，还抚养一个智障女儿，平时靠5亩地和养些家禽维持生活。本钢集团总经理汪澍与她结成“亲戚”，每年都来慰问，帮助解决生活困难问题。在前不久的走访中，汪澍与驻村工作队协调帮助其将院内的仓房进行了整修。

“有了本钢的‘亲戚’呀，俺的日子越过越有指望了。”韩凤英老人动情地说。

本钢集团在扶贫工作中，打出了一场漂亮的精准扶贫、精准脱贫攻坚战，没有让一户贫困户在脱贫路上掉队。2014年，本钢集团派驻村工作队到石虎子村时，当时建档立卡贫困户有160户376人，经第三方审核确认，到2018年底全部达到脱贫标准，目前没有返贫情况发生。

一封来自贵州山村的感谢信

荣程集团驻村帮扶干部回访村民脱贫情况

1月9日，一封来自贵州贫困山村的感谢信寄到了荣程集团，字里行间表达出由衷的感谢与深切的祝福。

这封落款为贵州省毕节市织金县龙场镇民族村村民委员会的信中有这样一段话："2019年，在贵州省织金县脱贫攻坚全面收官的关键时期，贵单位及时伸出援手，捐赠扶贫资金，为我村的脱贫出列给予了大力的支持和帮助。在此，仅代表民族村2917人，特别是全村受益的777名建档立卡贫困户，向贵单位的善举表示崇高的敬意和衷心的感谢。"

据了解，龙场镇民族村是该镇贫困人口最多的村，也是脱贫问题最为复杂的村。按照计划，该县应该在2019年底实现脱贫摘帽，目前正在紧锣密鼓进行全面脱贫验收。作为负责该村脱贫工作的钢铁企业，荣程集团为该村脱贫形象提升及人居环境问题整治提供资金，帮助该村补齐基础设施短板、全方位提升村级形象，有力助推了贫困户脱贫攻坚，受到当地群众的广泛好评。

新春佳节将至，该村贫困户们还借镜头，向大家传递出生活的可喜改变以及对帮扶企业的感谢。言语不多，但句句情真意切。

该村贫困户何天美、李媛面对镜头说道：“2019年，我们村在天津荣程钢铁等爱心企业的关心和帮扶下，路通了，水通了，房子也盖好了，乡村美起来了，口袋也鼓起来了。我代表本村的苗族同胞和贫困户向关心、帮助我们的爱心企业表示由衷的感谢。新春佳节来临之际，我们和全家老小一起给大家拜年了，祝你们心想事成、万事如意、阖家欢乐、鼠年发大财！”

记录下这一温情镜头的，是全国工商联派驻贵州省织金县龙场镇民族村第一书记李洋。在驻村帮扶之前，李洋对脱贫攻坚工作的认识只是简单停留在这是一项帮助贫困人口摆脱贫困、利国利民的好事。随着工作的开展和深入，他更加认识到脱贫攻坚工作不仅仅是简单地帮助贫困人口摆脱贫困，更是要破除农村长期以来形成的发展理念落后问题，也是为了把农村的发展引上康庄大道，真正带领村民过上富裕幸福的新生活。

新的一年，李洋也心有期许：“希望民族村能尽快确定上马集体经济产业项目，早日实现盈利；村里青年能够向上走，有一分热就发一分光；民族村乡风文明、村容村貌干净整洁，早日建成美丽新乡村。”

在新房子里过年，开心！

陕钢集团龙钢公司帮扶户与驻村干部在新房前合影

"能在新房子里过年，我们非常开心。也祝你们春节快乐、工作顺利！"陕西省绥德县义合镇西直沟村帮扶户常国良一家对陕钢集团龙钢公司驻村扶贫干部郭爱国说。

春节前夕，郭爱国代表陕钢集团龙钢公司来到贫困户常国良家，送去新春的祝福，也送去企业的关爱。

2017 年，陕钢集团积极响应国家精准扶贫号召，按照陕西省国资委、陕煤集团关于落实精准扶贫工作的重要部署，与陕西省绥德县义合镇西直沟村结成帮扶对子，龙钢选派郭爱国同志为驻村扶贫干部，全面拉开了"两联一包"精准扶贫工作的序幕。

扶贫工作开展 3 年来，龙钢坚定不移地走科学化的产业扶贫之路，先后投资 325 万余元，帮助西直沟村建成了龙西羊子养殖基地、龙西手工粉条加工厂和饮水工程等多个产业扶贫项目；同时，争取到 50 万元的扶贫资金，建设了 10 个菌类种植大棚，打通电商销售服务平台，确保扶贫农副产品和市场接轨，实现多渠道销售。

龙钢公司和西直沟村签订了《消费扶贫框架协议》，建立起畅通的消费扶贫渠道，端午节、中秋节、春节等重大节日定向采购龙西牌山羊肉、手工粉条、香菇等扶贫农副产品，近 3 年投入消费扶贫金额累计达到 300 余万元，既为龙钢职工提供了丰富的福利产品，又为西直沟村的扶贫工作创造了效益。

通过这些精准措施，龙钢定点扶贫村的贫困人口人均纯收入从 2017 年的 3668 元提高到了 2019 年的 9027 元，贫困发生率从 16.4%降低到了 0.31%，整个村子在 2018 年底实现了脱贫。

越来越好！越来越好！

昆钢驻村工作队队员深入扶贫点慰问，并了解帮扶情况

1月21日，昆钢驻村工作队队员赵斌和赵俊来到云南省宣威市海岱镇丫口村村民毛朝化、李仕美夫妻家里慰问。春节就要到了，慰问贫困户是昆钢节前扶贫工作的重要内容。

“现在国家政策好，政府和工作队都很关心我家，昆钢的各级领导经常看望、关心我们。现在，我们的生活过得越来越好啦，不愁吃不愁穿。春节来了，我们祝祖国繁荣昌盛、兴旺发达！祝昆钢的职工们身体健康、事事如意。”李仕美向他们表达了谢意与祝福，“春节来了，我们祝愿生活越来越好！越来越好！”

据昆钢扶贫办干部介绍，截至2019年底，昆钢坚持产业扶贫、推动消费扶贫、强化精准扶贫，与云南省宣威市海岱镇挂联村92户贫困户签订农业订单64.15万元，完成产品收购63.54万元，反哺农户资金79.8万元；产业扶贫项目——“海岱金果”实现销售收入770.38万元，投入基础设施建设及人居环境提升工程资金288万元；海岱镇月亮田村、腊谷村两个村已有462户1526人实现脱贫，圆满完成目标任务。

2020年，昆钢将扛稳落实脱贫攻坚政治责任，按照“脱贫不脱钩”的工作要求，继续深入开展“挂包帮转走访”定点帮扶工作，坚持以产业扶贫为重点，积极推进消费扶贫，采取切实有效措施巩固脱贫攻坚成效，加强稳定脱贫长效机制建设，全面提升脱贫攻坚的质量和成效，坚决打赢脱贫攻坚战。

4年扶贫路　责任肩上扛

中国宝武韶钢的定点帮扶村民开心地准备年货

“今天杀鸡过年很开心。过年了，向大家拜个早年。感谢你们对我们的帮助和支持，祝大家万事如意!” 1 月 21 日，中国宝武广东韶关钢铁有限公司（以下简称“韶钢”）对口扶贫点广东省南雄市南亩镇樟屋村贫困户刘洪琼面对镜头说道。

站在刘洪琼身边的是他的爱人。刘洪琼的爱人嘴里不断重复着一句话：“谢谢吴经理，工作很辛苦!”

她口中的这位吴经理，是已经做了 4 年扶贫工作的韶钢驻村扶贫干部吴建辉。因吴建辉在做扶贫工作前曾任担任韶钢招待所副经理，大家便都叫他“吴经理”。

吴建辉谈及做扶贫工作以来最大的感受时说：“近 4 年的扶贫工作，最大的感受就是很累，也亏欠家人许多。但每次看到通过自己不懈的努力，让贫困户的生活和贫困村的村容村貌日渐改善，看到自己真心、真情的付出，换来百姓开心一笑的时候，自己感到无比的欣慰。组织选派了自己来承担这项艰巨而光荣的任务，就要时刻牢记自己的初心和使命，那就是：来扶贫就应当做好吃苦的准备，只有自己多吃苦，贫困百姓才会少吃苦；只有自己撸起袖子加油干，贫困百姓才能早点过上好日子，也才对得起时代赋予自己的称号——扶贫干部。”

据了解，樟屋村充分利用韶钢提供的 40 万元扶贫专项资金，引进专业合作社，共同建立起 10 亩良种茶叶育苗基地，带动南亩镇周边村镇发展茶叶种植产业。现在，良种茶叶育苗基地每年为村集体增加 5 万元收入，同时带动了 20 名贫困户人员就业。

（原刊于《中国冶金报》2020 年 1 月 24 日 4 版　文章及摄影供稿：记者　李洪武、贾成宁，通讯员　曹洪儒、梁建华、陈立新、吴玉堃、赵斌、谢玉静、温长发等）

党建红火了　村貌变样了　脱低实现了

——首钢对口扶贫村北京黑峪口村见闻

中国冶金报社党委书记陈洪飞（左二）一行深入刘凤文老人家里走访调研

中国冶金报社采访组在对黑峪口村委会工作人员进行集体采访（姚翰昇　摄）

"现在生活上有困难吗?"

"没有困难!"

1 月 14 日，当中国冶金报社党委书记陈洪飞询问北京市延庆区香营乡黑峪口村 84 岁低收入户刘凤文时，老人操着浓重的延庆口音乐呵呵地说。

这一天，《中国冶金报》记者跟随陈洪飞、社长助理陈晓莉一行，深入首钢集团对口帮扶点黑峪口村走访、调研，实地采访该村近几年的脱低情况。

1月的延庆，空气清冷，洁净的道路上覆着一层薄冰，路两边残留着白雪，向远处望去，一排排院落错落有致。自2016年12月以来，首钢集团园区管理部先后选派了3名党支部书记陈晓阳、郑建国、刘亚林到黑峪口村担任驻村第一书记。通过驻村第一书记，首钢集团加强了对黑峪口村党建工作的组织领导，以党建为引领，不断探索脱低帮扶的长效机制，并投入资金，实施了完善村内基础设施、销售滞销农产品、发展庭院经济等一系列帮扶项目，使村里25名低收入人员在2017年底就全部实现脱低。

党支部唱主角　村民有了主心骨

习近平总书记指出，农村要发展，农民要致富，关键靠支部。秉持这一精神，首钢集团在黑峪口村开展帮扶工作时，着力夯实党建基础，完善支部工作，让党建工作成为其他帮扶工作的先导、基础，确保帮扶工作务实、过程扎实、结果真实。

“第一书记来之前，村里党组织活动比较少。第一书记驻村后，加强党建工作，定期召开‘三会一课’，组织党员活动，统一思想，形成合力带动了发展。”说起首钢派驻第一书记以来村里党建工作的变化，黑峪口村党支部书记、村主任刘九来这样告诉采访组。

为何要党建优先？“俗话说，病不是一两天得的。如果党组织力量薄弱的话，有想法也不见得能落实。”刘亚林表示，“我们认为，只有将党建工作长期做下去，才能让这个地方真正获得新生。”

《中国冶金报》记者注意到，在黑峪口村委会办公室有一台崭新的75英寸索尼电视。据介绍，这是2019年12月，刘亚林在组织党员学习时，发现该村党建设备设施陈旧，使用第一书记帮扶款购买的，电视机和安装费总共9000多元。

这只是首钢集团以党建为引领的帮扶思路的一个微小缩影。村里的党建工作如今已开展得红红火火。

——加强村党组织建设。“这里的党组织生活和企业完全不同，存在很多个性化的问题。比如，由于一些年轻党员白天要进城务工，这几次党组织生活会都定在了晚上 6 点半召开。很多老党员不会用微信群，我们经常要入户传达党组织精神。村里老人偏多，说方言，沟通也有些问题。”刘亚林说。

在驻村书记的组织下，黑峪口村党支部成立了以村干部、党员代表、入党积极分子为主体的党员服务队，对村民，特别是对村内 46 名弱势群体进行经常性的服务；不断加强党员培训教育，规范“三会一课”，每月开展一次主题党日活动，严格履行民主程序，重大事项集中讨论，逐步形成了规范化、合理化、制度化的民主决策新格局。2018 年，黑峪口村党支部被评选为香营乡唯一的“五星级”党支部。

——开展党建共建活动。在 2017 年、2018 年“七一”期间，园区管理部、黑峪口村联合开展党建共建活动，组织来自香营乡、黑峪口村的 50 余名党员代表参观首钢北京园区。另外，首钢还组织首钢党委组织部、园区管理部的党员代表到黑峪口村进行座谈交流，分享党建工作经验，参观驻村建设成果，并为村内 24 名党员送去书籍、保温杯、电水壶等慰问品，价值 4000 余元。

——完善党员活动室。按照北京市国资委党委组织部要求，首钢逐级向黑峪口村划拨了“第一书记所在村帮扶款”5 万元，用于修缮党组织活动场所、更新党员教育设施、培训党员等。刘九来表示，经过这一系列的努力，村里党务工作有人牵头了，驻村第一书记和村支部的威信树立起来了。现在黑峪口村已经形成了“村民有问题，先找村支部”的“隐形”制度，全体村民真正有了主心骨，邻里关系变和谐了，村风村貌也大变样，为后续开展帮扶工作、实现脱低摘帽打下了坚实的基础。

体察民情办实事　多项惠民工程落地

走在黑峪口村的大道上，会发现这里的电线杆上安装着一种新设备——太阳能路灯。原来，这里正在开展一项“点亮乡村”的惠民工程。

黑峪口村共有 108 户 271 口人，其中农村劳动力 115 人，残疾人 24 人，空巢老人居多。针对村里劳动力弱、基础设施不全的实际情况，村党支部积极体察民情，直面问题，下决心挨个解决村民生活中的难题。

“实施这项‘点亮乡村’工程，是因为村民在党员会上反映，晚上回到村里，感觉黑洞洞的，跟鬼屋一样。”刘亚林说，“为了回应村民的诉求，我们请首钢集团提供支持，申请到了32340元的‘点亮乡村’基金。”经统计，村里16条大小街道总共需要147盏灯，每盏220元。改造计划是把有问题的灯先完善，再给每家每户门口装上灯，目前刚完善一部分。

“把老人照顾好了，就是对我们最大的支持。”刘九来说道，“黑峪口村当前空巢老人较多，这也是全国大多数农村的现状。因此，脱低首先要解决他们吃饭的问题。”

为此，首钢园区管理部党委书记、部长王云平多次深入黑峪口村调研，找到帮扶的切入口。

一是帮助解决村老年食堂运营难题。为解决老人们的就餐难题，村集体修建了老年食堂，但由于村集体没有经费，政府帮扶资金有限，老年食堂的运行举步维艰。在得知该情况后，自2017年1月起，首钢每年以实物捐赠的形式向老年食堂支援米、面、油等物资，解决了老年食堂的运营难题。

二是开展走访慰问活动。在调研及春节来临之际，集团领导到黑峪口村进行走访慰问，为驻村干部及所在村民发放米、面、油等慰问品，并向村内24名65岁以上老年人发放慰问金，帮助提高其生活质量。2017年以来，捐助的慰问品及慰问金总价值达9.7万元。

“你种什么，我收什么”消费帮扶让村民腰杆儿直了

“有首钢做后盾，我们感觉心里有底多了、腰杆儿也直了。”刘九来这样形容自己的感受。原来，近两年，黑峪口村委会经与村民商量，把村民的地收起来，统一安排种植，首钢则承诺无论生产多少，全部包销，收购价格由村委会、村党支部综合市价来定。

“你种什么，我收什么”是首钢开展消费帮扶的承诺，也是黑峪口村产品实现从滞销到畅销的奥秘所在。

刘九来给《中国冶金报》记者讲了一个故事。2019年，村里一户果农的老伴不幸去世，她的儿子在北京城里上班，家里3000多公斤苹果没

人帮忙采摘，还面临滞销的窘境。知晓这一情况后，村党支部立即带队协助这位果农完成了苹果的采摘工作，之后，首钢将这3000多公斤苹果全部收购。

2018年10月、2019年10月，结合黑峪口村需求，首钢集团采取启动内部营销渠道，动员广大职工主动认购，尤其是发动领导干部、党员优先购买的方式，购买黑峪口村滞销农产品，包含苹果、玉米、小米、蔬菜等。首钢累计购买农产品约6万公斤，价值52.8万元。“首钢同志来帮扶之前，村民都是摆路边卖，销售渠道狭窄。现在，首钢把这一问题都给解决了。”刘九来言语间洋溢着感激。

“2019年，村里主要种植玉米、小米，明年可能会调整种植结构，再种植相同的农作物员工的需求可能有一点饱和。”刘亚林说。

另外，首钢还积极帮扶销售鲜食杏。黑峪口村有大量杏树，每年的6~8月，大批杏集中成熟，但由于销路不畅，且没有保鲜设施，每年都会给村民造成很大损失。对此，2017年8月份，首钢发动职工进行集中采购，累计采购350箱，为村民挽回7000余元损失。“在这个过程中，负责采摘的人及运输的车由首钢安排，路费由首钢承担，最后，首钢再按照市场价格购买。这样真的大大方便了村民，也切实提高了村民收入。”刘九来补充道。

开对“药方”拔掉产业链缺失“穷根”

“这个地方低收入的痛点是没有产业链，这也是首钢开展产业帮扶的初衷。”刘亚林说。刘九来解释道，农村人拥有的最大资源就是土地。过去土地实行生产承包制，承包时间一般都是30年、50年，现在还没到期。国家出的新政策是土地2年不用就收回。“村里现在最年轻的种地人都55岁了，如果土地不流转，随着这些老人年龄的增长，抛荒的土地只会更多。”他说。并且，村民大多没有先进的发展理念，在增加收入方面举步维艰。

开对了“药方子”，才能拔掉“穷根子”。针对这一痛点问题，村委会、村党支部经研究并上报首钢集团同意，决定由村两委牵头，精准施策，在黑峪口村发展庭院经济，开展产业帮扶。

2018年，在首钢集团的支持下，黑峪口村从北京延庆延彩生物种植有限公司购买荷兰进口芍药，以发展庭院经济的方式帮助村民提高收入。荷兰芍药适应性强，病虫害少，管理技术简单，适合大面积种植和庭院分散种植。“这非常适合当地老人多、劳动力弱的现实情况。”刘亚林表示。同时，芍药经济价值较高，在种植3年后可产生效益，花朵、根茎均有需求市场。以70元/棵品种为例，每株年平均利润在220元左右。

“根据入户调查结果，村里76户农户中，有40户愿意种植荷兰芍药。为此，我们决定按每户10平方米方式种植，每户发放30棵，共种植1200棵，每棵种苗70元，需8.4万元。”驻村书记如数家珍。2018年7月，首钢集团完成了8.4万元帮扶款的划拨工作；同年10月，在驻村书记陈晓阳的组织下，村民完成了种植工作。目前，芍药生长良好。

2020年是脱贫攻坚战决胜之年。“脱贫攻坚越到最后时刻越要响鼓重锤。”习近平总书记这样强调。

“当前，村里已经实现脱低过线，下一步将继续迎难而上，向脱低摘帽奋力攻坚。”刘亚林告诉《中国冶金报》记者。

下一步，黑峪口村党支部将继续坚持党建引领，力争将黑峪口村建成特色芍药产业基地，完成安装太阳能路灯工作，持续做好消费帮扶，并继续围绕黑峪口村提出的农田灌溉设施、旅游业等项目进行调研，推动项目开展。

（原刊于《中国冶金报》2020年1月23日1版　记者　陈洪飞　实习记者　樊三彩　陈晓莉）

北铺村的脱贫路

近期，新冠肺炎疫情的阴影笼罩着整个中国。1月13日《中国冶金报》采访组调研过的河北省涞源县塔崖驿乡北铺村疫情如何？2月9日，河钢集团承钢公司总经理助理、驻北铺村第一书记兼工作队长金树成在接受《中国冶金报》记者电话采访时介绍，北铺村和涞源县的其他村一样，采取了封村处理。金树成本人也于2月17日结束隔离后，迅速返回北铺村开展工作。截至目前，涞源县及北铺村没有一例感染者。

北铺村有3位精准脱贫驻村干部，均来自河钢集团，除金树成外，还有河钢集团承钢公司武装保卫部党委书记兼工作队队员赵广林、河钢集团矿业公司资产管理员兼工作队队员卢占利。2019年，河钢集团派驻涞源县北铺村工作队被河钢集团授予了2019·河钢年度人物最佳扶贫团队证书。

1月13日一大早，《中国冶金报》采访组驱车前往北铺村。在谈到2年来驻村的感受和体会时，金树成只用了一句很朴实的话来形容：扶贫要用真心、下实力，扎扎实实为老百姓干实事。

北铺村是河北省级深度贫困村，2018年，经过严格的审核验收，实现高质量脱贫出列。截至2019年12月底，北铺村全村共108户256人，建档立卡贫困户72户161人，实现脱贫71户160人（包括五保脱贫户8户8人，低保脱贫户24户31人），未脱贫1户1人（计划2020年脱贫）；非建档立卡36户95人（包括低保户4户5人），贫困发生率0.039%。

企业管理有优势，引入扶贫工作中

金树成具有丰富的企业管理经验。利用现代化管理经验提高脱贫工作成效，成为了他工作的重点。

金树成告诉《中国冶金报》记者，首先要加强理论学习。驻村工作队长期坚持学习，深刻领会习总书记关于脱贫攻坚的重要指示和论述，准确把握精准扶贫行动的总体要求和核心内容，紧密结合北铺村实际，按照河钢集团每季度“驻村帮扶协调会议”和“帮扶工作推进会”要求，全面系统地梳理、推进、落实北铺村帮扶工作。

其次，运用信息化手段提升扶贫工作的效率。工作队创建了北铺村脱贫成效“一表通”平台，设置了“政策导向与解读”“党建扶贫与基层组织能力提升”“结对帮扶与暖心行动”等8个工作模块，规范管理档案，形成“8模块+1平台”PDCA（计划、执行、检查、处理）脱贫攻坚工作体系，极大地促进了帮扶成效和工作绩效提升，科学系统地实现了主导产业项目落地、大病慢病鉴定、低保合规扩面，实现了农村基层组织工作过程和成效的公平、公正、公开。

养鸡是个好项目，带领村民一起干

《中国冶金报》记者在北铺村看到，山坡上、树上都卧满了鸡。

这种鸡名为“登山鸡”。有一次，金树成在调研扶贫项目时，发现村民王文龙家的鸡与众不同，总是喜欢飞到树上。这种鸡的蛋壳为绿色，且鸡蛋味道更鲜美。金树成从市场上买来两种类型的鸡蛋与绿壳蛋做比较，比较后发现，绿壳蛋的蛋黄与蛋白的比例比其他两种鸡蛋高了2倍多。

金树成看到了希望。工作队与村两委讨论研究后，决定将“绿皮蛋黑鸡散养项目”作为脱贫攻坚的项目之一，在村里进行推广。

推广起初并不顺利。村民担心养殖规模过大，容易引起鸡瘟。为打消疑虑，金树成学习了相关知识后，在2018年5月，自己掏钱买了200只雏鸡，开始了养鸡试验。两个多月后，他养的鸡成活率高达99%，给了村民们极大的信心。

经过市场调研，驻村工作队认为可以扩大养鸡规模，进一步扩大村民的收益。虽然村民看到了希望，但心里还是不免犯嘀咕：规模一下扩这么大，能养得活吗？能保证赚到钱吗？抱有这种想法的人不在少数，王文龙就是其中一个。5月气温适宜，正是扩大养殖规模的好时节，但王文龙仍是迟迟不动。金树成经常去王文龙家慰问，耐心做思想工作，但他还是拒绝了。

在项目推进陷入困境的时候，意外发生了。金树成在查看农作物长势时不慎左腿受伤，诊断结果为髌骨挫伤、半月板损伤、韧带三处严重撕开。在他再三要求下，医生放弃了让他打石膏休养的方案，用钢板固定了他的伤腿，好让他能够继续工作。10 天之后，金树成拄着双拐回到了北铺村，继续到村民家做工作。村民们看在眼里，感动在心里。王文龙说："你这样辛苦地动员我们，我们再不干，就真没良心了。"

"绿皮蛋黑鸡散养项目"启动以来，驻村工作队申请了河钢定向捐赠北铺村产业帮扶资金共 31.46 万元现金，大力协调政府贴息小额贷款，有 3 户村民还获得了 3 万元贴息贷款，用于养殖补充。金树成告诉《中国冶金报》记者，2019 年 9 月底，该项目实现分红 18876 元，覆盖了建档立卡贫困户 72 户、非建档立卡特殊户 8 户。

后盾支撑强有力，村民红利滚滚来

3 年来，河钢集团定向捐赠北铺村扶贫脱贫产业项目的资金和物资总计 144 万元。驻村工作队制订了《北铺村脱贫攻坚三年（2018–2020）行动规划》，并有序推进了产业项目落地。

为确保产业项目实现可持续发展，控制经营风险，驻村工作队协助建立了北铺村"涞源县明昌畜禽农民专业合作社""涞源县明宏农产品专业合作社"，组织编写了合作社章程、起草了合作协议，明确村委、合作社与养殖单元户职责和经营风险控制机制，同时还协助合作社进行了工商注册、税务登记、辅导财务管理，并开创了涞源县用电子税务 UKey 进行外网办税的先例。

为扩大产业发展规模，提高收益水平，工作队与村两委又向河钢集团申请定向捐赠资金 60 万元，与河北玖兴农牧发展有限公司签订了 3 年投资收益协议，到期后，资金将全额返还北铺村。该项目已于 2019 年 9 月下旬获得投资收益 3.6 万元，分红给 72 户建档立卡贫困户和为村集体公益留存。

收到河钢定向捐赠的 15.18 万元资金后，工作队立即将资金投入建设北铺村溢流堰项目。该项目既可灌溉农田，又可用于公益林防火储水，还能美化环境。为了节约资金，金树成还请来自己作为工民建注册建筑师的爱人，为北铺村进行免费的施工设计，然后由村两委组织村党员签约施工。目前，北铺村已按原设计建成5道溢流堰，正在进行验收工序。

党的领导是关键，战斗堡垒活力强

在总结北铺村脱贫的成功经验时，金树成一语破的：夺取脱贫攻坚战的全面胜利，离不开党的坚强领导。

驻村工作队在与村两委的同志们交流思想时，讨论最多的问题就是：脱贫致富的关键在哪里？最终，他们形成了共识：坚持党的领导是关键。

为激发干事创业活力，在驻村工作队的帮助下，北铺村党支部形成了“建制度、讲党课、建堡垒”的党建扶贫基层组织保障机制。通过召开21次两委联合会议和村民代表大会，对脱贫攻坚中所遇到的困难进行正向引导，这个有着愚公精神的两委班子团结带领广大党员和村民积极参与集体合作，抱团创业，实现颠覆性跨越，形成坚强的脱贫攻坚基层战斗堡垒。

一年多以来，驻村工作队通过“三会一课”进行“第一书记讲党课”活动10余次，讲解北铺村发展规划，产业项目风险与脱贫事业关系，产业项目风险控制模式设计、实操方法和可实现途径等，极大地激发了该村党员群体的积极性。

金树成说：“来到革命老区进行精准扶贫，虽然远离了亲人和家乡，但想到自己作为一名党员，能参与精准扶贫这项史无前例的世纪工程，感到非常自豪与骄傲。我们背后有党的支撑，这让我有了无穷的力量。”

大事小情都牵挂，用心服务一家亲

在前往北铺村采访的路上，《中国冶金报》记者发现，这里道路崎岖，仅容一辆汽车通过。金树成说，目前，他们正设法建设村里道路的错车带。

北铺村隧道是村民们通往外界的唯一一条路。该隧道全长293米，宽约4米，高约3.8米，是村民们先前自己挖出来的一条隧道。隧道顶部没有加固，经常有碎石块脱落，局部还有大石块脱落，对过往村民的安全造成了严重威胁。为此，驻村工作队开展隧道防护工作：资金有限，他们想方设法筹措工程物料；没有水泥，他们联系水泥厂家赞助52吨；没有钢筋，他们申请到河钢承钢无偿捐赠的13.5吨钢材，并派车奔袭500多千米送至北铺村；没有施工图纸，他们请教专家指导，自己测量隧道，画草图，设计施工方案，制订安全措施……他们用了几个月时间，终于将隧道成功加固。

金树成还详细地记录了驻村工作队这2年的工作内容，大到下一步的工作计划，小到某位村民的身体状况。一本笔记本厚达300页，金树成每年都会用完2本。

采访组到了村民王金夫妇家里，两位老人正在整理收获的玉米棒。采访组了解到，王金夫妇膝下没有子女，脱贫前，老两口收入来源以种植为主，年收入只有3000元左右；两人有慢性病，常年吃药，门诊费用不报销。根据低保扩面政策，驻村工作队协助村两委将王金夫妇纳入低保，不但享受政策兜底，还享受宝迪养猪、光伏项目等诸多产业项目分红；办理了扶贫公益性岗位。如今，老两口年收入达10000余元。2019年，王金的妻子还通过了慢病鉴定，办理了慢病本，可以享受门诊报销政策。

幸福都是奋斗来的。自入驻北铺村2年多以来，工作队与北铺村村民亲如一家，取得了精准扶贫的丰硕成果。通过产业收益帮扶，北铺村建档立卡贫困户72户的人均可支配收入由2018年的5734元提高到2019年的7343元，增幅达到28%；北铺村首次实现村集体收入5.3万元。

疫情期间，北铺村两委让村民做好防护，不要聚会，尽量少去人群密集场所。他们还建立了一个抗疫微信群。尽管自己一度按要求居家隔离，但金树成每天关注疫情的变化，利用微信群及时沟通村中近况，核实网上信息，出主意、想办法；他还给村委转了2000元，用于购买值班用的棉衣、口罩、消毒液等，尽自己所能给出帮助。疫情发生以来，村子采取封闭处理，由党员和村代表24小时值班。有特殊情况需要外出的村民，由村里安排专车接送，去县里购买必需品后立即返回。“涞源县属于原来的革命老区，群众服从组织安排，纪律性强，大家都能放平心态，没有恐慌。”金树成说。

（原刊于《中国冶金报》2020年2月27日1版　记者　熊余平　王　志　陈晓莉　姚瀚昇）

企业报道

QIYE BAODAO

村里的土特产“触电”啦！
——宝武集团援滇驻村第一书记王玉春在派驻村开展农村电子商务记

2017年3月6日，云南省普洱市宁洱哈尼族彝族自治县（以下简称宁洱县）农村电商孵化运营中心首发服务对象勐野江食品公司的产品成功上线。现在，只要您登陆淘宝等知名电子商务平台，就可以直接下单订购这里的云南原生态产品了。而制作这些产品的原料，大都是由宁洱县贫困村村民亲手种植的。

2016年12月中旬，云南市普洱市宁洱县农村电商孵化运营中心正式挂牌成立。从那时起，当地多家小微企业和超过200名村民开始在这里接受农村电商运营业务的扶持和相关技能培训。这个电商平台，与宝武集团援滇驻村第一书记王玉春有着不解之缘。他用宝武人精准扶贫的真心和爱心，三上江苏省宿迁市取真经，与宁洱县贫困山区的村民一起，闯出了一条经销村里土特产品的电商之路。

一上宿迁开眼界

2015年8月，王玉春被宝钢集团公司（现宝武钢铁集团公司）选派到云南普洱市贫困山区任驻村干部之时，看到当地丰富的土特产品因为交通等原因“养在深闺人不识”，就开始思考要发展当地的农村电子商务。但是，具体怎么操作，对于此前从未接触过电子商务开发业务的王玉春来说，头脑中是一片空白。直到2016年4月，王玉春参加由中组部和国务院扶贫办联合举办的中央和国家机关选派第一书记示范培训班时，有机会与江苏省宿迁市的相关领导进行了面对面的交流，这让他心里有了底。在交流中王玉春了解到，自2015年以来，宿迁市充分发挥基层党组织的作用，筑牢支部“地基”，成功探索出一条“支部+电商”的农村党建富民新路径，农民新增收入的70%来自农村电子商务，这一做法在全国引起了广泛关注。王玉春打定主意，去宿迁“拜师学艺”。

2016年5月，在宝武集团和普洱市、宁洱县以及宿迁市委、市政府的大力支持下，担任宁洱县昆汤村驻村第一书记的王玉春，带着宁洱当地贫困村村民第一次来到了宿迁。宿迁市委书记魏国强亲自接待了这批“特殊客人”。宁洱村民考察组在宿迁全市三县两区近30个农村电商发展示范现场边看边学。宿迁相关区县的基层干部将精准脱贫的思路和优秀电商的经验倾囊相授，村民们开了眼界、长了见识。

二上宿迁转思路

从江苏宿迁返回云南的村里后，没过几天王玉春却发现，跟他一起前往宿迁取经的村民，该干农活的又下地了，该跑零售的又去跑零售了……他们并没有“去时激动，回来行动”。王玉春在纳闷之余，不禁陷入了沉思。这一次宿迁之行前，王玉春把开展农村电商业务的焦点聚集在村民个体身上，想着帮助村民开起网店，然后把村里的农副产品通过网店销售出去。“开个网店看似很容易，但对于村民来说，甚至对于宁洱全县来说，其实并不简单，比如存在上线产品还不成熟、物流还不完善等问题。如果不转换角度，从顶层设计开始自上而下来推进电商平台建设，是很难操作的。”并没有气馁的王玉春，很快转换了工作思路。

王玉春深知，对于开展电商业务来说自己是“半路出家”，于是，他买来大量有关电商和农业方面的书籍，平时忙完村里的事就抓紧时间学习、消化。两个月后，王玉春第二次来到宿迁。他这次来宿迁的目的，是要弄明白农村电商平台运营的完整流程。宿迁市安排了专业的技术团队为王玉春出谋划策。

因为有了第一次的“开眼界”和后续的强化学习，王玉春对于宁洱农村电商业务如何开发、运作有了进一步的认识。与此同时，王玉春的想法也得到了宁洱县和宝武集团的全力支持。宁洱县委、县政府下发了《关于成立党组织引领农村电商发展助推精准扶贫工作领导小组的通知》，聘请王玉春担任顾问，并把当地即将开发的工业园区附近的一处楼房作为电商平台专用场所。宝武集团给予了20台电脑的帮扶。宝武集团公司领导告诉王玉春，“我们不仅要帮助当地脱贫摘帽，还要促进当地致富发展；我们不仅要捐赠电脑等硬件设备，还要让你这个‘人脑’发挥更大作用。”一席话，让王玉春的心里更亮堂了。

三上宿迁破瓶颈

2016年11月，宁洱县农村电商孵化运营中心的硬件条件都已具备，平台运作模式也明确了。但是，还有一些专业技术问题让平台运作卡了壳。那些日子，一到夜间，王玉春就辗转难眠。他熬了几个晚上，向当地政府提交了一份《有关对宁洱地区开发农村电商促进“人企”共同发展的几点思考》的报告，并建议针对制约农村电商平台运作的瓶颈问题组团三上宿迁学习。王玉春的建议得到了宁洱县的高度重视，第三次赴宿迁学习很快成行。由于针对性强、“带着问题去”，此行可谓是“满载成果归”：不仅破解了技术瓶颈问题，还引入了专业技术团队的帮扶。这些都为后续农村电商软实力的提升，以及宁洱县“支部+电商”工作的推进提供了有力的保障。

第三次到宿迁学习考察回到宁洱县后，宁洱全县上下都行动起来了：制订实施方案、调研当地农副产品结构和现有的优势资源、与相关企业沟通开展资金运作工作、招募人员。王玉春也前往昆明参加了共青团云南省委组织的电商培训，进一步强化电子商务运作的技能，为后续开展孵化运营工作打下更好的基础。

三次到宿迁之行，是王玉春对于宁洱县农村电子商务如何发展、如何定位的实践升级历程，也是宁洱县农村电子商务一步一个脚印、扎扎实实推进的过程。王玉春一边帮助派驻村脱贫摘帽，一边推动当地农村电商发展。宁洱县农村电商孵化运营中心的建立，记录着他为开展农村电子商务付出的心血和精力。正如云南省普洱市委副书记陆平在当地《脱贫摘帽工作简报》上批示的那样：“昆汤村第一书记王玉春用情、用心、用力，投身脱贫攻坚工作，为民办好事、做实事，可学、可借鉴、可推广。”

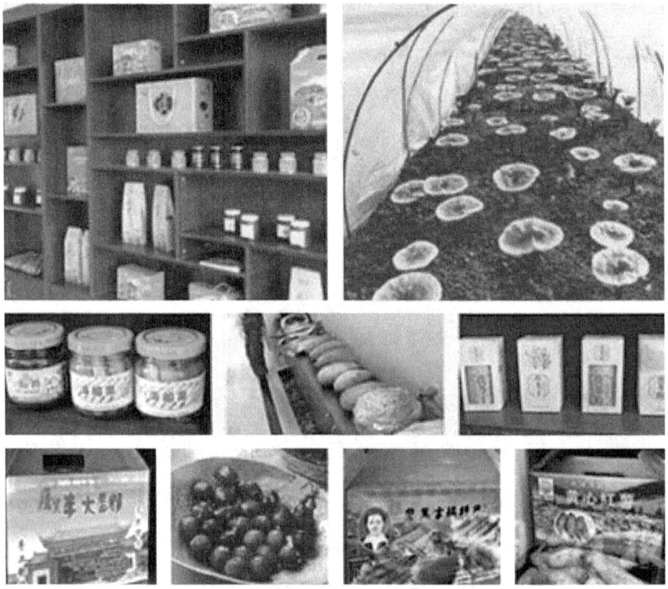

宁洱县的土特产品亮相电商平台

村民们在采摘地里的农作物

王玉春（中）与宁洱县贫困村村民一起在宿迁学习电商运作

王玉春（中）与村民在宁洱县农村电商孵化运营中心前合影

（原刊于《中国冶金报》2017 年 3 月 10 日 8 版　王 磊）

谁不说俺家乡好

——中国宝武援滇定点扶贫工作整村推进项目见闻

"坚决打赢脱贫攻坚战"是习近平总书记在党的十九大报告中明确提出的要求。

为打赢脱贫攻坚战，我们的钢铁企业积极行动。近年来，他们以改善贫困地区和贫困人口基本生活条件为切入点，以项目建设为突破口，给当地群众脱贫带来了实际成效，彰显了钢铁企业的社会责任。

《谁不说俺家乡好——中国宝武援滇定点扶贫工作整村推进项目见闻》，是记录中国宝武从整村推进、产业扶持、教育扶持等方面开展援滇定点扶贫工作系列作品中的第一篇，另外两篇作品随后将相继推出。

彩云之南，山高水长。曾经，在大山的环抱之中，云南一些边远的少数民族村寨由于交通不便、信息闭塞，生活居住条件依然处于相对原始的状态。

自2004年开展援滇定点扶贫工作以来，中国宝武一直高度重视定点扶贫工作。尤其是近年来，中国宝武认真贯彻党中央和习近平总书记提出的"要坚决打赢脱贫攻坚战"的号召，按照国务院国资委要求中央企业要成为"打赢脱贫攻坚战的中坚力量"指示精神，按照云南省"挂包帮、转走访"的精准扶贫新模式，以改善贫困县村和贫困人口基本生活条件为切入点，力求整村推进项目见实效，造福当地百姓。

不久前，笔者追寻着中国宝武援滇干部的脚步，穿行在群山之中，目睹了村寨越来越漂亮、干净的变化，感受着当地百姓与日俱增的幸福感。

温泉村的十年巨变

普洱市宁洱县是中国宝武最早开展定点扶贫的贫困县，自 2004 年以来，中国宝武累计投入帮扶资金数千万元，用于改善全县基础设施、百姓生产生活条件，发展当地产业，一些村寨因此发生了翻天覆地的变化。老百姓出行方便了，观念转变了，收入增加了，脸上的笑容绽开了。宁洱镇温泉村就是其中的典型。

笔者随着中国宝武援滇干部、普洱市扶贫办副主任鲁巍，中国宝武援滇干部、宁洱县副县长王荣军来到温泉村。温泉村以温泉出名，特有的气候条件和地理优势，使这里的乡村旅游渐成气候，吸引了不少外来游客。温泉村党总支书记李宏伟高兴地说着温泉村的变化：“我们村从 2006 年就开始得到宝钢的援助，先建起了卫生室、村小学，又通过整村推进项目为我们打造特色村寨。10 多年来，我们的乡村变漂亮了，出行方便了，来的人也多了。更重要的是，宝钢带来了新的发展理念。特别是近几年，‘绿水青山就是金山银山’的观念深入人心，用好自然资源就能让我们脱贫致富。村里的农民自发成立了合作社，发展了养殖、手工艺品制作、旅游、电商、微商等第三产业，好多人家办起了农家乐……”数说着村里这些年的变化，幸福的神情让李宏伟脸上的皱纹像花一样绽放。

去温泉村老赵寨村民小组走访，一走进村口，一排图文并茂的看板很是“吸睛”——宝武集团定点帮扶宁洱县援建项目情况一目了然：投入帮扶资金、援建项目、受益面等数据详实；太阳能设施安装、村道路硬化、河道治理、饮水池和文化活动室建设等标注清晰。王荣军告诉笔者：“温泉村的整村推进项目比较成功，较好地体现了中国宝武的扶贫思路，先从解决老百姓的出行难问题入手，再引导村民转变观念，帮助村民发展产业，勤劳致富。现在，老赵寨村民小组的农家乐、民宿等旅游项目已经闻名全国，综艺节目《明星到我家》就是在这里拍摄的。”顺着他手指的方向，笔者看到村里的民房屋顶大多数都安装了太阳能设施，外墙都是统一的民俗风貌特色画，村里的硬化路面从农家门口一直延伸到庄稼地。

宁洱镇党委书记董树安说："路不好成为制约我们当地经济发展的主要问题，在中国宝武的定点帮扶下，宁洱镇现在大部分村寨的路都通了，道路也硬化了，为发展经济创造了条件。"他说，"中国宝武人踏实肯干，给我们带来了新理念、新知识。我接触过的挂职副县长王荣军，驻村第一书记王玉春、李谋志都与当地干部群众打成一片，积极为改变当地落后的生产生活方式出对策、想办法，实实在在为老百姓谋实惠。"

哈尼山歌回荡在把边江畔

一条把边江，从普洱市镇沅县古城镇建民村中穿过，将河西（自然）村村民小组和船口（自然）村村民小组隔在两岸，也隔出了贫富差距。江对岸的船口村因交通不便，农产品运不出来，一直是古城镇最贫穷落后的村民小组。自从中国宝武定点船口村开展扶贫工作以后，这里发生了很大变化。

2017 年 12 月 12 日，笔者曾走过把边江上的连心桥，来到船口村。古城镇人大主席田正永介绍说："以前船口村老百姓出行只能靠摆渡，每年都会遇到畜和农产品甚至人因水流太急而落水的情况。中国宝武对船口村进行帮扶以后，我们整合资金修了这座可以走 5 吨卡车的钢板桥，村民们感到方便多了，都把这座桥叫'连心桥'。"我们走进船口村，只见干净整洁的硬面道路通到每户人家的门口，新建起的两层民房，外墙面都是巨幅哈尼族民族特色画，远处是一畦畦绿油油的农作物，在蓝天白云的映衬下，一幅美丽乡村的风景画展现在眼前。同行的建民村总支书记那知春虽然普通话不标准，但激动之情溢于言表："中国宝武实施定点帮扶之后，船口村脱贫的信心足了。路桥修通后，村民的致富路更顺畅了。"前几年，当听说当地辣椒因为品质好、耐运输在市场上很受欢迎后，那知春就动员船口村党支部书记黄志良联合村里一些敢闯敢试的村民成立了辣椒合作协会，统一种植辣椒，定向收购销售，使村民的收入不断增加。古城镇副镇长李存斌告诉笔者："古城镇正在打造哈尼文化特色村寨。村民家庭收入增加了，有能力改善居住条件了。政府统一规划，再给予一定的扶持资金，村民们自己筹资盖上了新房。"

拉祜新寨芦笙欢

宝藏镇板河村坡脚寨（村民小组）是江城哈尼族彝族自治县唯一的拉祜族寨子。拉祜族人居住的地方都是山区，他们的寨子也都建在山顶或半山腰上。

坡脚寨就在连绵的大山中。山谷中是四季长流的勐野江。我们的车沿着江边崎岖的山路前行，不知转了多少个弯，突然间，车子前方郁郁葱葱的山脚边，出现了一片白色建筑物，格外显眼。多次到过坡脚寨的普洱市扶贫办副主任、中国宝武援滇干部鲁巍笑着说："到了。"

顺着一条与公路相连的主干道，我们的车拐进了寨子。在主干道的一侧，是几十栋白墙灰瓦并装饰着红边的新房，或是2层小楼，或是1层平房，2栋或3栋一排，从公路边绵延至半山腰。小楼的外墙上，画的是拉祜族青年男女吹着芦笙、欢快舞蹈的喜庆场景。主干道另一侧是一个活动广场，广场边有一幢2层楼，这是村民组的办公楼。

中国宝武援滇干部、江城县副县长王法治介绍说："宝钢从2014年开始，连续3年帮扶坡脚寨（村民小组）。2014年，宝钢为20户村民实施了民房改造工程；硬化了一条长300米、宽3米、共900平方米的村内道路；改造了1间80平方米的科技文化室，在当地开展科技培训500人次，建设群众活动场地400平方米。2015年，宝钢出资为40户村民平整了宅基地。2016年，宝钢帮助硬化了长800米、宽4米、共3200平方米的村内道路，铺设了村内排污网管1000米，为31户村民平整了宅基地。"

"我们整个寨子有78户人家，共计320人，村民们全部都盖了新房子。"坡脚村民小组组长、拉祜族干部白玉强高兴地说，"大家原来住在山上，全是低矮的木板棚屋，都是危房了，现在全部是钢筋混凝土的楼房。真的很感谢中国宝武！很感谢你们啊！"

宝藏镇党委书记杨存艳说："坡脚寨的村民们把香蕉地出租给专业种植户，可以收租金；村民帮着专业种植户看管香蕉地，可以拿工资。现在的跛脚寨已经脱贫了。将来，我们规划利用寨子依山傍水的地理优势，打造特色旅游小村寨。游客来了，可以下水漂流、上山采摘水果，看芦笙歌舞表演……"

修路圆了村民增收梦

广南县那洒镇松树脚村瓦窑坝村民小组地处那洒镇南部，是一座山清水秀的美丽山村。2017 年 12 月 16 日，笔者一行跟随中国宝武援滇干部、广南县副县长李国宗从广南县城前往瓦窑坝村民小组，经过一条崎岖的乡村小路，当李国宗“前面就是瓦窑坝村民小组”的话音传来时，眼前的道路变成平坦的硬化路面，直达瓦窑坝村民小组所在地中心——纳凉亭。

“进村的这条路就是我们整合了包括中国宝武提供的资金在内的帮扶资金修建的。瓦窑坝这两年的变化太大了。”站在纳凉亭前，那洒镇党委书记张萍向笔者介绍中国宝武对口帮扶瓦窑坝的情况，“以前，瓦窑坝的道路是晴通雨阻。因为道路不好、车行不便，村民有再好的农产品也运不出去；没有灌溉沟渠，灌溉不方便，影响农作物收成。同时，建筑材料拉不进来，村民翻建房屋困难重重。2016 年至 2017 年，中国宝武投入帮扶资金 50 万元用于瓦窑坝村民小组的基础设施建设，那洒镇整合了其他帮扶资金，建成了进村的这条硬化路，还有环村道路、灌溉沟渠、凉亭、公共厕所和球场。”采访时，笔者看到，硬化路面从村口一直通到农户房前。平整的沟渠四通八达，流水潺潺。农民牵着牛车在农作路上缓行，一幅田园牧歌的生动画面。在篮球场上，几个小朋友正在打球。张萍说：“这个篮球场平时除了供村民活动，还是打谷场、晒场，红白喜事的流水席也摆在这里。”笔者看到旁边有几户人家正在盖房。瓦窑坝村民小组组长老汤家的 3 层楼房已基本建成，正在做外墙装饰。他说：“现在村里的道路好了，出行方便了，生产条件也好多了，外出打工的人也愿意把挣的钱拿回来盖房。逢年过节，在外工作的人都会开车回来住住。”

这边，我们与村民聊天了解情况；那边，李国宗与张萍沟通着刚刚了解到的一户困难家庭的情况，希望镇上村里能给予更多关心。张萍表示会进一步跟踪了解情况，提供必要的帮助。“中国宝武就是这么给力，有些情况比我们知道的时间还要早。”张萍对笔者说，“中国宝武在瓦窑坝村民小组的帮扶项目从立项到实施动作特别快。2016 年项目组的人第一次来调研，第二次来时就直接带来了帮扶资金。基础设施的建设，解决了农民出行难的问题，农产品、养殖产品能够运出去，农民增收，村、镇、县脱贫的步子越走越快。”

左起：王荣军（中国宝武援滇干部、宁洱县副县长）、鲁 巍（中国宝武援滇干部、普洱市扶贫办副主任）、李宏伟（温泉村党总支书记）正在商讨帮扶项目（张 勇　摄）

当地干部正在介绍中国宝武在当地的农业扶贫项目（张 勇　摄）

当地少数民族村民走在村子里（张 勇 摄）

（原刊于《中国冶金报》2018年4月20日8版 吴永中 冯茂芬）

扶智，让未来充满希望

——中国宝武援滇定点扶贫工作教育扶贫项目见闻

中国宝武援滇干部、江城县副县长王法治正在给小学生分发御寒衣物（张 勇 摄）

学生们正在中国宝武援建的篮球场上运动（张 勇　摄）

中国宝武援建的勐先小学图书馆（张 勇　摄）

扶贫要“扶志”，也要“扶智”，为孩子们撑起一片天，用温暖和智慧之灯照亮他们的前行之路，未来就会充满希望。中国宝武广大干部员工和援滇干部们是这么想的，也在为此努力着。

孩子们的冬天很温暖

云南省普洱市大多数地区的冬天不算冷，但一些贫困村寨的孩子们穿着单衣和凉鞋过冬的情况还是令人揪心。2017 年 12 月 14 日，一批由中国宝武爱心人士捐赠的过冬衣物被送到云南省普洱市江城县整董镇漫滩小学，中国宝武援滇干部、普洱市扶贫办副主任鲁巍，中国宝武援滇干部、江城县副县长王法治带着中国宝武的叔叔阿姨们的爱心，将衣物送到这里的孩子们手中，希望他们的冬天不再寒冷。

漫滩小学是一所建校时间很长的寄宿制学校，学生大多数为瑶族、哈尼族和傣族，普遍来自贫困家庭。与其他地方的完全小学不同，漫滩小学还有一所幼儿园，有 40 多个 3~6 岁的孩子也在学校寄宿。一走进校园，就是一片开阔的篮球场，球场边的电线杆看得出新安装不久。漫滩小学校长罗仙美告诉笔者，这些太阳能路灯，还有学校的安防设施、直饮水设备，综合楼里的功能室等项目都是 2017 年整合了包括中国宝武扶贫资金在内的多方援助完成的。

捐赠仪式现场设在该校篮球场，孩子们在老师的带领下排成纵队，个个脸上洋溢着欢快的神情。笔者注意到，有不少孩子衣着单薄，还有孩子穿着露趾的鞋。从上海运来的几大包衣物码放在球场边，有棉袄、毛衣、围巾等。其中一个小袋子里整整齐齐地叠放着数件毛衣，捐赠者贴心地放了一张小纸条：“2 岁至 4 岁宝宝衣服”。王法治告诉笔者，他作为江城县副县长的对口联系点就在漫滩村，他在调研时了解到学校孩子们穿单衣过冬的情况后，就与中国宝武取得联系，希望能为孩子们解决实际困难。华宝证券等单位迅速响应，第一批衣物很快就送到了江城县。随后，他梳理了建档立卡户的子女名单，并根据实际情况尽可能多地为这些孩子提供帮助。在简朴的捐赠仪式上，王法治深情地对孩子们说：“中国宝武的叔叔阿姨们很关心你们的学习和生活，托我给大家带来他们的心意。希望小朋友们努力学习，将来用自己的本领建设美丽家乡。”罗校长代表孩子们向中国宝武的爱心人士表示感谢，她勉励学生们说：“只要有梦想，并不断努力就有成功的希望，奋斗改变命运。”

身穿瑶族服装的五年级学生庞琼珍领到了一套红色的棉服，她羞涩地说，“我正想要一件保暖的衣服，现在好了，冬天不怕冷了。要是再有一些课外读物就更好了。”她说她的梦想是做一名老师。“这里比较偏远，孩子们能得到大城市里爱心人士的关爱，让贫困家庭的孩子也读得起书，对这些孩子来说是件大好事。”罗校长诚挚的话语道出了孩子们的心里话。

“信息课，让我们看到了外面的世界”

颠簸一路，我们终于来到云南省普洱市宁洱哈尼族彝族自治县勐先镇先胜希望小学。一进校门，我们就看到一幢三层教学楼，前面是一片开阔的广场，鲜红的五星红旗在广场上高高飘扬。教室里传来的琅琅书声告诉我们，孩子们正在上课。在校长周天瑜的引导下，我们穿过教学楼，再拾级而上，就来到了一片开阔的篮球场。冬日的下午，晴朗的天空下，一群小朋友在老师的带领下，正在打篮球，欢声笑语在球场上空回响。

周天瑜告诉笔者：“这个篮球场是宝钢股份出资援建的。”原来，先胜小学由于资金有缺口，学校一直没有像样的操场。2016 年，中国宝武援滇干部、宁洱县副县长王荣军了解到学校的情况后，积极奔走，在中国宝武的支持下，捐赠了一批电脑、图书、课桌椅，学校建成了电教室、图书室；2017 年，又争取到了扶持资金，建成了篮球场，改造了学校的厕所。现在，先胜小学每个年级都开设了信息技术课，孩子们学会了上网，对外面的世界有了新的了解。

“铃铃铃……”随着下课铃响，安静的教学楼很快沸腾起来了。不一会儿，一个个欢快的身影出现在走廊、奔向篮球场。五年级女生苏梦告诉笔者，她很喜欢上信息课，喜欢看书。“以前我们没有图书馆，除了课本，几乎都没有看过课外书。现在好了，图书馆有那么多书，可以尽情地看。”“我们现在还会上网，我在网上查过有关圆明园如何被毁的历史和狼牙山五壮士的故事。”她还说，“我们的篮球场是最棒的，其他学校的同学很羡慕我们，我们自己也感到很自豪，在学校总感到很开心。”

“我校办学条件改善后，成了县里设施最好的村小学。篮球场、自动冲水厕所、电教室、图书室，在我们当地的小学是一流的设施了。”周天瑜表示，在中国宝武的支持下，先胜小学提升了育人环境。全校师生深受鼓舞，努力拼搏，奋发向上，不断提高教学质量和办学水平。

给最需要帮助的孩子“雪中送炭”

教育扶贫是一个大课题，如何给最需要帮助的家庭和孩子“雪中送炭”？2017年，中国宝武在江城县的教育扶贫资金，大部分用于那些孩子考上大学、急需一大笔学费和学杂费的贫困家庭，帮助他们暂渡难关、重燃希望。2017年，江城县有150人考上大学（大专），每个人都获得了中国宝武给予的交通费、学杂费等补助。2017年成为昆明医科大学大一学生的涂彬就是其中的受益者。

当笔者一行赶到江城县城涂彬的家时，已是傍晚了。这是一套位于护城河边的简易两居室，室内空间不大，陈设简单，除了一面墙上贴着各种奖状外，室内几乎没有其他装饰。涂彬在昆明上大学，他的父母向我们介绍了他的情况。涂彬品学兼优，2016年高考前夕，却突发疾病，两次大手术不仅用光了父母的积蓄，还让家里背上了沉重的债务。2017年，涂彬通过复读，以优异的成绩考入昆明医科大学。一家人一边高兴一边为高昂的学费发愁。就在这关口，江城县对大学新生的补助方案出台了，涂彬一家人转忧为喜。

涂彬父母共同开一辆出租车谋生。讲起儿子突发疾病后的生活，涂彬妈妈眼里噙满泪水。夫妻二人絮絮地讲述着：“县城的出租车生意不太好做，有时候半天都接不到一单生意。为配合江城县改造建设，我们住的房子要拆迁，政府补贴一部分资金，但大部分要自筹，对我们而言非常困难。”尽管如此，夫妻俩对未来颇有信心，“有政府托底，有中国宝武的帮助，孩子还能继续上学就是最大的幸福。感谢社会的帮助，帮他读完大学，日子总会一天比一天好的。”

（原刊于《中国冶金报》2018年5月11日8版 吴永中 冯茂芬）

鱼渔同授，志智双扶

宝武对口援藏　丁青县脱贫摘帽

10月17日是我国第五个“扶贫日”。9月18日，国务院扶贫办宣布中国宝武对口援助的西藏自治区昌都市丁青县符合贫困县退出条件，标志着丁青县正式脱贫摘帽。这是中国宝武与丁青县委、县政府共同努力取得的成果，也是中国宝武扶贫工作成果的一个缩影。

自2016年6月中国宝武新增丁青县作为受援地区至今，共实施了3项对口援藏项目（含在建项目1个），对口援藏资金达到1500万元，为丁青县民生、医疗、教育事业做出了应有的贡献。宝武对口援藏工作形成了以基础设施建设为主导、以整村扶贫为示范、以科教扶贫为突破、以产业项目为推动的对口支援工作模式。

中国宝武先后派出援藏干部5批11人次赴昌都八宿县和丁青县担任副县长。这些援藏干部快速进入角色，战斗在脱贫攻坚第一线。中国宝武武钢集团对丁青县进行了多渠道、多形式的援助，涉及民生、扶贫、教育、医疗等方方面面，涵盖了城镇设施、新农村建设、社会事业、交通能源等多个领域。

为实施精准扶贫，中国宝武致力于“鱼渔同授，志智双扶”。一是投资1210万元，参与建设丁青县觉恩乡觉恩村异地搬迁安置点，惠及57户315人；投资247万元为丁青县13个乡镇配备了医疗工作用车；规划投资1500万元，按国家标准再建设1所幼儿园。二是引入武钢实业钢能公司和建安公司在丁青县设立2家分公司，一方面参与援藏项目建设，另一方面利用其技术、人才优势参与丁青县地方经济建设，互利共赢，协同发展。三是建立幼儿教师双向交流机制，提高丁青县幼儿教育软实力；武钢楠山康养公司为丁青县提供就业岗位，稳定安置丁青县就业人员6名；武钢实业钢能公司为丁青县培养供暖司炉工6名，这也是昌都市首批通过考试获得锅炉压力容器上岗证的本地农牧民。同时，援藏干部还利用自身优势，积极联系内地企业和爱心人士为丁青县农牧民捐款捐物，累计捐赠资金和物资折合人民币约50万元。

宝武方面表示，对口援助丁青县的工作虽然取得了一定成效，但扶贫援藏永远在路上。武钢集团针对丁青县当前亟须解决的集中供暖、市政建设等问题，谋划好、实施好对口支援工作，同时大力推动产业援藏、技术援藏和人才援藏，逐步把援藏工作由“输血型”转到科学援藏和增强自我积累、自我发展的“造血型”援藏上来，努力打造全方位、宽领域、多层次的援藏新格局。

（原刊于《中国冶金报》2018年10月17日1版　记者　张文成）

在琼布丁青浇开希望之花

——武钢集团援藏干部的“教育扶贫记”

今年10月17日是我国第五个扶贫日。这一天的《人民日报》在头版头条刊发消息《又有85个贫困县脱贫摘帽》，由中国宝武武钢集团援助的西藏自治区丁青县名列其中。当天，西藏自治区丁青县县委常委、副县长，中国宝武武钢集团援藏干部孙劲专门前往“丁青县武钢青青幼儿园”项目部，督促建设单位抓紧工期，确保今年冬天到来前完成基础施工。在孙劲心中，教育扶贫始终是他最大的牵挂。

丁青县位于西藏东北部、昌都市西北部，县城海拔3873.1米，是昌都市海拔最高的县城之一。它有藏东第一高峰、藏区最著名的苯教圣山——布加雪山，有水草丰美、野花艳艳的布托湖，有悬空而建的藏东最大的苯教寺庙——孜珠寺。就在这样一个天堂圣地，当地的部分百姓却忍受着贫困之苦。据2016年统计，丁青县人口总数为9.1万人，其中农牧民8.8万人，贫困人口13180人，贫困发生率为13%。

2016年7月，武钢集团按照党中央、国务院的统一部署，克服生产经营困难，肩负起支援西藏、助力丁青脱贫攻坚的历史重任。孙劲作为武钢集团第五批援藏工作队中的一员，赴丁青县开展援藏工作，与丁青县干部群众一起打响脱贫攻坚战。

用教育阻断贫困代际传递

从拉萨到昌都，要坐 1 个多小时的飞机，再转乘 2 个多小时的汽车。从昌都到丁青县城 248 千米，要翻越两座海拔 4600 米以上的高山，越野车要行驶近 5 个小时。孙劲对第一次踏足丁青县记忆犹新，他忍受着高原反应带来的不适，用脚丈量着丁青的土地，用心感受着丁青的呼喊。

按照武钢集团与西藏自治区昌都市签署的“十三五”援藏规划，武钢集团从 2016 年开始，向丁青县派驻援藏干部 1 名（三年一届），每年定向拨付援藏资金 750 万元用于丁青县民生、教育、医疗等扶贫项目的建设。然而，面对丁青县 13180 名贫困人口和数百个扶贫产业项目，每年 750 万元的援藏资金无异于杯水车薪。如何让有限的援藏资金发挥最大的作用，带领丁青县农牧民早日脱贫摘帽呢？来到丁青的第一晚，原本疲惫不堪的孙劲却失眠了。

治贫先治愚，扶贫先扶志。要想从根本上改变丁青县的落后面貌，彻底甩掉贫困帽子，孙劲觉得转变农牧民的思想观念，提高他们的文化水平是关键。

没有调查就没有发言权。经过了 1 个多月的调研考察后，孙劲向武钢集团第五批援藏工作队提出了“鱼渔同授，志智双扶”的援藏工作思路，即通过教育扶贫阻断丁青县农牧民贫困的代际传递。按照他的思路，一方面把有限的援藏资金向教育事业倾斜，加强丁青县幼儿教育硬件建设；另一方面在计划外援藏项目上动脑筋、想办法，尤其是要充分利用武钢 60 多年幼教方面的经验，发挥人才、技术等方面的优势，采取走出去、请进来的方式，通过双向培训交流为丁青县培训幼儿教育老师，提高丁青县的教育“软实力”。

苦什么也不能苦孩子

为了尽快打开扶贫工作的局面，孙劲在自己的想法得到了丁青县委、县政府以及援藏工作队的认可后，便立即与武钢幼教中心联系，寻求支持。而武钢幼教中心也迅速回复，表示非常愿意为雪域高原幼儿教育事业贡献力量，发挥作用。

2016年12月，孙劲陪同丁青县政府主管教育的副县长提宝泽仁、教育局局长刘顺武等领导和负责人专程前往武钢幼教中心考察，并与武钢幼教中心签订了学前教育培训战略合作协议。根据协议，武钢幼教中心计划在3年内，通过双向交流为丁青县培训100名学前教育“明月”园长和“种子”教师，由此拉开了武钢集团教育扶贫援藏的序幕。

丁青县城有3万多居民，适龄学前幼儿有近1700人。随着灾后重建、易地搬迁，以及城镇化推进和第三产业兴起，县城随迁幼儿将增加200人左右。尽管县城周边已经配备了5所幼儿园，但仍然人满为患，有的幼儿园一个班级的学生甚至多达70人。

“丁青的孩子也是祖国的未来，苦什么也不能苦孩子。”孙劲向援藏工作队建议，为丁青县兴建一所幼儿园，解决县城适龄儿童入园难的问题。这条建议很快得到批准。

为了确保幼儿园建设质量，孙劲又联系武钢实业建筑安装公司在丁青县注册了分公司，利用其技术、质量、管理优势，确保高质量完成援藏项目的施工建设。

新的幼儿园按国家标准设计，规划投资1500万元，占地面积12.98亩，建筑面积3046平方米，主体二层，分设大、中、小班各3个班级，内设舞蹈室、音乐室、美术室等专业教室，以及食堂、餐厅等辅助设施。该园建成后，可以解决至少270名幼儿的学前教育问题。

让高原老师们走出去

一转眼2017年的春天到来了。幼儿园还在前期规划设计中，老师的问题又成了孙劲心中的一根刺儿。丁青县幼儿园不仅教师奇缺，据不完全统计，按正常配置至少还需要100多名教师，而且在岗的多数教师大多未经过专业培训。孙劲认为，要提高丁青县幼儿教育水平，光靠提高设施水平显然不够，还得靠培训提高教师水平。

怎么培训？上哪儿培训？这些都是现实难题。为此，孙劲又找到武钢幼教中心。武钢幼教中心这次依然是大力配合，表示只要是教学时间，随时可以到武钢进行实地培训实践。

每年5月、6月是丁青县农牧民上山采集冬虫夏草的时间。按照惯例，全县学校、幼儿园都会放“虫草假”。而这个时候，武钢幼教中心正处在教学时间。孙劲提议，何不利用“虫草假”让丁青县的幼儿教师走出去，到武钢去培训实习呢?

2017年5月，丁青县教育局组织15名幼师来到武汉，在武钢幼教中心开展为期1个月的实习培训。老师们到达武汉后，顾不上适应“大火炉”的“烤”验，立即如饥似渴地投身学习。武钢幼教中心的老师们也毫无保留地倾囊相授。为了方便交流，武钢幼教中心专门建立了“格桑花开”的微信群，希望这些老师们学成回到丁青，像雪域高原的格桑花一样，给丁青带来春天的希望。

为了让来自雪域高原的幼儿教师们学到真本领，武钢幼教中心为丁青县幼儿教师量身定做了教案，为每一位丁青幼儿教师选择1~2名有丰富教学经验和管理水平的老教师开展“导师带徒”活动，精心设计培训课程，手把手教授实战经验。

高原上的老师们刚到内陆，大多数出现了醉氧反应。武钢幼教中心立即调整作息时间，帮助老师们逐步适应内陆的作息时间和气候，连夜运送一批药品到宾馆，让老师们感受到江城热力的同时也感受到武钢的关怀与温暖。2017年5月30日端午节，为了让这些远离家乡远离亲人的西藏老师们也能度过一个快乐的节日，幼教中心为每位老师精心准备了粽子、绿豆糕等节日食品送到宾馆，大家一起品尝着美味度过了一个不一样的端午节。

经过20多天的培训，丁青幼儿教师跟班实习，学习了舞蹈、音乐、创意美术、手工艺制作等幼儿教育课程，收获满满。2017年6月12日，武钢为丁青的老师们举行了结业典礼，时任中国宝武集团副总经理，武钢集团党委书记、董事长刘翔亲自为丁青幼师颁发了结业证书。

把支教老师们请进来

“既然丁青县的幼儿教师能够利用‘虫草假’来到武汉接受培训，那么，何不让武钢幼教中心的老师们利用暑假时间去丁青县支教呢?”迎回了到武钢培训的丁青籍教师，孙劲又动起了脑筋。

每年7月、8月是武钢幼教中心的暑假时间，而此时丁青县的学校、幼儿园正常开课。

2017年7月12日，武钢幼教中心的5名幼儿教师张朝霞、刘晓轶、谈爱晶、刘意、林国花组成首批援藏支教团队抵达丁青，她们每个人都是幼教领域的专家。当天下午，丁青县教育局召开工作对接会，支教团队负责人张朝霞园长在会上表示：“我们将不负托付，不负期望，克服困难努力完成工作任务，把最好的状态留给西藏的孩子们。”

乡镇的道路有的紧贴绝壁，有的泥泞崎岖，处处布满着惊险，但这丝毫不能动摇她们前行的脚步。远离亲人，远离故土，远离自己的孩子，只为丁青幼教事业的发展。

初到高原，她们也出现了高原反应，可看到孩子们纯净的眼神，又有了精神，迅速投入到教学培训中。她们为西藏学前教育中心教师进行手工制作、幼儿园区角环境创设培训，指导老师们学习电子琴，与大家一起查找整改管理和教学中存在的缺陷和不足之处……

如今，丁青县的幼儿教育发生着悄然变化。“在培训中我们收获很多，特别是在教育理念、手工制作、体育游戏和园本教研上，武钢支教的老师们给我们带来了宝贵的幼教经验和优质资源的共享。”丁青县幼儿园教师陈小妮回忆起那段时光感慨道。

德庆桑珍是协雄乡小学第一附属幼儿园的学生，他欣喜地说：“听老师给我们讲故事，和她们一起做游戏，我们很高兴、很愉快。”

斯朗巴宗是丁青县幼儿园一位幼儿的家长，他告诉笔者：“通过武钢支教老师的培训之后，我觉得幼儿园老师在精神面貌和教学模式上都有新的变化，我的小孩变得开朗爱笑了。感谢武钢支教教师对丁青教育的付出，扎西德勒!”

现在，丁青学前教育老师与武钢幼教中心老师的双向交流已经形成了常态化机制。今年5月，丁青县教育局选派第二批19名幼儿教师赴武钢幼教中心实习培训；6月，丁青县武钢青青幼儿园开工建设；7月底，武钢幼教中心派出第二批5名教师赴丁青县支教……

今年11月28日，是孙劲来到丁青县的第850天。在这些日子里，孙劲经手了中国宝武对丁青县的每一个援助项目：投资1210万元配套建设觉恩乡觉恩村异地搬迁安置点，帮助57户315名建档立卡贫困户农牧民于今年7月喜迁新居；为丁青县13个乡镇配备医疗工作用车；引入武钢实业钢能公司和建安公司在丁青县设立2家分公司；协调武钢楠山康养公司为丁青县提供就业岗位；积极联系内地企业和爱心人士为丁青县农牧民捐款捐物……

今年10月，中国宝武传来好消息，将在今年原计划750万元援藏经费的基础上再增加750万元，用于扶持丁青县的民生、教育和扶贫项目建设。

“2019年9月，我们的幼儿园将开园。我们还有很多事要做，目的就是让援藏工作逐步由‘输血型’向‘造血型’转变。”孙劲说。

（原刊于《中国冶金报》2018年11月27日1版　通讯员　周　杨）

有情、有为，全力以赴

——看中国宝武脱贫攻坚的责任担当

修路建房、捐资助学、扶持产业、改善民生……中国宝武集团公司在一个个扶贫小镇、山村，留下了扶贫攻坚和对口支援的足迹。自2002年起，中国宝武在西藏自治区日喀则市仲巴县和昌都市八宿县、丁青县，新疆维吾尔自治区喀什地区岳普湖县，青海省海南州同德县，湖北省黄冈市罗田县，广西壮族自治区南宁市上林县，云南省普洱市宁洱、镇沅、江城三县以及文山州广南县等地，共派出扶贫挂职干部47人，累计投入扶贫资金7.6亿元，实施扶贫项目741个，促进了民生改善，也赢得了当地百姓的口碑。

当前，脱贫攻坚进入总攻期。党的十九大发出了打赢脱贫攻坚战的总号令，国务院就打赢脱贫攻坚战三年行动做出指导，国务院国资委对中央企业开展扶贫攻坚工作提出具体要求。中国宝武在思想上高度重视，在行动上落实落地。中国宝武党委书记、董事长陈德荣指出：精准脱贫是三大攻坚战之一，是严肃的政治责任，要站位高、态度好、力度大，做到有情、有钱、有为，齐心协力，全力以赴；中国宝武要在脱贫攻坚上做中央企业优秀的领跑员，全面助力打好脱贫攻坚战。

真抓实干的“一把手工程”

习近平总书记提出：“承担定点扶贫任务的中央企业，要把帮扶作为政治责任，不能有丝毫含糊。”

2018 年是精准脱贫攻坚的开局之年。中国宝武抓这项“一把手工程”，主要体现在以下方面：

首先体现在一张“时间表”上：1 月，召开党委常委会、常务会、董事会，审议扶贫资金预算，提出扶贫工作具体要求；4 月，公司党委理论学习中心组专题学习习近平总书记扶贫开发战略思想，研究部署扶贫工作；6 月，公司党委常委会议研究决定，将工会作为公司扶贫办公室常设机构，统筹协调扶贫工作；7 月，召开扶贫工作会议，进行扶贫工作总动员，全面部署和推进扶贫工作；12 月，举行扶贫工作领导小组（扩大）会议，总结 2018 年扶贫工作情况，对新一批扶贫援派干部进行培训。扶贫工作贯穿全年始终，有部署、有推进、有总结。

其次体现在一张“路线图”上：一年来，中国宝武领导班子成员、外部董事、扶贫办主任全体出动共 20 批次，率队进村入户，与困难群众面对面交流，实地查看项目落地情况，对扶贫工作、扶贫项目进行调研、督导和检查，足迹遍布定点扶贫和对口支援的 10 个县。

各尽其责的体系管理

在中国宝武，扶贫不是“一个人在战斗”，而是建立和完善管理体系，依靠体系的力量，形成强大且持续的攻坚合力。

中国宝武成立了由一把手担任组长的扶贫工作领导小组，整合扶贫资源，有组织、有计划、大力度地助力对口地区脱贫攻坚。

为使扶贫工作流程更规范、责任更明晰，中国宝武建立了由公司党委负责的脱贫攻坚责任制，明确责任、制度、工作、监督和考核体系，形成了领导小组办公室统一协调，各职能部门、各具体实施单位和扶贫挂职干部敢于担当，各方力量参与、高效协同和上下联动的扶贫工作体系；制订和实施了《2018 年中国宝武定点扶贫工作计划》《定点扶贫保障措施分解表》《扶贫工作管理办法》《项目资金管理办法》《扶贫援派干部管理办法》《中国宝武助力对口帮扶地区打赢扶贫攻坚 2018～2020 年三年行动计划》。

为实现从“送钱、送物、办好事”到督促帮扶县落实主体责任的转变，中国宝武通过召开联席会议和建立主要领导现场督查、纪委监察组实地督查、项目审计专项督查、扶贫办督办检查及扶贫干部一线项目检查“五位一体”的监督检查体系，进行了作风整治和资金使用的全面“体检”，推进脱贫攻坚过程中发现的问题得到及时整改，以铁的纪律为脱贫攻坚保驾护航。2018 年，中国宝武共形成督促检查报告 42 个，在扶贫领域未发现违反中央八项规定现象和挂职干部作风等方面问题。

精准有效的宝武特色扶贫

产业扶贫是脱贫攻坚的根本之策。近年来，中国宝武逐渐实现从过去捐赠式扶贫向产业扶贫的转变，为脱贫不返贫做出积极贡献，形成了精准有效的宝武特色扶贫模式。2018 年，中国宝武产业扶贫项目投入比例由原来的占扶贫总额的 20%提高到 40%，帮助定点扶贫县引进 8 家企业，扶持了 19 家龙头企业和农村合作社。

做大就业扶贫，培养致富带头人。中国宝武在云南省普洱市江城县开展的宝藏镇冷冻储存库和火龙果种植项目，采用股权量化固定分红模式和“企业+基地+农户”开发模式，企业用工优先使用建档立卡贫困农户，带动了至少 50 户 200 人以上贫困人口脱贫出列。2018 年，中国宝武在西藏日喀则市仲巴县推进的空中课堂——“互联网+教育”工程建设完成，包括 3 个多媒体远程教育教室、400 台电脑、28 台目前市场上最先进的触摸一体机。2018 年，中国宝武举办了首期青海省海南州企业经营管理人员研修班，充分发挥其在公司治理、科技研发、人才培养、管理模式等方面的资源和人才优势，组织实施了对口扶贫地区管理干部及创业致富带头人的培训，全年共培训基层干部 712 名、技术人员 329 名。

做实党建扶贫，提高村民技能素质。中国宝武 5 名驻村第一书记所在村党支部、党总支与中国宝武工会党支部、宝钢股份工会党支部、武钢集团工会及办公室党支部签订了党支部结对共建协议。此外，驻村第一书记还针对提高村民农业技能组织开展了一系列培训。

为确保把定点扶贫资金“花在刀刃上”，把资金管好、用好，中国宝武对定点扶贫项目和扶贫项目资金实行两个“541”管理，即扶贫项目管理中，整村扶贫项目占比达 50%，产业扶贫项目占比为 40%，教育扶贫项目占比为 10%；扶贫项目资金管理中，项目启动时拨付 50%的资金，项目完成一半时拨付 40%的资金，项目竣工验收后拨付最后 10%的资金。

倾情倾力的真帮实扶

扶贫，是物质上的扶持，是平台上的扶持，更是精神上的扶持。中国宝武扶贫挂职干部们扑下身子、扎根基层，深入村组、农户、田间展开调研。他们克服困难，不畏奔波，出点子、跑项目、搭平台，着力解决群众最关心、受益最直接、需求最急迫的问题，不仅带去了资金、项目、人才和技术，而且带去了新的思想和理念，犹如星星之火，点亮了贫困村和谐发展新的希望。

2018 年，中国宝武在云南省普洱市镇沅县投入党费帮扶资金，建设村组党支部活动室。宝钢股份在云南省普洱市宁洱县追加资金实施大棚香菇种植项目，在云南省普洱市江城县为贫困瑶族农户送去冬日暖心棉被 3500 床；宝钢股份团委在云南省普洱市宁洱县勐先镇先胜小学捐资修建厕所、学生操场，更换课桌椅 100 套。中国宝武华宝证券在支持江城县贫困乡村基础设施建设、产业发展、教育水平提高等方面投入资金 100 多万元。

在中国宝武“好生活”平台，员工可以进入“互联网云南馆”专区，购买对口扶贫地区的土特产。在送温暖、送清凉、节日慰问品购买中，中国宝武也多采用扶贫地区的产品，扶植了一批带动贫困户增收的农村合作社和企业。

中国宝武的每一份力量都在深刻改变着当地老百姓的生活。现在，中国宝武对口扶贫村居住环境、生活条件大大改善，谈起中国宝武的扶贫工作，村里的老百姓交口称赞：“我们的乡村变漂亮了，出行方便了。更重要的是，中国宝武带来了新的发展理念，把我们送上了致富的康庄大道!”当地政府也对中国宝武扶贫工作给予肯定，宝钢股份工会获评2018年云南省脱贫攻坚先进集体称号，广南县委、县政府还专门给中国宝武送去了锦旗和感谢信。

此外，中国宝武的扶贫工作还受到了国务院扶贫办和国资委的表扬。国务院国资委党委书记郝鹏到西藏日喀则市调研考察时，对仲巴县在中国宝武的援助下取得的快速发展局面表示赞赏。中国宝武两次被国务院国资委选中进行扶贫典型经验交流，还被评为第十届“中华慈善奖”捐赠企业。

（原刊于《中国冶金报》2019年4月9日2版　记者　蒋文雯）

来自雪域高原的问候和祝福

6月5日，正值端午节和高考前夕，受中国宝武武钢集团第五批援藏工作队委托，武汉钢能设备安装有限责任公司丁青分公司经理杜志宏前往武汉西藏中学看望慰问20名丁青籍（丁青县隶属西藏自治区昌都市）学生。

武汉西藏中学政教处主任徐峰介绍了学生学习和生活等情况，对中国宝武武钢集团认真履行社会责任、精准帮扶西藏脱贫、关心藏区孩子教育表示感谢。杜志宏表示，一直以来，丁青县、武钢集团各级领导非常牵挂丁青籍在汉学生。此次受武钢集团援藏干部和丁青县委常委、副县长孙劲委托来看望大家，为同学们送来端午节的问候，并为即将参加高考、中考的学生加油鼓劲，希望学生们在考试中不要紧张，考出好成绩，为丁青父老乡亲争光。

该校高中学生次仁旺姆收到寓示“开门红”的红色衣服和慰问金后表示，自己会加倍努力学习，回报家乡，不辜负党和政府以及家乡父老乡亲和武钢集团干部职工的期望。

丁青县是武钢集团对口援建县区。近年来，武钢积极履行政治责任和社会责任，参与西藏地方经济建设，先后援建了丁青县觉恩乡觉恩村易地扶贫搬迁点、13 个乡镇卫生院工作用车以及车载医院等民生设施，承接了丁青县供暖改造和运行等多个民生项目。

（原刊于《中国冶金报》2019 年 6 月 11 日 2 版　蔡　宏）

中国宝武部署下阶段扶贫攻坚工作力求走在央企前列

中国宝武于 7 月 5 日召开扶贫工作会议，专题推进和部署扶贫工作。会议指出，下阶段，中国宝武将聚焦深度贫困地区，加强统筹协调，注重扶贫总体策划，压实扶贫责任，明确扶贫工作领导体制和责任体系，完善扶贫工作流程和制度，夯实扶贫领域作风，加强扶贫挂职干部管理，加大扶贫工作推进力度，使中国宝武扶贫工作走在央企前列，打好扶贫攻坚战。

中国宝武党委副书记伏中哲在讲话中指出，中国宝武扶贫工作取得了实效，也存在短板。对此，他就扶贫工作提出具体要求：扶贫工作领导小组办公室要切实负起责任，把扶贫工作纳入中国宝武战略发展规划，建立完善中国宝武扶贫全过程管理流程和制度，开展发挥两地优势互补和产业对接行动，开展有宝武特色的“541”（扶贫项目资金分配实行整村扶贫项目 50%、产业扶贫项目 40%、教育扶贫项目 10%的“541”管理；扶贫项目资金拨付实行项目启动时拨付 50%的资金，项目完成一半时拨付

40%，项目竣工验收后最后拨付10%的“541”管理）项目管理行动，加大扶贫干部绩效考核力度，组织中国宝武领导班子成员每年到定点扶贫地区检查扶贫项目的落地与推进情况，夯实中国宝武定点扶贫实效，增加扶贫工作人、财、物的投入，开展阳光扶贫主题行动，做好中国宝武扶贫工作整体宣传策划等。

会上，中国宝武工会报告了中国宝武扶贫工作情况和定点扶贫工作情况，相关单位与部门介绍了对口支援、定点帮扶、干部选派等情况，与会人员还就扶贫工作中遇到的问题做了交流和研讨。据悉，自2002年起，中国宝武在西藏日喀则地区仲巴县和昌都市八宿县、丁青县，新疆喀什地区岳普湖县，青海海南州同德县，湖北黄冈市罗田县，广西南宁市上林县，云南普洱市宁洱、镇沅、江城三县和文山州广南县等地都留下扶贫足迹，至2017年底共投入6.4887亿元，实施项目692个，派出扶贫挂职干部43人。

（原刊于《中国冶金报》2018年7月19日1版　记者　冯茂芬）

贫困户是我心中的牵挂

孙劲把内地朋友捐赠的冬衣挂在

当堆乡政府旁的“爱心墙”上

农牧民居住的传统土屋下层一般是牛棚。
援藏两年多的孙劲已经可以熟练地
从独木梯上下楼了

从白日村村委会到三组的农牧民
家里需要乘摩托车或者步行

每次孙劲来探望慰问并宣传政策，都是当堆乡白日村
三组建档立卡贫困户白拉一家最开心的时候

冬措一家已于2017年实现脱贫摘帽。孙劲每次到白日村调研走访时，
都会去她家看看，问问她们有没有什么困难、收入是否稳定

中国宝武武钢集团有限公司援藏干部，西藏自治区丁青县县委常委、政府副县长孙劲心系定点联系帮扶的贫困户。春节休假前夕，孙劲来到距离丁青县城120千米的当堆乡白日村，看望走访四户帮扶联系户，并向农牧民宣讲党的精准扶贫政策，教育农牧民听党话、感党恩、跟党走，并为贫困户送去冬衣、糌粑、酥油等慰问物资。

（原刊于《中国冶金报》2019年1月25日1版　阿　其　摄影报道）

扶贫慰问显真情

李世平（前排右一）在樟屋村良种茶叶育苗基地了解
特色产业、集体经济情况（陈立新 摄）

“快过年了，结对贫困户的生活怎样？还需要怎么去帮助？”2020年元旦前夕，笔者带着这些疑问，跟随中国宝武广东韶关钢铁有限公司（下称韶钢）党委书记、董事长李世平一行，来到韶钢对口扶贫点广东省南雄市南亩镇樟屋村走访慰问。

在樟屋村村委会大院，摆放了很多正在晒制的农产品，一派丰收景象。李世平询问了樟屋村村民种养、集体经济等情况，并提出一些发展建议。

李世平首先深入结对帮扶对象李君群家庭和刘善兰家庭，赠送了取暖器、电饭煲等慰问品和慰问金，并详细了解家庭成员情况、脱贫近况、生活条件改善情况等，勉励贫困户坚定信心，安排好生产、生活，相信在各方面帮助及自身努力下，日子会一天比一天好。

李君群因妻子重病、母亲年迈、小孩上学，生活十分困难，一度丧失生活信心。在韶钢的精准帮扶下，他发展了种养业，现在妻子病情得到控制，大女儿也已入读韶关技校，生活一天比一天好。

刘善兰夫妇的一个儿子早些年去世，儿媳改嫁，未成年的孙女由他们两位老人照顾。如今，刘善兰夫妇都已80多岁了。在韶钢的帮扶下，刘善兰一家现在修建了红砖房，购置了彩电等家用电器，孙女大学毕业后已在广东东莞上班，一家人开启了幸福生活。他们说："韶钢帮扶工作队的工作做得非常到位，韶钢公司领导每年重大节日也都上门慰问。感谢党的扶贫政策和韶钢的真心帮扶。

来到樟屋村良种茶叶育苗基地，一眼望去满是新绿，幼苗长势良好，给人希望。原来，樟屋村通过充分利用韶钢提供的40万元扶贫专项资金，引进专业合作社，共同建立起10亩良种茶叶育苗基地，带动南亩镇周边村镇发展茶叶种植产业。现在，良种茶叶育苗基地每年为村集体增加5万元收入，同时带动了20名贫困户人员就业。李世平说道："茶叶育苗基地的发展思路是很正确的，希望帮扶工作队继续多关注市场、多创效益，不断改善村民生活。"

最后，李世平来到樟屋村种养合作社粮库。樟屋村益农种养农民专业合作社以家庭承包经营为基础，通过社员的合作与联合，为社员提供生产和生活服务，维护社员利益，促进社员增产增收。村民们认为，种养合作社这种模式很好，可帮助大家更好地发展种养业、提高收入。南亩镇领导对韶钢为樟屋村村民生活改善做出的积极努力表示了真诚的感谢。

（原刊于《中国冶金报》2020年1月9日1版　通讯员　陈立新）

马钢产业扶贫带动乡村经济发展对口帮扶的两个村实现"村出列、户脱贫"目标

7月12日，《中国冶金报》记者从马钢获悉，其对口帮扶的安徽省阜南县王堰镇马楼村、地城镇李集村分别于2016年、2017年实现了"村出列、户脱贫"的目标。

6月中旬，马钢集团公司党委领导驱车数百里，专程了解马钢产业扶贫情况，并向对口帮扶的马楼村、李集村分别送上了60万元产业扶贫资金。马楼村77岁的贫困户宋英杰说：“马钢驻村扶贫干部带动村里发展光伏发电产业，让不少村民从中获益，这真是马钢精准扶贫顶呱呱的行动。”

马钢于2014年、2016年先后对口帮扶的马楼村、李集村属于经济欠发达的村落，交通不畅，信息相对闭塞，没有支柱产业。为实现精准脱贫，马钢选派优秀干部驻村帮助村委会解决贫困村和贫困户的实际困难。2014年，马钢接到对口帮扶马楼村的任务后，从改造村庄道路入手，向马楼村捐赠42万元，新建了一条长1.1千米的水泥马路，解决了儿童上学难、村民出行难、乡村运输难的实际问题；马钢还向当地的小学捐赠了11台电脑、3台打印机，以及若干文体用具、教育课本；出资28万元为住房存在安全隐患的贫困户进行了危房改造。

此外，马钢还实施了产业扶贫举措，积极带动乡村经济发展，要求扶贫干部带着责任、带着感情去扶贫，带着抓产业、增动力的目标去脱贫。2015年和2016年，马钢共捐赠46万余元，帮助马楼村建设了光伏发电站、蔬菜大棚产业示范园；2016年捐赠50万元，帮助李集村建立了农机合作社，真正让扶贫项目惠及村集体及这两个村庄的每一个家庭。贫困户陈宜芳告诉马钢领导，仅马钢为村里援建的光伏发电站项目，每年能给他们家带来2000多元的收入。同时，她对爱人在患病住院期间，马钢驻村帮扶干部及时探望和慰问表示感谢。马钢领导说：“看到你们生活一天比一天好，我们打心眼里高兴。心情好了，身体就会好；身体硬朗了，日子就会越来越好。”

（原刊于《中国冶金报》2018年7月19日1版　记者　杨子江　章利军）

铭刻在北回归线上的责任与真情

——宝钢援滇12年工作掠影

云南省普洱市，地处我国西南边陲，是镶嵌在北回归线上的一颗“绿海明珠”。自2004年起，宝钢（现宝武集团）认真履行社会责任，承担了定点帮扶云南省普洱市宁洱、墨江、镇沅、江城4县的扶贫任务。截至2016年底，12年来，宝钢累计投入帮扶资金12038.45万元，共援建扶贫项目440个，连续派出5批年富力强、工作经验丰富的中层干部到普洱市挂职指导扶贫工作。宝钢的援滇干部在整村推进、产业扶贫、社会事业发展、抗旱（震）救灾等方面做了大量卓有成效的定点帮扶工作。

前不久，笔者一行赶赴普洱，实地走访了宁洱、墨江、镇沅等县的10多个少数民族村寨，亲身感受和体验了宝钢援建项目对当地少数民族群众生产、生活面貌的改变。

整村推进，硬件软件双提升

民政村老张寨组，是宁洱县宁洱镇诸多贫困村之一。宝钢开展对口援建工作后，在这里实施了整村推进的扶贫项目，目前已完成村内道路硬化1950米，修建了170平方米的文化活动室。12年来，宝钢在普洱市累计实施整村推进项目193个。

“政策好了，宝钢来了，房子盖起来了，姐妹们有地方跳舞了……”在墨江县联珠镇新发社区的一个哈尼族村寨中，村民马月萍对着我们的镜头唱起了她即兴创编的哈尼小调。哈尼族人能歌善舞，但是，好多年了，这里的村民一直没有一个固定的活动场所。“现在好了，有了宝钢援建的活动室，我们每天都可以风雨无阻地跳舞啦!”马月萍乐呵呵地说。墨江县副县长张雪梅说，这个村民活动室是该村整村推进项目之一，对丰富少数民族群众的业余文化生活、传承民族文化起到了很大的作用。

一位乡村医生的感谢

齐整的药柜、崭新的医疗仪器、专业的电子医疗显示屏……在宁洱县温泉村卫生院，笔者一行看到当天值班的乡村医生小刘正在给一位村民量血压。去年，她参加了普洱市宝钢集团乡村医生培训活动。

2014年，宝钢投资194万元，启动了普洱市乡村医生培训项目，以解决当地村民看病难的问题。该项目计划通过3年时间，采用集中理论培训和临床跟班培训相结合方式，为普洱市985个村卫生室各培训1名乡村医生。

小刘介绍说，和很多乡村医生一样，她的专业水平不高，也很难得到正规、专业的培训机会。现在，村民对医疗的需求日渐增加，自己平时积累了一大堆问题，有时候心里非常着急。2015年，她参加了宝钢组织的乡村医生培训活动，“这可真是雪中送炭啊！通过培训，自己的医疗水平有了跨越式的提升，村民求医问病的需求很大程度上得到了满足。宝钢真是办了一件大好事。不仅我们这些乡村医生感谢宝钢，村民们也非常感谢宝钢啊！”小刘动情地说。

难忘助学情

我们走访的那天11时15分，伴随着墨江县通关镇通关中学的下课铃声，孩子们欢笑着跑出教室。吃饭啦！笔者一行随着孩子们走进食堂，看到的是整洁的餐桌、明亮的不锈钢橱柜、一尘不染的电器灶台。陪同我们参观的校党委书记老刘介绍说：“过去，学校食堂的卫生和设备情况都很差。一到吃饭的时候，学生们就端着碗到处跑。2014年，宝钢出资35万元，让学校食堂实现了电器化操作，就餐环境也得到了很大的改善。”

自2004年建校以来，这座依山而建的中学就与宝钢结下情缘。12年来，宝钢累计投入300多万元改善学校的办学环境。该校的第一栋新建筑，就是宝钢于2004年投资189万元援建的主教学楼。2009年，该校筹建综合楼，宝钢又出资60万元。2013~2015年，宝钢每年援助15万元，用于学校更新和添置教学器材。同时，宝钢下属宝欧公司每年还资助该校贫困学生20名、优秀教师5名。在初三56班，一个名叫孙秋霞的女孩给我们讲述了她和宝欧公司叔叔、阿姨们的故事。孙秋霞的父母在她很小的时候就离开了她，她从小跟着爷爷、奶奶生活。两位老人都是农民，家里的生活非常困难，小孙几度要退学。宝欧公司开展助学活动后，孙秋霞得到了对口帮助，学习成绩有了很大提高。懂事的孙秋霞说：“我和宝欧的叔叔、阿姨们从未见过面，但我心里的这份感恩之情会一直珍藏着。这份情感会激励我努力学习，回报社会。”

随着办学条件的逐步改善以及教学设施的不断完善，通关中学的教学质量不断提高。刘书记自豪地说，现在，通关中学已成为墨江县条件最好的学校之一，去年中考成绩在全县排名第一。

产业扶贫天地宽

地处滇西南地区的镇沅县，是国家扶贫开发工作重点县。笔者一行跟随宝钢援滇干部张茂峰一起，赶赴镇沅县恩乐镇民江村三岔村民小组，这里有一个瓢鸡养殖合作社，是宝钢下一步产业扶贫的考察项目之一。

下了国道，又走了30分钟的红泥路，我们进入了一片大山，瓢鸡养殖基地就在这片山林中。瓢鸡，是镇沅独有的畜禽特产。这种鸡采用林下养殖的方式，喝山泉水，吃野果、树虫，肉质鲜美，营养丰富。该合作社的村民介绍说，目前，瓢鸡的存栏量很大，但是找不到大宗客户，也没有深加工渠道。张茂峰解释说："普洱地区很多的农副产品都是'养在深闺人不识'，运输成本高，品牌影响力也不够，这是我们下一步开展产业扶贫工作要攻坚的课题。"

镇沅县县委书记白兆林（现普洱市副市长）在接受采访时说："镇沅县和普洱市的其他县一样，资源丰富，好多宝贝藏于深山之中。我们的特色农产品如果能以宝钢为窗口，继而进入上海，那前景将非常广阔。我们非常希望宝钢能够结合自身企业的转型发展，到镇沅来创业。比如说办一些深加工企业，以'互联网+'的形式推进电商扶贫等。"白书记的思路，也是宝钢援滇干部在扶贫工作中确定的努力方向。张茂峰介绍说，2016年春节，在他的牵头下，宝钢股份和普洱市扶贫办组织了一次宝钢普洱迎新春土特产品展销活动，探索从"输血"到"造血"的产业扶贫新路子。普洱市的参展企业多达30家，展销额累计达到850余万元，约有2万人次参与了网上展销订购活动。在展销会上，瓢鸡和瓢鸡蛋很受宝钢职工的欢迎，几天就被抢购一空。接下来，宝钢还将以"普洱产品走进宝钢，宝钢职工走近普洱"活动为契机，加大双方的合作与交流，寻找探索产业扶贫、电商扶贫的新路子。

江城县宝藏镇板河村坡脚村民小组文化活动室外景

江城县勐烈镇朵把村香菇种植项目

（原刊于《中国冶金报》2016年12月23日8版 王 磊）

宝钢蓝舞动在彩云之南

2016年12月11日，在简约而隆重的气氛中，云南省普洱市宁洱县农村电商孵化运营中心正式挂牌成立并启动。在启动仪式上，宁洱县领导和企业代表、青年创业代表齐聚一堂，该县县委书记罗景锋作了首期培训班动员讲话。这一天的到来，让宝钢（现宝武集团）选派的驻村第一书记王玉春感到无比的自豪和激动。为了这一天的到来，王玉春一边帮助派驻村脱贫摘帽，一边推动当地农村电商发展，付出了约一年半的心血和精力，头发白了、人瘦了。在孵化运营中心正式启动的前一天，王玉春在接受中央电视台财经频道记者采访时说："希望孵化运营中心的正式启动，成为宁洱县进入电商时代的标志。希望我能够成为宁洱县域电商发展进程中的铺路者和引路人。"

该中心的正式启动，践行了王玉春2015年8月驻村时定下的援滇扶贫工作思路：找准方向、找对路子、找到方法。

融入这片红色的土地

现在的王玉春已经是一个地道的普洱人了：手机铃声是哈尼民歌、朋友圈里发的都是村里的大事小情，就连他的微信名也悄悄改成了"村哥"。笔者在昆汤村遇到王玉春时，他正在一户修建新房的村民家门口唠嗑。听到笔者一行人熟悉的上海话，王玉春老远就打招呼。走近了，他咧嘴一笑，一双粗大的手向你揽了过来。他身上，还透着田间地头特有的泥土气息，在上海生活了近20年的印迹已替换成"普洱人"的"标签"。

此前，王玉春是宝钢集团（现宝武集团）宝钢股份原料采购中心负责组织工作的干部。2015年炎夏的一天，当他看到宝钢集团援滇扶贫第一书记的招募选拔通知后，毫不犹豫地报了名。在此之前，王玉春从没接触过扶贫工作，他唯一的教材是一部叫《马向阳下乡记》的电视剧。王玉春一口气看完这部电视剧，还做了笔记。几天后，当他站在面试考官面前时，心中颇有底气。通过层层公开选拔，王玉春如愿入选。2015年8月，王玉春走马上任，到云南省普洱市宁洱哈尼族彝族自治县宁洱镇温泉村任村第一书记。刚到宁洱县时，当地政府为王玉春在县城里安排好了酒店，想让他有个适应的过程，可王玉春一天都没有住，扛着行李就直奔温泉村了。宁洱县副县长、宁洱镇党委书记李进学说："那几天我正在外地挂职锻炼，听说大城市来了位第一书记，我有点担心他能不能适应。我一回来就去温泉村看看情况。没想到刚进村，就看到王书记正和村民们一起打谷子，有说有笑的。我当时想，他才没来几天，咋这么快就和大伙熟起来了呢？”

其实，王玉春在上任之前就做好了思想准备：自己不仅是去“驻村”的，更是去“住村”的。只有把根扎进村里，才能真正与当地干部、群众融为一体。9月和10月，正是农作物秋收之时，这时候和村民一起下地干活，比开什么座谈会都来得实在，既能拉近与村民的距离，又能切实了解当地的民风、民俗。几天的谷子打下来，王玉春的双肩酸痛难忍，他心里却是喜滋滋的，因为好几家村民都已经认识了他这个第一书记。他没有把当地群众作为简单的工作对象，而是主动融入到群众的日常生活、生产当中，努力学做农事、说农话、懂农时，跟村民就像一家人一样。

用心绘就发展图

2016年春节过后，王玉春从2015年任职的温泉村调整到了宁洱镇唯一一个省级贫困村——昆汤村。昆汤村距宁洱县城30多千米，是一个典型的“空壳村”：没有任何集体性收入，全村建档立卡的贫困户有111户316人，是宁洱县2016年脱贫工作的攻坚重点。

有了在温泉村积累的经验，王玉春对扶贫工作有了进一步的想法。他认为，扶贫的最终目的不是脱贫，而是要致富。“输血”不如“造血”，要拿出能够促进当地农村经济发展的工作思路。

有一天深夜，王玉春在温泉村就落下的失眠症没见好转。这时候，他正盯着昆汤村的简易地图出神，回想白天走访时候的情景。柳树箐、老马寨、大平掌……看着这些已经渐渐熟悉的寨子名，王玉春眼睛一亮：这幅地图的形状多像一个正在奔跑的人。王玉春一直琢磨着为昆汤村的农产品设计一个有特色的商标品牌，没想到从这幅地图上找到了灵感。第二天一早，王玉春兴冲冲地找到了他一位搞美术的高中同学，请同学按照他的想法设计一个商标。没过多久，王玉春拿到了一个既有少数民族特色又有昆汤村特点的设计图样：一个正奋力奔跑的哈尼人。拿着样图，王玉春骑着电动车，多次前往30多千米外的县城，经常是一天一个来回。终于，他把注册商标的事办下来了。此后，他又组织村民办起了农牧合作社、签订了种植协议……王玉春甩开膀子干开了。昆汤村村委会主任朱华祥说："玉春书记用真心对待村里的事，用真情帮助村民。宝钢是把最好的干部派到我们村里来啦！"

走出大山的领路人

2016年3月底，王玉春参加了中组部和国务院扶贫办在贵州省遵义市联合举办的中央和国家机关选派第一书记示范培训班的培训活动。在培训过程中，王玉春听了江苏省宿迁市市委党委组织部长李健主讲的关于"支部+电商"促脱贫致富的报告后，他心里一下子亮了。课后的一天晚上，他壮着胆子敲开了这位部长的房门，说明了想带着村民去宿迁参观、学习的想法，李健爽快地答应了。2016年5月，王玉春带着挑选的6位村民，踏上了去宿迁"取经"的行程。

宿迁"取经"，创下了这些昆汤村村民人生中的许多第一次——第一次走出云南、第一次坐火车、第一次坐地铁、第一次坐飞机……村民朱金兰说："王书记把我们带出了大山。他给我们打开了一扇门，让我们看到了外面的世界。"村民艾会在坐上火车的那一刻流泪了，这是她这辈子最大的梦想，没想到这么快就实现了。学习了电商经营模式后，回到村里，王玉春就开始着手帮助小艾注册公司和商标，并开始尝试着把村民种植的石斛等农产品放到网上销售。现在，村里的电商业务开展得红红火火。

说起这次宿迁"取经"，王玉春自己也是感慨万千："扶贫脱困，授人以鱼，不如授人以渔。贫困村民需要和外面的世界多接触，我愿意做这样的桥梁。"

一个情字伴始终

"第一书记，与其说是一个职务，不如说是一种工作状态。"王玉春这样表述自己对这个岗位的认识。在王玉春看来，要当好第一书记，真情投入是第一条。王玉春生在东北、长在内蒙古，是一个地道的北方汉子。2015年，在他赴滇前一个月的一天，王玉春给远在内蒙古的老母亲打电话，说了自己援滇的打算。当时，他心中忐忑不安，不知母亲是什么态度。没想到，母亲在电话中只说了一句话：“你去吧，我去上海帮你带孩子。”电话这头，王玉春强压哽咽，把泪水咽进肚子里。他知道，母亲对上海的气候实在不适应，曾经说过再也不来上海的话。老人家 75 岁了，却还想着帮自己带孩子。“只有做好工作，服务好当地发展、服务好当地老百姓，干出成绩来，才是对妈妈最好的报答。”王玉春深知，自己并不是一个人在战斗。他的背后，是家人和朋友，是宝钢。驻村期间，王玉春平时工作或参加各项活动时，经常穿着蓝色的宝钢工作服。他说：“身在彩云之南，宝钢蓝时刻激励着我，为驻村群众服好务，让扶贫工作精准且有实效。”

王玉春与当地的干部群众相处，用的是真情。2015 年底，王玉春在为村民办理新农合医疗保险时遇到一位老妈妈。他查看了一下登记台账，了解到老妈妈家里还有老伴儿，便告诉老人家：“您应该交两份，总共 240 元。”老妈妈手里捏着 120 元钱说：“只给老伴儿交，我自己不交了，实在拿不出钱了。”王玉春的心里一阵难受，七八十岁的人了，哪能没个头疼脑热的，如今却被这 120 元钱难住，这怎么行！王玉春送走老妈妈后，悄悄地为她垫上了钱，并让村里的工作人员为她家登记好。这样的事情，王玉春碰到后都尽自己的所能去帮助。他认为，一己之力虽有限，但能为村民提供实实在在的服务。

2016 年 7 月中旬，在走访昆汤村民情期间，王玉春了解到有 3 户人家因遇突发事件，导致家庭生活、生产突发变故。经进一步核实确认后，王玉春带着有关帮扶材料返回上海，得到了宝钢领导的大力支持。当他再次返回昆汤村的时候，给这 3 户人家带来 1 万元的帮扶资金，帮助他们解决燃眉之急。

在驻村期间，每天早上，王玉春打开门，经常会看到门口放着青菜、南瓜等。这些都是村民们悄悄送来的。王玉春调到昆汤村后，经常有温泉村的村民骑着车，带着腊肉、鸡蛋来看他。离开温泉村的那天，王玉春和不少村民都流下了眼泪。与王玉春一起驻村的宁洱县扶贫工作队的一位工作人员说：“王书记是实在人，没架子，说得上话，能办实事。这样的书记，老百姓哪会不喜欢?”王玉春也觉得自己驻村最大的成绩，就是获得了村民们的认可和接纳。他说:“我到这里不是代表我个人，而是代表 14 万宝钢人。我是宝钢第一次选派出的‘第一书记’，大家认可我，就是认可宝钢啊!”

王玉春在整理调研材料

王玉春（左）带领村民在江苏学习电子商务技术

（原刊于《中国冶金报》2016 年 12 月 16 日 8 版　王 磊）

雅江之源活水涌

——宝钢第五批援藏干部对口支援仲巴县工作巡礼

西藏自治区日喀则市仲巴县是西藏人民的母亲河——雅鲁藏布江的发源地。多年来，受限于高寒、缺氧、偏远、地域辽阔而人烟稀少的自然条件，仲巴县的经济发展一直较为缓慢，在日喀则市的18个区县中处于垫底状态。2002年，宝钢对口援助仲巴县以来，宝钢投入巨资用于仲巴县的发展，并先后选派了5批、10位援藏干部到仲巴县任职。在他们和当地干部群众的共同努力下，目前，仲巴县年经济总量已跃居全市第五位。

近3年来，宝钢第五批援藏干部杨千威、廖生行在宝钢10余年援藏的基础上，将援藏工作融入仲巴县的“十二五”“十三五”规划，实现了五大转变：由专项工程项目向打造牧区新城镇示范工程转变，由基础建设为主向产业发展转变，由民生保障向民生改善转变，由落后教育观念向促进教育事业发展转变，由人才队伍建设向人力资源能力建设转变。

一系列的“造血”举措，让“雅江之源”仲巴县的经济资源、人才资源、教育资源不断积聚，为仲巴县经济的进一步发展奠定了坚实的基础。

结对助学金发放仪式

“神山驿站”打造城镇化建设标杆

在党的十八大报告中，城镇化建设和新型工业化、信息化、农业现代化一起成为未来中国发展的方向。城镇化建设也成为仲巴县改善民生的一项重要工作。但现实情况不容乐观。仲巴，藏语意为“野牛之地”。仲巴县的面积是上海市的7倍，而人口却仅为上海的千分之一，境内平均海拔5000米以上。在“夏天穿棉袄、风吹石头跑”的仲巴县，如何推进城镇化建设？如何让当地百姓在城镇化建设中得到实惠？

在宝钢集团、日喀则市和仲巴县的大力支持下，杨千威、廖生行积极谋划，将援藏项目与仲巴县小城镇建设主动对接。

“城镇化建设绝非易事，国内外任何一种城镇化模式，都不能照搬用于西藏城镇化的具体实践。”日喀则市委副书记戴晶斌在其编著的《西藏特色文化产业理论与实践》一书中写到：“必须把特色文化产业作为西藏发挥比较优势的新型驱动力之一，加大探索创新力度。”

对于游客而言，西藏处处有蓝天、一路皆风景，但在偏远、传统的牧业地区仲巴县如何发展特色文化产业？如何找准自己的位置？

宝钢第五批援藏干部进藏不久，不顾高原反应，便马不停蹄地展开了调研。帕羊镇进入了他们的视线：处于219国道的黄金分割点，朝发帕羊镇，往东夜宿日喀则，往西夜宿狮泉河，是途经阿里和日喀则的主要景点，还是从拉萨、日喀则等地以及中印乃堆拉、中尼聂拉木等口岸前往神山圣湖的必经之地，是藏民朝圣途中绝佳的休整点。

很多牧民可能到现在都不知道，为了统计过往的车流量和人流量，在那年8月的烈日下，那位像根竿子似的在国道边站了足足两个多小时的汉族人，就是日喀则市委副秘书长，仲巴县委副书记、常务副县长，宝钢援藏干部杨千威。为了掌握第一手资料，杨千威几次深入帕羊镇和周边4个乡实地考察。帕羊镇上70多家牧民旅馆经营者、商户以及游客都成了他的“采访对象”。

最终，他的方案得到了宝钢集团公司和日喀则市委、市政府的高度评价。西藏自治区人大常委会副主任、日喀则市委书记丹增朗杰驱车直接赴帕羊镇调研。他说："宝钢援藏项目与小城镇建设结合起来，思路明确，措施扎实，工作抓得很准，体现了市委'援藏要集中力量办大事'的要求。"

在宝钢集团公司的大力支持下，原来名不见经传的帕羊镇新型小城镇建设步伐不断加快，2013 年成为日喀则市的重点小镇，2014 年成为西藏自治区的重点小镇，2015 年已发展成为全国重点小镇。去年，帕羊镇共接待国内外游客 6 万余人次，实现旅游总收入超过 500 万元，比 2013 年增长 5 倍，同时解决了一批牧民的就业问题。

在了解相关情况后，十一世班禅大师今年初为帕羊镇欣然题字"神山驿站"，成为帕羊镇打造特色文化旅游产业响当当的名片。这进一步助推帕羊镇成为仲巴县乃至日喀则市西部发展的新引擎。

通过聘请相关专家和人才，经过两年多的努力，仲巴县 13 个小城镇建设规划全部完成，并于 2015 年 5 月由该县人大常委会表决通过。

"宝钢将这件事情纳入援藏工作中绝对不是拍脑袋，而是以大量的调研为依据，由专业的团队进行规划，并以科学、严谨的态度对待。这为其未来发展打下了良好的基础。"戴晶斌说。

宝钢援建的"神山驿站"旅游集散中心

精准扶贫　连通“最后一公里”

2013年8月，刚刚进藏的杨千威、廖生行获悉了一个不幸的消息：仲巴县吉拉乡一辆过河车辆倾翻，车毁人亡，只因没有桥。

路、桥一直是仲巴当地干部、群众的渴望。早年，县城干部下乡调研，到偏远的乡村，没有路只能骑马，来回在路上就得花一个多星期。

从宝钢对口支援仲巴县开始，路、桥等基础设施建设就是援藏工作的重点项目。经过多年的不懈努力，仲巴县城到各个乡镇的路、桥已经修通。但高山绵延的仲巴县面积是上海市的7倍，平均海拔5000米以上，自然条件相当恶劣，路桥网建设难以一下子完全覆盖点多且分散的自然村。

牧民对于修桥建路的需求十分迫切。因为全县没有通畅的牧道桥梁，牧民辛苦养肥的牛羊，遇到恶劣天气难以转场，只能受困于冻土一天天掉膘，更别提外销。道路、桥梁建设滞后，不但增加了牧民转场时间和经济成本，还经常有人员伤亡的意外事故发生。在聂康村调研时，杨千威遇到了一位怀抱婴儿的当地妇女，她的丈夫就是因为没有桥，涉水过河时被河水冲走的。

要打通这“最后一公里”，让当地所有的百姓都能享受到宝钢援藏的成果，宝钢援藏干部与仲巴县相关部门充分沟通，决定向宝钢领导请示，集中力量加大对基层乡村的路桥建设的投入力度，得到了宝钢集团公司的大力支持。“援藏项目要在乡村路桥建设上加大投入，尽管外人看不到，但这充分体现了宝钢援藏的精神。”杨千威说。

在细致摸底和调研的基础上，在不到1年的时间里，用在乡、镇、村路桥建设上的援助资金达到1600万元。截至2014年底，仲巴县13个乡镇的路桥网络基本建成，打通了牧区的“最后一公里”。该县人大原副主任德吉是仲巴人，她激动地说：“你们可能想象不到，牧区这一条条的路、一座座的桥，救了多少孕产妇的性命。我代表家乡人民感谢宝钢！”

聂康村新建的玛章河桥被当地村民称为“幸福桥”。该桥建成投用那天，附近牧民闻讯赶来，载歌载舞。牧民们还自发地向援藏干部送上感谢信。他们不会写字签名，就用红手印替代。回忆起当时牧民手捧盖着数百个红手印的感谢信的场景，杨千威、廖生行两个七尺男儿禁不住哽咽了。

如今的玛章河桥上，经幡迎风飘扬，村里很多民俗活动都在这座桥上举行。村长石旺介绍说，这座桥不仅解决了周边2个乡镇、4个村的500余户、近3000位牧民的出行转场问题，还极大地带动了周边边贸市场的经营和资源的开发。以前，聂康村是有名的“负债村”，去年不仅还清了历史欠账，还实现盈利40余万元。

幸福桥

产业援藏　培育仲巴自己的“造血干细胞”

牧民们没有想到，自己手中的羊皮之前收购价不足10元一张，在鞣皮加工厂稍做加工，价格就能提高到100元左右一张。让他们更想不到的是，延续了千百年的牛羊养、杀、卖畜牧业，也能发展成为一条品牌产业链……

在援藏干部的具体推进下，仲巴县第一家国有企业——马泉河投资有限公司正式成立。“我们从企业出来的干部要发挥特长，推动仲巴县的产业发展。”杨千威说。

据仲巴县政府办公室工作人员朱竹影介绍，马泉河公司主要开展旅游开发、酒店经营、畜产品加工、边贸、矿产和基础设施投资管理、资本运营等经营业务。如打造霍尔巴绵羊、吉拉牦牛、帕江盐山羊等品牌，成立鞣皮加工厂、风干牛肉厂、奶制品加工厂，以提高畜产品附加值，增加牧民收入。“目前，霍尔巴绵羊的绿色认证工作已经完成。下一步，我们将把工作重点放在品牌推广方面。马泉河公司涉及的业务领域，是历届宝钢援藏干部对仲巴县各个‘造血’项目整合的结晶。现在，我们正以全新的产业化、公司制发展思路推动公司运营的规范化，实现可持续发展。”朱竹影说。

援藏干部和该县希望通过投资公司的平台，大力发展民族特色手工业，并采取政策、资金、技术扶持等方式，扶持群众自主创业，扩大偏吉乡色青村编织厂、亚热乡民族手工艺合作社的规模，丰富产品种类，开拓销售渠道，提高经济效益；搞活边贸业，加强边贸市场的软硬件建设，扶持牧民经纪人，引导建立“边贸市场+经纪人+边民”的经营模式，增强群众自身“造血”功能；大力发展文化旅游业，通过帕羊镇文化旅游综合体项目，把帕羊镇打造成“神山驿站”，树立“早发帕羊镇，夜宿狮泉河；早发帕羊镇，夜宿日喀则”的品牌，与219国道经济线一起，形成“一线一镇”的发展格局……

目前，宝钢援建的帕羊镇文化旅游综合体项目已投入运营。近日，“神山驿站”作为极富特色的高原小城镇已向游人开放，为仲巴县的产业发展提供了展示和推广的平台。

仲巴县矿产资源十分丰富。仲巴县副县长巴达介绍说：“仲巴县经初步探明的矿产资源主要有锂、硼砂、砂金、铬铁矿等，品位比较高，还有较丰富的原盐资源，开发潜力巨大。宝钢援藏干部针对于如何合理、有效地保护性开发矿产资源，提出了很多切实可行的方案。”

日喀则市市长刘虎山说：“宝钢第五批援藏干部出思路、谋发展，把宝钢先进的管理理念和管理经验带到了仲巴、带到了日喀则，对我们今后的发展将起到非常重要的作用。”

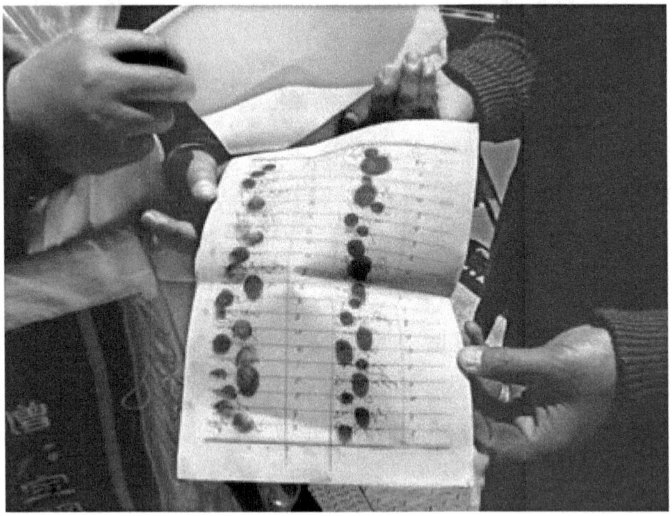

牧民的感谢信

智力援藏　增加发展的内生动力

廖文武是仲巴县宣传部长，在西藏已经工作了20余年。除了回重庆老家，他基本没有出过日喀则。“从来没有想过到上海来学习。”廖文武说。更让他没有想到的是，这次的学习经历，给他固有的思维方式带来了巨大的冲击。“在上海，人家站在滚动电梯上都在跑。比较而言，我们的工作效率要再提高。”

为了提升干部队伍的整体素质、增强仲巴县长远发展的内生动力，宝钢援藏干部提出开办仲巴干部人才培训班的设想，协调企业和上海市委党校资源，组织仲巴县300余名干部分层、分类、分批到宝钢和上海市委党校进行培训。这个想法得到了宝钢集团公司、日喀则市和上海市委党校的大力支持。截至目前，该县第一期、第二期共78名学员已经成行。

第二期学员、拉让乡党委书记陈建林说：“刚到上海的头两天醉氧头昏，不过老师讲得太精彩了，课上没有一个人打瞌睡。这次培训后，我对自己的思维方式、管理方法等进行了对比反思，观念上有了很大转变。培训的知识也非常实用，很多做法可以借鉴。”县委组织部干部黄强同为第二期学员，对他来说，最大的收获是更加清楚地认识了仲巴。“跳出来看仲巴，看到了差距，也更加清楚地认识到了我们的优势。这给自己更好地开展工作增添了信心。”仲巴干部人才培训班以学员认真、好学在上海市委党校竖起了品牌。这也从侧面反映出，当地干部对开阔视野、加强学习的渴求。

3年来，宝钢援藏干部专门设立了“基层党组织和干部人才队伍建设”项目，建立起仲巴干部人才库、编制了《干部人才培训方案》，在党建基础工作、医疗卫生和教育等领域累计培训300余人次。

农牧民孩子的教育，更是援藏干部积极思考的问题。“还记得我到仲巴县报到的第二天，一名宝钢长期结对资助的藏族学生听说新一批援藏干部来了，收到大学录取通知书的他，赶在去大学报到前到县里和我们告别。由于不知道我们的联系方式，他在县委门口守候了一天。”援藏干部廖生行对那一天的情景至今记忆犹新。两位援藏干部到岗后开的第一个座谈会，就是以“知识改变命运、教育成就未来”为主题的教育工作座谈会。会上，5位受宝钢资助考上大学的学生现身说法，对改变当地牧民“上学不如放羊”的观念起到了很大作用。

次仁扎西是仲巴县中学九年级的学生，学习成绩优秀。他是家中独子，如果他去上学，家里就没人放羊。由于家庭生活很困难，他父亲曾一度想让他放弃学业。“周围很多人跟我宣传读书的好处，希望孩子能通过读书来改变家乡面貌。”次仁扎西的父亲最终转变了想法。次仁扎西也确定了学习目标，争取考上日喀则市重点高中——上海实验学校。

2013年，在第五批援藏干部的推动下，仲巴县与宝钢分别出资25万元，设立教育基金，奖励优秀学生和教师。此外，他们还通过举办宝钢希望班、“助学结对”等形式，切实解决贫困孩子上学难的问题。

德吉说：“即便对于当地干部来说，仲巴也是最为艰苦的地方，人才难留。如果仲巴当地牧民的孩子能够通过学习改变命运，对他个人来说会有更美好的人生。他们学成归来后，对仲巴未来发展的影响也是不可估量的。”

交流交融　宝钢仲巴一家亲

3年时间，两位援藏干部都感叹时间过得太快；3年时间，因缺氧而发紫干裂的嘴唇、黝黑透红的肤色，让他们从外形上看已无异于当地居民。杨千威打趣地说："现在去西藏任何一个地方，我都可以享受与当地居民同等的'待遇'，只要刷这张脸。"廖生行已成为一本活的"地方风俗志"：从当地居民的生活习俗、街里巷弄的各种传说，到藏传佛教的各大派系，他都能说出个一二三来。他说："只有了解当地的历史、文化，才能更好地开展工作嘛。"

3年援藏，让两位援藏干部在雪域高原有了不少"亲戚"。入藏后的初次调研，他们计划走访仲巴县较为偏远、贫困的隆格尔、帕江等几个乡。可还没等走访结束，两个人连凑带借筹集的几千元钱，便全部捐给了牧民，有孤老，也有单亲家庭。"10余年的援藏工作，让仲巴县发生了巨变，但偏远牧区部分牧民的生活还有待提高。"杨千威主动认了6对藏族"亲戚"，有老党员，有烈士遗孀，有特困户。吉拉乡原人大主席扎西尼玛在接送牧民看病途中发生意外，不幸身亡，留下两个上学的孩子。杨千威与这两个孩子结成对子，决定资助他们到大学毕业。廖生行有户"亲戚"家在当地海拔最高的布多乡那江村。村民开珠家，除了放牧以外缺少经济来源，廖生行尽自己所能帮助他。此外，两位援藏干部还充分发挥桥梁作用，积极推动开展了宝钢党组织与100余对仲巴困难户、老党员、优秀贫困学生"结对认亲"活动。

援藏干部不仅自己融入牧区，同时还为宝钢员工与日喀则市、仲巴县人民相互交流搭建平台。如干部人才、优秀学生代表、劳模代表之间交流机制的建立，仲巴干部人才培训班的推进等，不仅促进了宝钢与仲巴县的交流和交融，还为仲巴县解决了很多实际问题。采访中，从仲巴干部不经意间冒出的"我们宝钢……"、援藏干部口中的"我们仲巴……"，都可以看到彼此的认同感。3年来，援藏干部杨千威、廖生行均被评为仲巴县"先进工作者""民族团结先进个人"。杨千威被评为西藏自治区"2014~2015年度全区社会扶贫先进个人"，他成为日喀则市获奖者中唯一的援藏干部，这也是宝钢援藏干部首次获此殊荣。

仲巴县委书记王光勤对笔者反复强调："宝钢的援藏工作，怎么评价都不过分！"

刘虎山说："仲巴县的发展凝聚了宝钢人的心血！"

从黄浦江畔，到雅江源头，第五批宝钢援藏干部的3年援藏生活结束了；新一批的两位宝钢援藏干部经过层层选拔，于今年8月履职。"不管市场如何变化，宝钢的援藏力度不受影响。我们要发扬钉钉子的精神，一张蓝图绘到底。”这是宝钢集团党委书记、董事长徐乐江的承诺，也是所有宝钢人的承诺。

（原刊于《中国冶金报》2016年9月9日8版　吴永中　张萍）

把一颗真心留在草原

——宝钢首届援青工作走访记

青海省海南藏族自治州（以下简称海南州）同德县地处青藏高原长江源头，宝钢位于东海之滨长江入海口。同德与宝钢，这段“共饮一江水”的自然情缘，因为宝钢的援青事业被注入更多内涵。宝钢人的大爱情怀与大美青海，共奏出一曲情深意长的赞歌。

初心　真诚友爱担当

5月的青海，体感如上海的早春，冷风清冽，寒意料峭。从西宁翻山越岭来到同德县城，一路经历风霜雨雪，体验四季无常。行路难，高海拔带给人的不适感，因为有了切身的经历，才更深刻地体会到援青工作的不易。

“宝钢是央企履行社会责任的楷模，讲政治、顾大局、做表率，在对口支援同德县的3年里，是我们受援方感触最深的。”海南藏族自治州州委、州政府，同德县县委、县政府各级领导和青海省国资委、对口支援处的负责人给予宝钢援青工作很高的评价。

2013年，按照国家有关部署和国资委的要求，宝钢作为16家援青的央企之一，和江苏省盐城市共同对口支援同德县。海南州州委书记张文魁用“给力”来赞誉宝钢的援青工作：“宝钢坚定不移地贯彻中央关于对口支援的重大决策，思想上、行动上自觉自愿，这种态度给了我们信心和动力。”据海南州州委常委、副州长、援青干部领队杭海介绍，同德县是海南州最南部、最贫困、藏族人口比例最高的县，是典型的藏区。他把宝钢与同德县之间的缘分理解为，“中央选择宝钢对口支援同德县，是相信宝钢是一个有社会责任和社会担当的企业”。3 年来，宝钢投资 2177 万元，在同德县实施援助项目 11 个，涵盖教育、卫生、扶贫、人才、智力、培训、产业扶植等多方面。“这些项目不仅实实在在地为牧民群众带来了实惠，让大家感受到了宝钢的真情实意，同时，也为同德县的脱贫攻坚、改善民生、促进发展、增强活力起到了重要的促进作用。”央企援青领队、青海省国资委副主任吴文岳和青海省对口支援处处长李家成都为宝钢的援青工作竖起了大拇指，认为宝钢在央企中具有“带头、示范和标杆作用”。

在青海当地干部看来，宝钢援青工作规范、高效，源于宝钢优秀的企业文化和先进的管理理念。这种文化特质像贴在宝钢人身上的特殊标签，通过他们的言行举止，给人以深刻印象。宝钢援青干部黄道锋就是其中的代表。3 年来，黄道锋挂职同德县县委常委、副县长，始终不忘宝钢领导的嘱托：“宝钢外派干部就是宝钢对外的一张名片”。他怀着到青海就是“来做事”的朴素情怀，用踏踏实实的工作作风、真诚友爱的工作方法，为同德当地牧民群众做实事，赢得了当地干部群众的交口称赞。在同德县县委书记才让太眼里，黄道锋“思维敏捷，工作主动”。同德县原县长兰生峰夸他，业务能力强，到县上不久就能很快融入当地干部群众中间，扎实有效地开展工作。“3 年时间不短，藏区条件艰苦，可他总是一副乐呵呵的样子，工作始终充满干劲。”激情干事、真情奉献的援青干部，收获的是青海人民的真爱。黄道锋被授予“2014 年度青海省优秀援青干部”“海南州 2015 年度对口支援工作先进个人”等荣誉称号。

雄心　发挥宝钢独特优势

同德县位于海南州的最南端。一早从州府出发，随车穿行在广袤无垠的青藏高原。雪山高耸，河流湍急，绿色草甸起伏绵延，成群的牛羊星星点点，构成一幅大美青海的壮阔画卷。

到达县城已是15时。我们一行跟随黄道锋，逐一走访宝钢援青项目。第一站是同德县藏医院制剂楼。这是一座平房建筑，10多个房间放置的是各种制药设备和净化装置。着白大褂、穿鞋套的制剂师有的忙着制药，有的在计量，还有的在清洁装置。藏医院院长三智加介绍说，同德当地出产上百种藏药材，但由于没有加工条件，多年来，资源白白浪费，藏医院所用藏药都是从外面采购。宝钢对口支援同德县后，在前期调研中了解到这个情况，出资援建了制剂楼，填补了藏医院的这一空白，降低了藏药成本。制剂楼的投用，解决了当地藏医学校120多人的就业，藏医院收购老百姓采集的药材，又增加了老百姓的收入。“建制剂楼，藏民得到实惠，大家拍手称赞啊!”三智加说。

从制剂楼出来，穿过县城新区广场，经过一片安居房，就到了社区卫生服务中心。走进卫生服务中心，诊疗室、治疗室、药品房一应俱全，医生、护士各司其职。治疗室有两位藏民正在做理疗。其中一位老伯告诉我们，他就住在附近的安居房，以前生病要走很远的路去就诊。现在，家门口有了卫生服务中心，方便多了。最近他的关节炎发作了，过来扎扎银针、做做电疗，已经缓解多了。

在普通藏民眼里，制剂楼和卫生服务中心给他们带来了实惠与方便。全程参与这两个援青项目规划和建设的同德县住建局局长东雷却道出了另一番隐情。2013年，刚刚担任同德县卫生局局长的东雷还兼任着藏医院院长的职务。深知藏医院困难的他，听说宝钢派来了援青干部，就主动找到黄道锋求助。东雷提出了包括制剂楼在内的好几个项目。黄道锋告诉东雷：“宝钢援青项目不能‘拍脑袋’，要调研、要论证、要解决老百姓最现实的困难。”东雷以为这是托词，就不再抱希望。没想到几周以后，黄道锋主动打来电话，请东雷来研究有关卫生援助项目。原来，经过初步调研，黄道锋了解到，东雷之前反映的藏医院情况都是实情。黄道锋还了解到，藏医院在城南，住在北面的百姓看病不方便。如果能够在藏民集中的安居房区域建一个卫生服务中心，城南和城北的百姓就都方便了。东雷由衷佩服黄道锋的行动力，为宝钢人的做事态度点赞。

同德县影剧院和图书馆两个宝钢援青项目，坐落在县城新区中心，毗邻而居，色彩明亮的外墙很是抢眼，是当地的地标建筑。大楼内工人穿梭忙碌，正在抓紧内饰装修。同德县发改局局长王占云正在现场，黄道锋一看到他就关切地询问工程进度、质量监理等情况。据王占云介绍，该项目是宝钢重点援建项目，建成后能极大地缓解县城干部群众业余文化生活单一的情况。今年由于雨季较长，施工期较短，影响了该项目进度。“但是，我们严格按照项目建设和推进办法抓管理，全力抢回工期，确保影剧院和图书馆在6月底投用。”当地青年李永善、才仁旺姆说：“县城好多年没有电影院了，也从来没有大型的图书馆。平时想看一部电影大片只能跑到省城过瘾，要看书学习也只能在自己家里。今后我们可有了好去处。”他们脸上洋溢的笑容，真真切切地写着幸福。

说起援青项目“管理经”，黄道锋的想法远不止“按时完成建设，交付当地使用”那么简单。“宝钢项目管理经验丰富，成熟的项目管理体系就是我们的独特优势。把这种优势用在援青项目建设管理上，就能确保项目推进顺利，让当地百姓真正受益。这才能体现项目援青、理念援青、感情援青的宝钢援青工作思路。”

几年来，经过反复摸索实践，宝钢援青项目建设、推进管理办法日趋成熟：项目建设前，明确项目责任主体，由同德县各相关局负责从项目选取、设计到验收的全过程把关，特别是安全、质量、进度方面；项目招投标时，将有过拖欠农民工工资与工程质量有异议的施工单位纳入“黑名单”，禁止参与；项目建设中，同德县住建局下属工程质量监督站定期出具建设情况报告，加强精细化管理和过程管控；项目建成后，要马上投入使用，硬件设施改善了，人员配置、运作模式也要跟上，实现硬件建设与软件提升同步；项目验收前，项目责任主体要健全完善项目档案，做到凭税收凭证支付尾款。

由于地域文化和理念的差异，管理办法在刚开始推行时难度很大，同德县从县委班子到项目施工队有时不理解，甚至有时有质疑。但是，黄道锋没有退缩，一次次耐心地与班子成员沟通，跟施工队权衡利弊，使他们信服了。正是这种科学规范的管理，让宝钢援建项目在同德县落地生根，让当地干部群众更好地认识宝钢、认可宝钢。东雷说：“这套管理办法让我深深受益。到住建局工作后，我采用了倒排施工计划、今日事今日毕等做法推进项目管理，收到的效果前所未有。”

随着宝钢援青工作的深入推进，“发挥宝钢独特优势”的援青工作思路越来越成熟，援助领域不断拓展，使得受援方在管理理念、文化交融等更高层面有获得感。比如智力援青、文化走亲等。去年6月，宝钢为当地企业经营管理人员举办了专题高级研修班，50多位企业经营者参加了研修。宝钢根据他们的需要，结合自身管理经验与实践，为他们量身定制的课程受到研修人员的一致好评，学员普遍认为有助于开拓视野、提高经营管理能力。青海正旺清真肉食品公司总经理韩晓林说起参加培训的收获，特别激动：“太受启发了！成本管理我现学现用，回来就在我们厂实施经济运行，成本真的下降了。”他一边说，一边带我们看他改进后的冷库制冷系统。为进一步落实中央产业扶贫与智力援助的要求，拓宽当地干部职工培训、交流、学习渠道，今年4月，海南州与宝钢签订了企业管理人才培训合作协议，宝钢成为海南州企业管理人员的一个培训基地。

通过文化走亲，实现文化交融，促进援青工作，也是宝钢援青工作的一个新思路。今年5月12日，由海南州歌舞团精心编排的大型藏族风情歌舞诗剧《千里和缘》在宝钢精彩上演。宝钢员工在欣赏原汁原味的藏族歌舞的同时，加深了对藏文化的了解，提高了对宝钢援青工作的认识。

宝钢援建了同德县电影院和图书馆

宝钢援建的同德县藏医院制剂楼

真心　爱就一起来

去往同德县巴沟乡卡力岗小学的山路崎岖不平，道路泥泞，弯道颇多。行到危险处，驾驶员多杰告诉我们："这段路一遇大雨就有塌方的危险，可黄道锋一年要来好几次。"

到学校时，孩子们正排队陆续进入学生餐厅吃饭。宽敞明亮的餐厅，一字排开摆放着不锈钢制的餐桌椅，能同时容纳200人用餐。就着蒜苗炒牛肉、番茄炒蛋、炒青菜等丰富的菜肴，孩子们吃得津津有味。学校老师丹正措告诉我们："这个餐厅是宝钢援建项目。由于学校资金紧缺，学校建成后没有配套的学生餐厅，一到吃饭时，孩子们就捧着碗露天席地而坐。遇到天气不好时，经常吃一嘴风沙。黄道锋第一次到这个学校调研时，看到孩子们的用餐环境，当即表示，'建学校餐厅就是宝钢援青项目的头号工程。'"

"藏区条件艰苦，几乎每个学校都有各种困难。"这是黄道锋当年到同德县另一所学校——秀马乡斗合索小学调研后的感触。那年10月，海拔4200米的斗合索小学所在地已经天寒地冻，大雪纷飞。他注意到，许多孩子的手上生了冻疮。学校老师告诉他，主要是没有供暖设施，不少孩子舍近求远转走了。作为一个父亲，黄道锋柔软的心被击中了，幼吾幼以及人之幼的情怀让他等不及将斗合索学校供暖设施编入援青项目规划。当天晚上，他在微信朋友圈发了自己的走访实录，号召宝钢人为这些孩子做点什么。他的倡议得到宝钢大后方的积极响应，宝钢发展有限公司团委在第一时间发起了“情系青海暖冬微公益”活动，吸引了宝钢员工、宝钢离退休职工以及宝钢家属的热情参与。短短一周，就募集到热水袋、冬帽、手套、围巾等御寒保暖物件数百件（套）。那年冬天，斗合索的孩子们虽然还未能用上暖气，可他们的手不再挨冻，宝钢人用爱帮他们捂热了。缓解了燃眉之急，黄道锋又一刻不停地抓紧落实供暖项目。项目开工后，他先后4次去斗合索学校督促工程进度，黄道锋给施工队提的要求是：“今年10月，项目可以不竣工（因为涉及各种手续），但暖气必须开通。”孩子们的冬天从此不再寒冷。

微公益的良好效应，给了黄道锋很大启发。他在日记中写道：“孩子们在大山里像野草一样生长，却绽出了鲜花的颜色和芬芳，宝钢人没有理由不伸出手，为他们撑起翱翔蓝天的梦想。”通过援青干部牵线搭桥，宝钢集团公司机关、华宝信托、老干部处等先后在同德县开展了“爱就一起来”“梦想照进童年”“爱心传递真情，书籍点亮梦想”等公益活动，为同德县贫困地区捐赠图书5000册，为农牧区学生捐助了价值50多万元的电暖宝、围巾、手套、冬帽以及床单、被套等。

卡力岗小学也有了图书馆。“孩子们可爱看书了，只要黄县长来我们学校，孩子们会主动告诉他想看什么书。在宝钢的帮助下，我们学校的条件比以前好多了，原先转走的孩子大多数又回来了。”丹正措的语气有欣慰、有自豪，美丽年轻的脸庞漾着微笑。她真诚地说：“我们学校的孩子深爱宝钢人。”

宝钢援青干部黄道锋（右）在卡力岗小学与孩子们交流

感恩的心 我是一个宝钢人

“我原先以为，对内地来的援青干部来说，3 年时间可能比较难熬。可从黄道锋身上完全看不出在‘熬’。他每一天都充满激情，工作效率特别高。”“每到午休时间，办公楼里静悄悄的，可推开黄县长的办公室，他一准在看书。”在同德县的当地干部眼里，黄道锋这位援青干部的确有些不一样。

“要说不一样，因为我是宝钢人，时刻按照宝钢人的行为规范要求自己。”黄道锋从到青海的第一天起，就不把自己当过客。下乡调研时，他从不带方便面，老乡家里有啥吃啥。他说：“一开始可能吃不惯，以后总会习惯的。只有跟老乡吃在一起、住在一起，才能跟他们交心，才能了解到他们的真实需要。”第一个月，他因为调研多、吃不惯而瘦了 8 斤。挂职副县长，他就按副县长的要求，该听的听，该说的说，该提批评意见的时候就提。2013 年底，同德县政府召开党的群众路线教育实践活动专题民主生活会，黄道锋无论是剖析自己，还是批评别人，都很有说服力。说起黄县长批评自己“老好人做派，奖惩不分明”，同德县政府办主任武同生至今还感到难为情。作为援青干部，黄道锋对宝钢的援建项目负责任，在原则问题上寸步不让。在影剧院项目设备招标前，有当地推荐的供应商，黄道锋顶住压力，没有降低设备招标要求，结果这家企业因设备性价比要求高放弃了投标。每年 11 月中旬，援青干部休假回家，黄道锋却总是把回家的日子一推再推。因为援青项目有很多工作可以在冬歇时完成，来年施工期就能加快进度。他因为不习惯青海的气候，每年冬天手都会被冻裂。多杰心疼他，更能理解他，嘴上抱怨说“你不休假，我也要跟着义务加班”，可还是任劳任怨地开车送黄道锋跑东跑西。

生活中的黄道锋很温暖、很随和。常年在外，家里的老母亲、妻子和女儿都是他的牵挂。黄道锋每天都给她们打电话，向母亲报平安，陪伴女儿成长，分担妻子独自撑起一个家的压力。妻子孟莹特别理解丈夫当初援青的想法，她说：“那是有担当的男人的追求，是他的梦。”她也懂得丈夫倾情奉献援青事业的情怀，“他常说，没有宝钢就没有我们的小家，能代表宝钢在外面做事，是机遇、是荣誉，唯有做好，才对得起宝钢的培养。”黄道锋对妻子的表白，在海南州、同德县干部眼里，就是另一种情怀——宝钢援青干部把一颗真心留在了草原，与当地老百姓结下了深厚的友谊。

援青干部黄道锋（右）在牧民家慰问

（原刊于《中国冶金报》2016 年 8 月 5 日 8 版　冯茂芬）

小山村里的大产业

——陕钢集团驻村联户帮扶工作纪实

“产业扶贫是我们陕钢集团助力脱贫攻坚的主攻方向，今年，龙西合作社粉条销售收入90多万元，羊肉160多万元，香菇100多万元，创效达40多万元。”陕钢集团龙钢公司驻村工作队队长郭爱国对绥德县政府组织的扶贫工作考察交流时谈到。

2020年已经是郭爱国驻村帮扶的第四个年头了。2017年6月，郭爱国带着陕钢集团党政的殷切嘱托来到了义合镇西直沟村。经历了700余千米的舟车劳顿，出现在他眼前的，是陕北黄土高原的一个小山村。初夏的天气艳阳高照，绿色的山野起伏连绵，而那生机磅礴的绿意中间或一点斑驳的黄色，仍向人们显露着这片黄土地的贫瘠和干渴，多年来村民凭借外出打工和传统种养殖业维生，靠天吃饭，跟工搬砖。是“万企帮万村”活动将陕钢集团和这些贫困村维系在一起，让这位陕钢集团的优秀干部带着使命而来。

扎实摸透村情　制定适宜规划

西直沟村属于绥德县义合镇，距离县城30千米，是一个三山怀抱的小山沟，耕地面积1086亩，95%属于山地，农民收入主要来源于外出务工和传统种养殖业，没有明确的主导产业，属典型的山区地带贫困村。全村总户数261户，建档立卡贫困户57户。

在黄绿相间的山沟沟里，郭爱国那一身海蓝色的工服显得格外亮眼。听闻扶贫干部是来自钢铁公司的车间主任，老乡们心中满是疑问。摆在他面前的是一道道难题：扶贫工作该怎么干？群众信不信任？工作如何破题？为了能够掌握村内真实详细的信息，郭爱国和驻村工作队每天走访贫困户、村“两委”干部、村民代表、老党员等，了解班子建设、村容村貌、土地状况、农业结构、集体收入等情况，分类建立了村情民意台账。通过几个月的工作，郭爱国初步摸清了“症结点”，找准了“着力点”，认为要彻底改变西直沟村的贫困面貌，必须要从长期产业发展上入手。

2017 年 12 月，陕钢集团党委书记、董事长杨海峰带队到西直沟村考察帮扶工作并出席援建项目“西直沟村便民服务中心”竣工投运仪式。在与绥德县委县政府现场座谈交流中，杨书记明确了陕钢集团通过产业帮扶脱贫，增加农民收入，壮大集体经济的发展思路，最终形成养殖、种植、加工、销售、品牌五位一体特色产业链。

排除重重困难　推动产业发展

2017 年以来，陕钢集团累计投入项目资金 316 万元，实施修建了粉条加工厂、山羊养殖场，村民饮水工程和便民服务中心等四个扶贫项目。2018 年 5 月，羊子养殖场如期完工，同时以村集体经济为主的绥德县龙西种养殖农民专业合作社注册成立。合作社下设羊子养殖场、手工粉条加工厂和菌类种植大棚三大产业，走出了西直沟村产业扶贫的第一步。

在合作社推广运行过程中，郭爱国和驻村工作队又遇到了新问题，群众不愿意把祖祖辈辈赖以生计的土地作为资产股入股合作社，他们和村两委班子做了大量的群众工作，但效果甚微，这让他们的工作一度陷入了困境。郭爱国深知解决问题只靠闭门造车是行不通的，必须到外面走走看看，多学习别人的经验和做法。6 月，扶贫工作队和村三委班子在考察学习榆林市赵家峁、柏盖梁“三变”改革经验后，经过村两委、村全体党员和村民代表多次商议，根据西直沟村土地面积较少、留守人口较多这一现状，借鉴“三变”改革经验，把资产股暂时搁置起来，将合作社股份分为资金股和人头股，资金股为村集体以集体资产租赁费和配套资金入股，本村贫困户以每股 3000 元入股。合作社当年净收益的 40%用于贫困户分红，40%作为村集体收益，10%

作为村公益金，剩余10%净收益作为人头股进行二次分红，形成了合作社和贫困户利益共享、分险共担的良性循环，且集体经济不断发展壮大，贫困户长期受益，群众满意度高。

截至2019年9月，合作社两年入股贫困户户均分红5000元，累计22.3万元，贫困人口人均纯收入从2017年的3668元提高到了2019年的9027元，贫困发生率从16.4%降低到了0.31%，于2018年底实现了整村脱贫。

真心帮扶温暖人心消费扶贫实现双赢

陕钢集团扶贫扶智，积极推动工作创新，激发脱贫攻坚内生动力，探索适合本村发展实际的产业扶贫经营模式。外聘技术人员，引进竞争机制，增加产品种类，推进标准化、规范化经营。开展就业扶贫，2019年推荐招工帮扶村学生5人招工入学，彻底解决这5户的贫困问题，同时争取了10个公益性岗位。驻村工作队开展个性化技能培训10期117人次，引入电商模式，拓展盈利渠道，做好扶贫产品宣传及营销工作。扶贫扶志，建立了联户帮扶工作机制，党政领导、各单位部门负责人、支部书记分别开展了一对一包联工作，将西直沟村57户建档立卡贫困户全部纳入了包联对象，走进“联户帮扶”家庭，了解实情，看望慰问，为他们送去了米面油及慰问金，向他们传递企业的深切关怀，增添战胜困难共奔小康的信心和决心。开展金秋助学活动，三年来，累计向26名考上学的新生资助了18000元助学金。合作社拿出10%的盈利用于村公益金建立爱心超市积分制度，只要村民积极参与村内建设、做好人好事，自力更生，勤劳致富等就能赚取积分换取爱心超市物品，充分调动了群众爱护环境、参与公共事业的积极性，在邻里之间搭建起扶贫济困、爱心传递的桥梁，有效地激发了贫困群众内生动力。

与此同时，陕钢集团积极响应党中央开展消费扶贫的工作要求，集团党政统一安排，集团扶贫办和驻村干部郭爱国积极对接、有序组织，在集团旗下禹龙国际酒店设立了扶贫产品展销中心，集中展示23项企业内部扶贫产品，并在前期实施消费扶贫的基础上，2019年9月与帮扶村签订了两年的消费扶贫合作协议，年协议金额400余万元，近三年累计消费扶贫采购羊肉、粉条等超过 600 万元，既满足了 1.6 万名职工舌尖上的美味，又为扶贫村庄增效创收，是双向利好的民生工程。

陕钢集团的真情付出，取得了应有的效果，也得到了群众的认可。经过持续帮扶，西直沟村长效产业初具规模，贫困群众收入大幅提高，基础设施和人居环境不断改善，村民精神面貌焕然一新。“下一步，我们将按照三年发展规划，一步一个脚印地推进乡村振兴战略，着力提升村干部及致富带头人的产业技能和管理水平，为村里培养一支永远不走的工作队，让西直沟村人的日子一天更比一天好，与全国人民一道共奔小康”郭爱国说。(李长庆　郭尚斌)

签订消费扶贫合作协议

产业调研

扶贫获点赞

参加产品展销

杨海峰慰问贫困户

用真心　带真情　真扶贫　扶真贫

——记陕钢集团驻村扶贫干部郭爱国

郭爱国是陕钢集团龙钢公司一名基层管理人员。2017 年 6 月，陕钢集团开展“两联一包”精准扶贫工作，他主动报名，成为包联的绥德县义合镇西直沟村驻村扶贫干部。

驻村以来，郭爱国克服各种困难，入户走访座谈，访贫问苦，任劳任怨，尽职尽责，积极争取资金和政策，为村里的脱贫及发展做出了突出的成绩，得到了政府和村民的一致好评。个人先后被绥德县、陕钢集团、陕煤集团评为优秀驻村工作队员、扶贫先进个人等，被龙钢公司评为优秀工会干部，并于 2018 年初被绥德县认命为驻村工作队队长。省文化厅和省扶贫办领导多次评价郭爱国同志“沉得下身子，与村民打成一片，是真扶贫，扶真贫。”

用真心化解村民的不解

刚到村里时，村民都不抱什么希望，对郭爱国的工作也不积极配合。为了摸清全村真实情况，他走村串户，在田间地头与村民拉家常、聊盼头，掌握第一手资料。

经了解，村民对贫困户的评定工作有异议，且村民有组织上访，为化解上访村民的不解和疑问，他找到上访牵头村民做思想工作，可是几次沟通都没什么效果。为了取得牵头村民的信任，郭爱国陪该村民到集市上买羊，陪他到菜地里浇水，陪他到山上锄地，干活期间给他讲国家扶贫政策和陕钢集团龙钢公司的扶贫计划、目标等，让该村民在思想上慢慢有所转变，能够正确认识贫困评定工作。在该村民妻子生病时，郭爱国不仅开车送到县医院，还买了慰问品表达了关爱，最终用真心和实际行动打动了该村民，答应不再组织上访，并与郭爱国成了很好的朋友，在工作上给予了很多支持和帮助。

全村村民全部参加合疗保险是贫困村退出的七大条件之一，而一村民却坚持拒交。为了说服村民按时交合疗保险，他与该村民沟通多次未果，又与邻居和其他村民打听后，才了解到该村民当了二十多年民办教师，她认为完全符合转正条件，但因指标被别人顶替，所以不相信政府。郭爱国了解情况后，学习了国家民办教师转正的相关制度后，多次登门拜访，对该村民进行解释说明，该村民最终被郭爱国的执着和负责任所打动，同意按时上缴合疗保险，并积极配合郭爱国的工作，不扯西直沟村脱贫致富的后腿。

用真情帮助困难群体

郭爱国一心为村里谋发展，带领全体村民脱贫致富，但全村 241 户中就有 52 户是贫困户，看着这些困难群体，郭爱国看在眼里，急在心里。政府资助盖羊圈，养羊户看不懂设计图纸，他亲自到村民家里现场指导，确保了工程符合要求，顺利拿到政府补贴款；贫困户常维尚老人病重，他亲自开车送到绥德县人民医院治疗，住院一周后他又开车从医院接回，老人感动地说："陕钢集团龙钢公司派来了好干部。"村里一 80 多岁的老人，因行动不便、神志不清，家里又无人照顾，郭爱国每次从她家过都会进去看看需要什么帮助，一次他刚进门就看到老人摔倒在院子里，他赶紧将老人抱起，安放在坑上，盖好棉被，悉心照顾，并通知其子女，待老人儿子回来后他才离开。

2019 年 5 月，郭爱国得知贫困户王晓丽的儿子因学费问题辍学在家，亲戚朋友多次劝说都没效果，他与驻村第一书记亲自到家里给孩子做通思想工作，到绥德县实验中学帮孩子办理了贫困子女转学等相关手续，并开车将孩子送到学校，给校长和班主任老师交代完后，又回到宿舍帮孩子铺好床铺，收拾好生活用品，向孩子再三叮嘱后才离开。之后，他担心孩子因家庭问题心理自闭，经常给孩子打电话开导，用自己的真情和独特方式关注、关爱着孩子的健康成长。

2019 年 8 月 7 日凌晨，绥德县义合镇突发暴雨，街道被淹、多部车辆被水冲走。郭爱国发现河道洪水猛长，漫过桥面，立即组织西直沟村新区两排住户全部撤离到安全地带，待村民全部搬离后，才发现自己的车已被洪水卷走。他没有停歇，继续到现场查看公司捐建的三个扶贫项目工程受灾情况，又马不停蹄地走访入户、统计灾情，协助村委会组织村民开展自救，连续奋战了三天，村民都看在眼里。

据郭爱国回忆，2018年十一期间，有村民把豆角、大辣子、茄子等蔬菜挂在了他住处的门上，到现在也不知道是谁给的。正是因为郭爱国情系困难群体，只讲付出，不求回报，西直沟村的村民们早已将他当作村里的一员。

因地制宜真扶贫

作为企业派来的扶贫干部，必须要在五年内让西直沟村真正脱贫是郭爱国的任务和使命。

看到村里连个像样的村办公场所都没有，他联系公司，投资65万元修建了便民服务中心，成为村里集办公、就餐、洗浴、休闲、健身、娱乐等多功能于一体的村标志性建筑，为村民生活提供了便利。在摸底时得知80%的村民没有完全实现自来水入户，他协调公司出资44万元，打了一口深水机井，解决了全村村民常年吃不上自来水的问题。

考虑西直沟村村民擅长养羊，农产品又以土豆居多，郭爱国多次前往神木市中鸡镇纳林采当村、米脂县瑞诚手工粉条加工厂、米脂县寺沟土猪养殖场、米脂县米脂婆姨粗粮加工厂、米脂县益康粗粮加工厂、绥德县山阳牧业农民合作社等多地考察养殖业、加工业，并把他的想法汇报公司，协调公司投资108万元建设标准化养殖场、投资69万元建设了手工粉条加工厂。注册成立了绥德县龙西农民种养殖专业合作社，发展壮大村集体经济，并与陕钢集团建立村企合作模式，所有羊肉和粉条直供陕钢集团职工食堂，既解决了合作社销路的后顾之忧，也给陕钢集团提供了可靠的食品，将公司输血变成村集体自身造血，让贫困户通过分红的方式实现稳定脱贫，实现了真扶贫。

踏踏实实扶真贫

郭爱国在西直沟村扶贫的这一年多来，真正把自己当成了村里的农民，沉下身子，踏踏实实为村民干好每一件实事。孤寡老人家的灶台边、院子里经常能看到他忙碌的身影；农户的田间地头经常能看到他卷起裤腿、抡锄头的身影；村里的大路小巷里经常能看到他手提米面油为贫困老人送上门的身影；便民服务中心大院里经常能看到他为村民讲解国家扶贫政策的身影。

目前，西直沟村工作队队长郭爱国同志正按照三年脱贫规划，一步一个脚印，推进乡村振兴战略，同时积极培养和带动村委会、村民代表提高管理技能和水平，尽力培养一支走不掉的扶贫队伍，让西直沟村长期致富，日子一天比一天更好。

他将全部的心血倾注在这个小山沟里，用情用心干事的作风赢得了村民的一致好评，他扶贫的事迹也插上了翅膀，飞出这个小山沟，飞向各地，成为各地学习的扶贫佳话。(闫 黎)

郭爱国走访贫困户

郭爱国工作照

陕钢开展“主题党日+精准扶贫”活动

日前，陕钢集团在“两联一包”（联乡、联县、包村扶贫）帮扶村——陕西省榆林市绥德县义合镇西直沟村组织开展“主题党日+精准扶贫"活动。陕钢集团、绥德县委县政府、义合镇政府相关负责人等40余人参加了活动。

此次活动共包括5项内容，一是重温入党誓词，不忘革命本色；二是开展政企座谈，研究扶贫工作；三是入户帮联，看望贫困村民；四是现场调研项目，提升产业管理水平；五是开展义务植树活动，共建绿色文明乡村。

与会人员首先到西直沟村便民服务中心，所有党员面对党旗，庄严举起右手重温入党誓词。随后，与会人员一行到龙西养殖厂、粉条加工厂进行了现场调研，并在养殖厂周围的山丘开展了义务植树活动，一颗颗挺拔高耸的松树为养殖场增添了一抹别样的绿色。

在接下来举行的精准扶贫政企座谈会上，陕钢集团强调：一是精准扶贫工作成效着重体现在“实、真、情、诚”上。二是全体党员干部要清醒认识到“爱党故能心中有党，信念坚定；爱国故能心中有国，为国奉献；爱民故能心中有民，为民服务；爱村故能心中有村，为村谋事；爱事业故能心中有责，勤政务实”，要按照《陕西省产业扶贫精准脱贫三年行动计划》，围绕包联村庄“净化、绿化、美化、亮化”4 项目标任务，对内夯实扶贫职责，对外积极争取政策，确保包联村庄早日实现脱贫目标。

座谈会后，陕钢集团、龙钢公司相关领导及两级扶贫办公室负责人分别深入“联户帮扶”家庭，看望慰问了 5 户贫困户，传递了企业的关怀，为他们送去了战胜困难、共奔小康的信心。

（原刊于《中国冶金报》2019 年 5 月 30 日 2 版　薛若兰　程浪萍）

"万企帮万村" 精准扶贫

——天津荣程祥泰投资控股集团有限公司脱贫攻坚工作综述

习近平总书记指出："精准扶贫、精准脱贫是坚决打赢脱贫攻坚战的基本方略"。天津荣程祥泰投资控股集团有限公司（以下简称"荣程集团"）在企业做大做强的同时，积极履行社会责任，践行张祥青董事长提出的"感恩社会、传承爱心"理念，积极响应党和国家精准扶贫的号召，深入贯彻落实中央扶贫开发工作会议精神，坚持"主动参与、积极作为，尽力而为、量力而行"的原则，义不容辞投身"万企帮万村"精准扶贫行动中去，为打赢精准扶贫攻坚战贡献荣程力量！

荣程集团总部坐落天津滨海新区。历经三十余年的发展，现已形成钢铁冶金、科技金融、文化健康三大产业板块。截至 2019 年，集团累计实现利税 221 亿元，累计社会贡献总额 287 亿元，其中直接社会公益事业投入 8 亿元。荣程集团位列民营企业 500 强第 98 位，中国民营制造业 500 强第 48 位，连续 14 年位居天津市民营企业第一位。集团先后获得天津市委市政府授予的"优秀民营企业"，中华慈善总会"中华慈善事业突出贡献奖"，全国工商联、人力资源和社会保障部、全国总工会授予的"全国就业与社会保障先进民营企业"，国务院授予的"全国就业先进企业"等多项荣誉称号。

荣程集团秉承张祥青先生"感恩社会，传承爱心"的公益理念，在董事会主席张荣华女士的带领下，为责任而生，为使命而活，为传承而前行，积极承担社会责任，推动公益事业发展。近年来，集团公司按照《推进"万企帮万村"精准扶贫行动实施方案》，通过产业扶贫，消费扶贫、教育扶贫、医疗扶贫，四位一体的综合扶贫模式，全面助力2020脱贫攻坚战。集团成立了荣程普济公益基金会，以之为载体，在青少年助学、贫困地区发展、儿童医疗、师资力量建设、敬老养老等方面开展公益慈善项目，帮扶贫困村、贫困老人、困难学生、儿童等四万余人。范围覆盖天津、新疆、甘肃、青海、西藏、河北、四川、云南、贵州等省自治区和市。此外，荣程集团依托自身产业平台，发挥产业优势，通过产业扶贫、消费扶贫等方式，在青海、贵州、黑龙江等省市地区带动当地贫困户脱贫致富。

一、发挥集团综合产业优势，助力国家精准扶贫

（一）依托自身产业平台优势，大力推进产业扶贫

1. 黑龙江省齐齐哈尔市泰来县扶贫项目

黑龙江省齐齐哈尔市泰来县江桥镇齐心村，2013年被省里确定为重点扶持的贫困村。全村5个自然屯575户2240口人。其中，贫困户181户417人（国标36户81人，省标145户336人）。土地耕种面积22000亩，其中水田面积13000亩，旱田面积9000亩。导致该村贫困的主要原因是自然禀赋比较差，有些低洼晚涝地不能做到旱涝保收，经济发展相对落后。经认真研究，荣程集团认为解决该村发展问题，还需大力发展水稻种植来增加农民收入。但是村里百姓日子穷、没资金，是村子发展的一大阻碍。荣程集团主动捐赠30万元，帮助村里整理土地，打井修渠，购置稻种，添置农资，打开销售渠道，品牌宣传推广等，尽最大努力支持该村发展水稻生产。接下来，又在泰来县成立黑龙江荣程泰来食品产业科技开发有限公司，开发及销售多种具有当地特色的水稻产品，带动当地农民增产增收，很好地拉动了当地特色农业产业发展，帮助全县实现了脱贫摘帽目标。

2. 青海黄南州“百草庄园”中草药种植扶贫项目

荣程集团响应天津市委市政府决胜脱贫攻坚对口帮扶的号召，依托集团自身健康产业优势，对口扶贫甘肃甘南藏族自治州、青海黄南藏族自治州。以中草药为切入点，种植及收购当地优质中药材，助力农户脱贫，已完成黄南州黄芪、当归、党参2000亩的百草庄园基地建设。

在与黄南州良好合作的基础上，荣程始终站在扶贫地区角度看产业，站在市场角度看经营，站在建档立卡户角度看问题，以不断探寻“为什么而来”的工作思路为导向实施精准扶贫。

多年来，荣程集团始终坚持真人、真药、真信“三真”原则，做好中藏药材生态种植基地项目，按照“集团+集体+基金+合作社+农户+平台”的合作模式，逐步打造全国范围内百万亩绿色庄园式中药材生态种植基地；立足集团下属的“为你来”城乡通服务平台，对接好黄果梨、芦笋等黄南州资源和特色产品，让更多人吃到放心的道地食材，用上最好的道地药材，助力乡村振兴，建设美丽庄园。

截至目前，黄南州在荣程集团的精准帮扶全力支持下，经过综合验收评估，已正式脱贫摘帽。至此，天津市对口支援的黄南州四个县全部脱贫摘帽。

3. 贵州省毕节市织金县观光茶园产业扶贫项目

贵州省毕节市织金县属国家级贫困县，也是全国工商联对口帮扶的地区，该县桂果镇联兴村是深度贫困村之一。为了发展经济和旅游，改善农民状况，该村建设红邻千亩花海观光园，该园是一家集乡村旅游、高山生态有机茶、园艺花卉、休闲养生、越野车比赛等于一体的综合休闲场所。同时，经营了高山生态有机茶园1350亩、观光花卉1000余亩。由于观光园面临缺少资金问题，茶园无人除草，经济效益无法显现。为响应中央精准扶贫的号召，帮助茶园提高经济效益，增加农民收入，使广大贫困户得到就业务工的机会，助力脱贫攻坚，荣程集团积极帮扶红邻千亩花海观光园，提供资金支持，确保茶叶项目顺利开展，使其产生经济效益和市场效益。

2019年年末，为助力贵州省毕节市织金县扶贫工作，荣程集团向该县民族村民委员会捐赠30万元，用于改善村内基础设施建设及村民生活条件改善。

4. 新疆和田地区结对帮扶，养殖扶贫“授人以渔”

昆仑山北麓、塔克拉玛干沙漠西南缘的和田地区是新疆维吾尔自治区最贫困的地方。和田地区处于新疆交通网络尾部，脆弱的生态环境、恶劣的自然条件，导致基础设施落后以及社会发展较慢，大约70万人处于贫困线之下，约占和田地区总人口的27%，贫困发生率高达40%。结合新疆和田地区的贫困特点，荣程集团多次派人赴新疆和田地区进行考察，制定扶贫方案，通过结对子、养殖扶贫的方式，累计捐赠200万，积极落实精准扶贫工作。

2017年6月16日，为积极响应天津市委市政府赴和田地区精准扶贫项目，受集团董事会主席张荣华的委托，普济基金会理事长贾炜代表荣程集团赴新疆和田地区考察贫困乡村并入户走访，捐助100万元结对子67户。2018年10月26日，在天津市工商联组织的“天津市精准扶贫光彩事业新疆行”代表团的带领下抵达和田，荣程集团捐赠了100万元扶贫款，专项用于帮助和田地区于田县200个建档立卡贫困户购买良种“扶贫羊”、借养殖增收的方式脱贫。

（二）打造“一村一品”特色农产，消费助力脱贫摘帽

1. 挖掘“一村一品”特色农产品，依托自身社区服务平台，建立“电商扶贫专区”

荣程集团文化健康板块，以“为你来”社区服务平台为基础，积极对接全国贫困县市，挖掘“一村一品”特色农产品，建立“电商扶贫专区”。其中，“为你来”平台对接了7个贫困村镇，包含甘肃藜麦、西双版纳黑花生、承德蘑菇、遵义宽耕茶，武清黄花店西红柿、津南大芦庄芹菜，宁河土豆等，挖掘了15个产品，通过渠道推广为农户销售农产品。武清黄花店产区的西红柿已完成销售3520斤、圣女果完成销售445斤，津南区大芦庄的芹菜完成销售745斤。

2. 采购滞销农产，助力农户脱贫

（1）甘肃永昌县滞销大白菜，百姓不再发愁。2017年，甘肃永昌县当地出现白菜滞销难题，数万斤大白菜冻在地里。当时，大白菜滞销很可能因气温低而冻烂在地里，菜农面临着血本无归的困境。荣程普济基金会得知这一情况后，紧急划拨专款，租用防冻集装箱货车，辗转数千公里，从菜农手中收购滞销大白菜共计7万斤，送往天津市多家养老院及福利院。

2018年，甘肃永昌县当地再次出现了白菜滞销难题，荣程集团再次从菜

农手中收购滞销大白菜 6 万斤，解了菜农的燃眉之急。并通过荣程普济基金会捐赠到天津市鹤童养老院、天津市西青区龙福宫老人院、天津美福安老中心、天津市北辰区爱馨瑞景园老年中心、天津市修园堂养老院、体育中心街金禧园社区服务中心、天津市益民助老公益服务中心、凌研里社区服务中心、凯祥养老院、天津市儿童福利院、天津滨海新区阳光家园启智托养院、星佑自闭症康复中心、天津大港区向日葵培智中心、天津泰达国际养老院共计 14 家机构。

（2）帮助河北省邢台县大鱼村购销苹果、柿饼。荣程集团连续多年帮助河北省邢台县太行革命老区大鱼村销售大鱼村苹果、柿饼，通过集团产品平台，“放心购”“时代记忆”及内部员工平台等多种线上及线下渠道助力销售。

（3）采购新疆滞销特色农产品，爱心捐赠养老机构。2018 年 4 月，荣程集团通过荣程普济公益基金会，向天津东丽区养老中心、爱心瑞景养老院、北辰红光老年公寓、和平养老中心、南营门鹤寿养老院、南开区养老中心、静海区光荣院、西青区滨湖养老院等 10 个单位会赠送新疆和田大枣、薄皮核桃各 1000 斤。

（三）统筹协调，全力以赴，高质量打赢对口帮扶脱贫攻坚战

2020 年是脱贫攻坚决战决胜之年，是全面建成小康社会的收官之年。荣程集团积极投身天津市“万企帮万村”活动，以壮大集体经济和增加农民收入为重点，全力做好结对帮扶困难村工作。

2020 年 5 月 10~13 日，荣程普济基金会参加天津市津南区党政代表团赴新疆和田策勒县考察对接扶贫工作，以实际行动深入贯彻习近平总书记在决战决胜脱贫攻坚座谈会上的讲话精神，全面落实党中央关于挂牌督战脱贫攻坚工作的决策部署以及天津市委市政府举全市之力做好帮扶工作的具体要求，精准施策、对口帮扶策勒县奴尔乡的阿琪玛村、巴格贝希村和喀什也尔村。

新疆策勒县奴尔乡阿其玛村是荣程普济公益基金会定向扶贫支持的村庄。2018 年，该村筹备贫困户小额贷款资金组建面粉加工厂，并为面粉注册了“银白羊”商标。2019 年，面粉厂扩大产能，吸收 5 户贫困户就业，增加村集体收入 4 万元。2020 年 5 月 11 日的捐赠仪式上，荣程普济公益基金会再次

捐款60万元，助力新疆策勒县打赢脱贫攻坚战。

2020年，普济基金会通过津南区政府继续加大对阿其玛村帮扶力度，新建原料库房、产品库房等，帮助其进一步扩大产能、壮大村集体经济，让面粉厂真正走向市场，实现企业化经营，带动更多困难群众增收脱贫。

（四）对口支援甘肃省镇原县“乡村医务室”建设，助力当地医疗扶贫

甘肃省镇原县辖215个行政村，是国家级贫困县、革命老区县，也是六盘山片区58个扶贫攻坚重点县、全省23个深度贫困县之一。医务室建设缺口12个，需修缮医务室76个。乡镇卫生室建设不在国家预算投资范围内，省市财政困难，卫生室的建设缺乏资金支持。

为响应天津市对口支援甘肃省贫困县，荣程集团重点推进乡村“爱心医务室”项目，先后两次对镇原县内11个贫困村进行走访调研，确定首批建设医务室落地村为新城镇新城村和城关镇东关村。2019年6月4日，在天津市民政局的带领下，荣程赴甘肃省庆阳市镇原县精准对接扶贫项目，与该县共计签订108万元扶贫意向书，推广并实行爱心医务室项目。截至目前，第一批次4所爱心医务室已经建设完成并投入使用。

2020年5月13日，为积极响应《天津市高质量推进对口支援和东西部扶贫协作助力如期完成脱贫攻坚任务2020年实施方案》的部署要求，再捐75万元帮助镇原县再建3个“爱心医务室”，助力深度贫困地区科学防控、打赢脱贫攻坚战。

荣程集团继2019年后，2020年5月13日再次向该县捐款帮助，增建医务室。一次性捐赠75万元用于镇原县屯字镇建华村、新集乡王寨村、孟坝镇王湾村建造3个“爱心医务室”。

爱心医务室不仅解决了贫困地区村民小病不出村的问题，同时也为当地村民筑起了“健康屏障”。疫情期间，医务室作为公共卫生防疫的基层单位，发挥着疫情防控的先导作用。据了解2019年，荣程普济公益基金会捐助108万元在甘肃镇原县新城镇新城村、城关镇东关村、屯字镇寨地村、庙渠乡孙寨村建设的4个医务室目前已全部完成建设工程验收并投入使用。

“有了医务室，小病就不用出门了”“以后看病不费劲了”“新医务室真

好”。这是村民们的心声，更是普济基金会精准开展脱贫攻坚帮扶工作，全面助力对口帮扶地区高质量打赢脱贫攻坚战的动力与方向。“爱心医务室”的建成提升了贫困地区应对突发性公共卫生事件应急防御能力，为镇原县人民提供了有效的疫情防护，充分发挥了村级医务室在公共卫生服务领域的知识传播与培训作用。

（五）扶贫更扶智，教育扶贫为贫困地区孩子点亮未来

1. 河北省承德市围场中学助学助教项目

河北省承德市围场满族蒙古族自治县位于河北省最北部，1989 年成立自治县，总面积 9219. 7 平方千米，辖 37 个乡镇，312 个行政村，总人口 54. 4 万，农村人口 43. 3 万，是全国唯一一个满族蒙古族自治县、国家扶贫开发重点县，河北省十个深度贫困县之一。全县共有贫困人口 43062 人，建档立卡贫困户 18153 户，建档立卡贫困户学生 6166 人。

2018 年 8 月 22 日，“京津冀社会组织跟党走—助力脱贫攻坚行动”项目对接大会在河北省张北县举行。荣程集团积极对接河北省承德市围场县，完成了精准扶贫项目签约，帮助当地贫困大学生及孤儿共计 200 人完成学业。同年 10 月 17 日，荣程资助河北省承德市承德围场贫困毕业生捐赠仪式在承德围场一中举行，向该校捐赠资金共 57. 3 万元用于助学助教。

2. 青海黄南州热贡职业培训助学项目，助力藏族地区贫困学子学习和传承唐卡艺术

青海省黄南地区共有 287 名孤儿，其中 156 人无依无靠，被代养或寄居在亲友家中；有贫困子女 580 人，生活度日维艰，基本处于休学或半读状态，这些孩子们的成长令人担忧。鉴于此，青海黄南州热贡民族文化宫培训学校利用优势资源，开设热贡艺术学习班，教授他们藏文读写、基本汉语知识、基本技术等课程；选拔一些在手工艺方面有专长的孩子们学习泥塑、唐卡绘画和雕刻等古老的手工艺技术，特别是一些藏族面临失传的手工艺技术，培育他们成为一个为社会的发展贡献力量的人才。

考虑到同仁县是国家级贫困县，办学条件较为艰苦，为改善学校师生生

活条件、助力教师学生弘扬传统文化，普济基金会向该校230名注册学生及35名优秀学生资助生活学习费及奖励35名优秀教师共265万元。

3. 甘肃省庄浪一中研学行

甘肃省庄浪县隶属于甘肃省平凉市，位于甘肃省中部，是甘肃58个集中连片特困县之一，2013年建档立卡贫困村132个、贫困户3.17万户、贫困人口13.55万人，主要分布在关山高寒阴湿山区、西北部干旱山区、中南部浅山区三大片区，贫困发生率26.76%。

2018年，普济基金会为对口捐助的甘肃省平凉市庄浪县第一中学捐赠6万元奖助学金，旨在帮助2018年优秀教师和三好学生以及建档立卡的高三贫困学生。2019年6月，基金会延续该项目开展“普济基金会·甘肃庄浪一中研学”项目活动，邀请15位高三贫困毕业生和2位优秀教师来津研学，特邀南开大学教授为学生解答高校报考问题，指导学业规划。本次活动开阔了学生们的眼界及思路，得到了学生与校方的感谢与赞扬。

4. 葛沽一中、三中助学项目

葛沽一中、三中坐落于天津市津南区葛沽镇，为支持津南地区教育事业，津市荣程普济基金会与校方合作，连续多年每年出资25万元出资奖励品学兼优的学生及为教学工作做出突出贡献的老师。截至目前，该项目已资助师生近千人，对于两校师生起到极大激励效果。

二、落实乡村振兴与打好精准脱贫攻坚战的有机衔接

实施乡村振兴战略，是党的十九大作出的重大决策部署，是解决“三农”问题的根本途径，是全面建成小康社会、实现两个百年奋斗目标的重要保障。2018年中央一号文件中明确指出做好实施乡村振兴战略要与打好精准脱贫攻坚战的有机衔接。

荣程集团从乡村振兴的战略高度，规划实施“乡村振兴—百村计划”项目，旨在让每一个需要扶贫的村庄，都能获得“定制”帮扶。“百村计划”是以保留和传承乡村的核心价值为前提，结合非遗等特色项目，聚焦“江河湖海云川贵”（江—黑龙江、浙江，河—河南、河北，湖—湖南、湖北，海—

青海，云—云南，川—四川，贵—贵州），大力推动乡村振兴。2019 年，荣程集团与黑龙江省泰来县、中国乡建院共同探索具有东北特色的“田园庄园化”美丽乡村发展新方向，推动农民向就业创业，农业强、农村美、农民富的目标不断迈进。

三年来，荣程集团在“万企帮万村”的行动中共计投入一千多万元在产业扶贫、消费扶贫、教育扶贫、医疗扶贫等方面，坚持“精准识别、精准规划，精准帮扶、精准脱贫”，结合帮扶对象现状实施签约结对、村企共建，坚持“义利兼顾、以义为先，村企合作、互惠双赢”的原则，参与贫困村产业开发，帮助贫困村脱贫摘帽。

2019 年，荣程集团获得全国工商联、国务院扶贫办“全国‘万企帮万村’精准扶贫行动先进民营企业”称号。对荣程集团而言，扶贫工作，只有起点，没有终点！未来，荣程集团将一如既往，积极发挥自身优势，履行社会责任，继续响应党和国家精准扶贫的号召，为国家实现全面小康做出荣程贡献！

不忘初心　牢记使命

——郭恩元带领父老乡亲致富奔小康纪实

在燕赵大地，提起热心公益致力脱贫攻坚、带领广大乡亲一起奔小康的爱心人士，大家首先想到的就是普阳钢铁集团党委书记、董事长郭恩元。

普阳钢铁周边郁郁葱葱的万亩人工林

郭恩元出生于普通农民家庭，谈到自己创立普阳的初心，他满含深情地讲道："其实，早在20世纪七八十年代，我就通过种植山楂树成为村里第一个'万元户'。但当时这个'万元户'并没有让我觉得有多荣光。我们这里穷，祖祖辈辈在地里刨食儿，靠天吃饭，身为党员我有责任带领乡亲们一起过上富裕日子，一个人小康不算小康，大家都富裕才叫真小康！让大家能少有所学、老有所养，一起过好日子，这就是我创办企业的初心！"

在创业历程中，郭恩元多次面临订单缺乏、资金紧缺的困境，但他仍心系贫穷乡亲，多少个不眠之夜，他苦想出路，最终咬紧牙关冲出困境。企业发展壮大后，郭恩元始终不忘“带领父老乡亲一起脱贫致富奔小康”的初心，几十年如一日，踩着一双老布鞋走遍大半个中国，将扶贫济弱、救助贫困群众当成毕生事业去做！在就业扶贫、教育扶贫、精准扶贫、社会扶贫、产业扶贫、基金扶贫等方面，累计捐资 10 多亿元，带领太行山革命老区近 10000 户人民群众脱贫致富。他创立的普阳钢铁集团累计纳税超 180 亿元，获全国钢铁工业先进集体，连续 15 年跻身中国 500 强，被授予河北省支援革命老区建设先进单位，他本人被评为建国 70 年经济功勋人物、全国钢铁工业劳动模范、河北省“巨人计划”领军人才、邯郸市敬业奉献道德模范、武安市人民功臣等荣誉称号。

一、就业扶贫，扶贫必扶志，激发内生动力

郭恩元的家乡地处太行山区，七分山、三分地，村民过着“面朝黄土背朝天，靠天吃饭”的贫困生活。矢志不移地想带领乡亲们脱贫致富的郭恩元深知，扶贫的关键是人，重点在于激发贫困群众的内生动力。为带动周边贫困群众通过自己的双手脱贫致富，郭恩元在招聘上实行贫困群众优先录取。为帮助贫困群众完成从农民到工人的转变，郭恩元投资 1 亿多元设立新员工培训机构，扶志又扶技，让他们习得一技之长。杨志杰就是 2000 多名因贫被优先录取员工中的一员，他常对身边的人说：“若没有普阳，没有郭总对我的照顾，我们家别说盖新房了，就连解决温饱都是问题！我现在每月工资过万，尽管有三个小孩，还赡养两位老人，但有普阳这份工作，又学到许多技术，我对未来充满希望！真的非常感谢郭总！”堂堂七尺男儿，谈到动情处，眼里竟噙满泪水。

救助困难职工

慰问困难职工

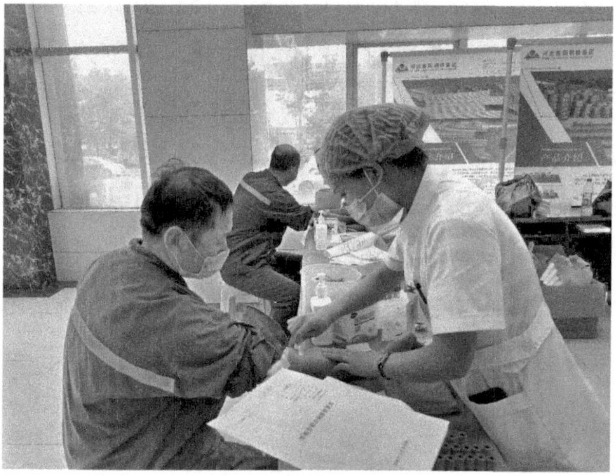

定期为职工进行全面体检

郭恩元通过就业扶贫，安排下岗职工及未分配大中专毕业生900余名，安置复员军人500余名，解决了武安以西、涉县以东贫困山区7000多人的就业问题，惠及30000多人，从2006年起，为了让乡亲们在脱贫奔小康的路上，一年一变样，郭恩元决定不论企业经济效益如何，每年涨10%工资。以2019年为例，普阳支付职工工资8.4亿元，支付奖金2.3亿元，支付股金分红8000万元，人均年收入超12万元。

二、教育扶贫，治贫先治愚，阻断贫困代际传递

阳邑镇的杏花村地处偏远，交通闭塞，教学设施简陋，留不住老师。郭恩元得知后，给予杏花学校老师每人每月 100 元的山区补贴，为这个小村庄留住了愿意用心教孩子的老师。正是类似这样的事儿，让郭恩元认识到扶助教育是拔出贫根儿的重要途径；更意识到“扶贫必扶智，治贫先治愚”的重要性，促使他在教育扶贫助力脱贫攻坚上不计投入不遗余力。2000 年他扶贫 800 万元为武安一中、九中建设新校区，2018 年、2019 年扶贫 1000 多万元为一中、三中学生宿舍安装冷暖空调，让更多山区孩子享受到公平、高质量的教育资源；2007 年设立“普阳教育扶贫基金”，每年向阳邑教育扶贫 30 多万元，2013 年扶贫 1000 万元在武安一中设立“恩元助学扶贫基金”，2017 年又扶贫 1000 万元在武安三中设立“恩元助学扶贫基金”。奖励教学优异的老师，激励他们培养出更多优秀人才，资助贫困学生完成学业，开阔视野，增长才干，阻断贫困代际传递，保障高质量脱贫。据统计，2017~2019 年，一中、三中毕业生中建档立卡贫困生有 43 名，这 43 名贫困生通过郭恩元的资助，顺利完成学业。2018 年，郭恩元主动扶贫 6.7 亿元建设武安第一所综合大学——中普邯郸高等幼儿师范学院，将来计划资助培养全国各地贫困学生就读，期望他们教导出从小立志“服务人民”“贡献社会”的有志气有朝气的儿童，从而彻底改变太行山区贫困地区的落后面貌，促进经济长期繁荣。

2000 年，普阳钢铁为武安一中捐款建设校区

郭恩元出席武安一中奖学基金表彰大会

郭恩元在武安三中奖学基金会上讲话

郭恩元在当地中小学设立普阳教育奖励基金

据不完全统计，近年来郭恩元教育扶贫7.12亿元，建设修缮教学楼十余栋，扶贫资助栗明（被清华录取）、张泽等240多名贫困生顺利读完大学，奖励申杜亮、古延新等1000多名优秀教师专心教学。

郭恩元与武安市领导一起为邯郸幼儿师范高等专科学校奠基

2018年，普阳钢铁捐款6.7亿元建设邯郸幼儿师范高等专科学校

当读完学业的贫困学子登门拜谢时，当听到他扶贫资助的学校一本上线人数从不足100人上升到1400多人，郭恩元只是眼含泪花的微笑。用他自己的话说就是：知识改变命运，教育改变贫困。

三、精准扶贫，企业+乡镇，提升脱贫力度

位于武安西部山区的阳邑镇，既是郭恩元的家乡，也是普阳集团所在地。

下辖 24 个行政村，因病、因学、因残致贫人口较多。早在国家提出脱贫攻坚之前，乐善好施的郭恩元就通过“三个直接、一个结对”的措施全力扶贫全镇困难群众，即：直接安排就业、直接出资扶贫、直接配合乡镇、公司干部结对帮扶。

2018 年武安开启“企业+乡镇”的精准扶贫模式，郭恩元高度重视积极响应，结合阳邑镇成立精准扶贫办公室，深入开展精准扶贫工作：

一是将 11 名符合普阳上岗条件的建档立卡户安排就业，每人每月可领取 8000 至 9000 元，每年发放工资 1000 多万元，实现了高标准脱贫。二是结合阳邑镇政府为 112 名 70 岁以下有一定劳动能力的“建档立卡”户，安排“公益性岗位”。工资由普阳全额提供（月工资 300 至 500 元），年发放工资、物资 80 多万元，让贫困户在家门口就能“挣工资”。三是对全镇贫困户中不具备劳动能力的特困户，成立“普阳扶贫救助基金”，保障其不愁吃、不愁穿，年补助资金 100 万元左右。四是扶贫救助 22 万元，为 19 户贫困户修缮房屋，保障他们的住房安全。杏花村 60 多岁的冯云风，丈夫早亡，唯一的女儿瘫痪在床，母女俩仅靠低保金艰难度日，家中房屋又不幸在 2016 年“7·19”洪灾中被冲毁。郭恩元了解情况后，当即决定，除上级为其提供的危房改造补助外，剩余用款自己一力承当，还为其母女长期供应米面油。冯云风激动地说道：“感谢党和政府的好政策，感谢郭总和普阳让我重新有了家。”五是企业干部包联，开展扶贫行动。普阳 112 名干部和贫困户一对一结对扶贫。每年每逢节日，郭恩元都开展扶贫活动，为困难群众发放米面油等慰问物资共计 10 万多元。各村支部书记都说：“每个贫困户都能领一大袋米、一袋面、两壶油，过节可不愁了。”六是实行医疗扶贫。每年扶贫 300 多万元为周边 14 个村建档立卡之外相对贫困的边缘户补助医疗保险，减轻看病就医负担。七是做好生态扶贫，增加村民就业。郭恩元扶贫 1.5 亿元，建设“万亩森林公园”，为郭斐等人建档立卡户以及周边 130 多名相对贫困群众提供就业。

郭恩元扶贫兼扶志，仅 2018 年以来，累计精准扶贫 3000 多万元。目前，阳邑镇 270 户 701 人建档立卡贫困户已全部高标准脱贫。

普阳钢铁为在位公益性岗位工作的村民发放工资

四、社会扶贫，千企帮千村，共享发展成果

在全国和省分别发起“万企帮万村”和“千企帮千村”行动后，武安市于2018年发起“百企帮千户”行动，郭恩元积极响应，主动到对口扶贫村涉县鹿头乡杨家庄调研，发现该村地处偏远，夏季雨后，村间土路，泥泞不堪，为方便村民，当即扶贫150万元修柏油路，并安排王健康等8名特困村民到普阳就业；得知涉县索堡镇曲峧村人居环境改善资金紧缺，又扶贫50万元、水泥100吨，解其燃眉之急，并安排高峰等3名特困村民到普阳就业。为了解决邯郸市国家贫困县魏县部分贫困群众就业问题，郭恩元将多个修路工程，在保证质量的基础上，优先承包给魏县施工队，有效解决了魏县魏坤等16名贫困群众的就业路径。

五、产业扶贫，大企带小企，推动区域经济

近年来，郭恩元经营的普阳钢铁集团不仅带动了周边小铁矿、沙、水

泥、砖等小企业的同步发展，也促进了周边地区的商业、饮食、服务和村镇建设。

40多年前，普阳钢铁集团所在的阳邑镇，在年收入百元的家庭里，恐怕十户里难有一辆自行车。现如今，许多贫困群众借着郭恩元产业扶贫的东风，过上了住洋房开小汽车的小康生活。

六、基金扶贫，保底+兜底，巩固脱贫成果

为有效防止返贫，郭恩元积极响应政府号召，支持成立武安市社会扶贫救助基金会，在市财政注资500万元的基础上，为武安市社会扶贫救助基金会捐助100万元，形成第一期扶贫救助资金，为保证扶贫救助基金长久有效运行，郭恩元表示将按需投入后期注资。需要投1000万就投1000万，需要投3000万就投3000万，需要投1个亿就投1个亿，基金防贫，筑牢堤坝，巩固脱贫成果。

对于杜绝返贫扶贫，郭恩元语重心长地说："2020年是脱贫攻坚的收官之年，是党完成第一个一百年目标的决胜之年，意义重大！脱贫攻坚打赢后，最重要的任务就是巩固脱贫成果。成立社会扶贫救助基金，很有必要，我将一如既往支持脱贫攻坚，这是一名共产党员应该做的！"

一直以来，郭恩元在积极参与"脱贫攻坚战"的同时，通过公益捐赠，全力支持"污染治理攻坚战"和"防范重大风险攻坚战"。他经营的普阳钢铁集团各类排放指标均优于国家超低排放值，并得到了政府与社会大众的广泛认可，2017年入选国家工业与信息化部首批国家级"绿色工厂"，2018年被《中国冶金报》评为"绿色发展标杆企业"，2019年被《中国冶金报》评为"绿色发展优秀企业"。2008年，捐助910.9万元帮扶汶川受灾的贫困群众重建家园；自2014年起，为解决贫困村庄村民行路难的问题，扶贫1200多万元修建公路；为改善居住环境，累计向家乡新农村建设扶贫2476万元；为保障群众温暖过冬，郭恩元捐资2亿多元铺设暖气管道300多公里，为周边近万户居民实施集中供暖，改善了居民冬季生活条件，每年可减少散煤燃烧10万多吨，二氧化硫排放5200吨，氮氧化物排放2600吨，颗粒物排放47600

吨，大幅改善了空气质量和农村生活。

普阳钢铁为周边 13 个村集中供暖

享受普阳钢铁集体供暖的村民乐了

2018 年捐助 4000 万元为武安、邯郸购买 70 台吸尘除尘车，捐助 240 万元建设邯郸警察博物馆；为提倡全民健身，捐助 1000 多万元支持体育赛事；2020 年 1 月，新冠肺炎疫情爆发，郭恩元第一时间发出全员捐款倡议，捐助 3736.25 万元，支持疫情防控工作。之后，郭恩元又向社会各界捐赠防疫物资 100 余万元。彰显了郭恩元脱贫攻坚贡献的深度与广度！

2017 年，普阳钢铁为武安市购买 50 台清扫车

2017 年，普阳钢铁赞助“邯郸-武安国际山地马拉松”赛事

（普阳钢铁集团）

扶贫路上的山钢人

组织春耕备耕的技术支持，帮当地农户协调苗木销售、疫情防控。近几天，山钢集团党委常委、山东省派菏泽市郓城县乡村振兴服务队（下称郓城乡村振兴服务队）队长徐有芳非常忙碌。“3 月 6 日，习近平总书记在决战决胜脱贫攻坚座谈会上提出要求，到 2020 年现行标准下的农村贫困人口全部脱贫，是党中央向全国人民做出的郑重承诺。越到最后越要紧绷这根弦，不能放松。当前疫情给春耕和苗木销售带来一定影响，我们必须全力以赴，做到疫情防控和脱贫攻坚两不误。”徐有芳说。

积极响应山东省委、省政府号召，2018 年 9 月，徐有芳带队的郓城乡村振兴服务队开始工作。2019 年 4 月起，山钢又选派 4 名干部分别到菏泽市巨野县董官屯镇 3 个村庄、淄博市高青县青城镇张巩田村担任第一书记，同时在资金、物资等方面给予全力支持，为决战决胜脱贫攻坚贡献山钢力量。

帮助后彭庄村成功申报第二批美丽村居山东省级试点，为张营街道申请注册“郓州张营国槐”国家地理标志产品，为帮扶村修路架桥、修建下水道，帮助建设农村小学、党群活动中心、文化广场……山钢下派干部在扶贫一线踏出一串串坚实的足迹。

培育主导产业　加快动能转换

在日东高速菏泽郓城段，有一片绵延 12 千米的林带，宛如一条绿色丝带环绕在高速路旁，被誉为“日东高速上的一道亮丽风景线”。这片林带面积共有 5800 多亩，种植了国槐、白蜡等绿化苗木，土地是郓城乡村振兴服务队帮助当地花木协会副会长、种植大户樊祥世流转的。

郓城乡村振兴服务队服务于郓城县张营街道及所属的后彭庄、殷垓、二十里铺、吴店、小民屯等5个村庄。入驻伊始，徐有芳就带领队员深入田间地头、大街小巷，详细调查5个村的村落文化、资源禀赋、产业发展、收入结构、村民就业、闲置土地、基础设施和组织建设等几十个方面的情况，形成了详实的调研报告。同时，徐有芳多次组织队员到山东省内外先进镇（村）考察学习，与周边部分乡村振兴服务队开展交流互鉴活动，形成了30多份考察报告。经过科学研判，服务队决定围绕张营的绿化苗木、蔬菜种植等主导产业，在全产业链开展精准帮扶，加快当地农业新旧动能转换，提高群众收入。

“好酒也怕巷子深”。张营街道虽然有着多年的苗木种植历史，但缺乏品牌知名度。为壮大张营特色苗木产业，打造行业领先优势，服务队积极帮助张营街道办申请注册“郓州张营国槐”国家地理标志产品，筹建大型苗木交易市场，帮助花木协会、专业合作社和经营大户流转土地、创建品牌、打造电商平台。2019年以来，服务队已帮助流转土地8000余亩，一批种植大户脱颖而出。截至目前，张营街道绿化苗木种植面积达3.1万亩，苗木专业户增加到1300多家，从业人员近5000人，年成交量为150万株，交易额为3.8亿元，其中电商交易额达1亿多元。张营街道已成为江北地区知名的苗木种植和交易集散地。

郓城乡村振兴服务队把优化农业产业结构作为激发乡村产业发展活力的重要途径，确定了“典型带动、重点突破”的工作思路，重点帮扶新型农业经营主体扩大规模、发展名优新特品种。为此，服务队联系相关单位捐赠10000棵扁桃苗，种植面积达130多亩，预计亩均效益在8000元以上；帮助“丹鑫”家庭农场流转土地，扩大规模；为泰福德、梦真等农业合作社设计产品包装方案，引进种植了金丝皇菊、丹参等中药材，建设观光长廊，发展采摘游、观光游业务，推进一二三产业融合发展。2019年，服务队帮助泰福德合作社引进种植的金丝皇菊喜获丰收，亩均效益达到3000元以上。

人才是农村发展的基础。为培养人才，服务队重点围绕张营街道的苗木、蔬菜等优势产业组织技术培训，先后邀请中国花卉协会高级顾问、研究员闫大成举办绿化苗木技术培训班，联合山东省自然资源厅举行了“送科技下乡”

活动，累计培训种植大户1000余人次。

除了“请进来”，服务队还多次“走出去”，组织村干部、种植大户到外地考察产业项目，通过考察学习，增长了见识。服务队大力宣传返乡创业的优惠政策，吸引优秀人才返乡创业。在北京经商的刘强，返乡后流转土地2200亩，创建了“百蔬园”种植专业合作社，带动168户贫困家庭稳定脱贫。

聚焦民生工程　提升幸福指数

2020年2月17日，一辆崭新的洒水车出现在张营街道后彭庄的街道上。这是服务队为了做好疫情防控工作，特意为村里购买的洒水车，既能喷雾，又能洒水，可对街道进行消毒。村里老人纷纷竖起大拇指，感慨道：“没想到咱农村也能用上这新鲜玩意儿。”

一直以来，改善贫困地区基本生产生活条件，解决群众的出行难、上学难等问题都是扶贫工作的重要内容。为了推动农村人居环境改善和美丽乡村建设，徐有芳带领服务队聚焦群众反映强烈的突出问题，加快补齐基础设施短板。他们帮助5个村争取到30亩建设用地指标，缓解了公共设施用地指标的难题；把帮扶资金优先用于改路、改电、改校、改房、改厕、改水、改暖等“七改”工程。截至目前，服务队投入乡村振兴服务队帮扶资金458.87万元，争取各级各类资金2086.63万元；帮助修通11.85千米村庄道路、4.94千米下水道，新建一处小学，帮助一个服务村通上自来水，新修6处标准公厕，改造提升5处党群服务中心，整修两个村庄的电力设施，购置两辆扫地车，安装370盏路灯。目前，他们正在新建一处幼儿园、治理一处坑塘。后彭庄在成功申报第二批美丽村居山东省级试点后，近期又被住建部评为“美好环境与幸福生活共同缔造”精选试点村，成为山东省入围这一试点村项目的3个村庄之一。

此外，服务队全力支持村庄的文化阵地建设，投入帮扶资金给每个服务村规划建设了文化广场、农家书屋、村史馆等，在文化广场安装了健身器材；联系山东省互联网传媒集团捐赠了4000余册农业科普图书；帮助各村新建5处新时代文明实践站，这些也是郓城县第一批新时代文明实践站。

服务队还组建了秧歌队、广场舞队等文艺队伍，配备了演出服装和器材，经常组织演出和比赛，引导群众开展丰富多彩的文化活动。他们精心策划，把二十里铺传统庙会升级为民俗文化艺术节，举办了山东梆子名家演唱会、郓城县书画名家艺术展、斗羊大赛等活动，山东电视台还对艺术节进行了电视和网络直播。

“给俺们村里建了广场，还来了唱戏的，这日子越来越好，多亏了你们来，俺这个孤老婆子得多活两年。”今年春节前，当徐有芳给后彭庄村 83 岁的孤寡老人宫秋兰送米面油盐和慰问金时，老人激动地说。

解决村庄难题　留下“山钢印记”

2020 年 3 月 20 日，在与郓城相隔 40 千米的巨野县董官屯镇，山钢派出的 3 名第一书记张宇东、张军、崔刚正拿着图纸、卷尺，在 3 个帮扶村里核定苗木需求情况。“今年我们要帮助村里实现硬化路面户户通，路旁植树率达到 100%，要让村庄变个样。”张宇东表示。

张宇东、张军、崔刚所服务的 3 个行政村分别是张街村、前徐村、后徐村。尽管 3 个村庄已经摘下了“贫困帽”，但村里仍有较大数量的脱贫享受政策人口，村容村貌也较差，集体收入几乎为零，需要进一步巩固脱贫成果。

驻村伊始，3 名第一书记就与董官屯镇党委、村两委成员、全体党员及部分村民代表举行见面会、座谈会，集思广益共同研究发展规划；到老支书、老党员、贫困户家中，与他们促膝长谈，听取他们的意见与建议，谋划加强党的基层组织建设。

“前徐村现有人口 1245 人，耕地面积约 1280 亩。建档立卡贫困户 79 户 230 人；无村办企业，没有集体积累。”张军说，“乡亲们都盼望着我们能帮他们奔小康。我们也希望通过第一书记这个平台，为村民多办实事。”

村集体没有收入怎么办？他们就利用第一书记配套资金为 3 个村建设光伏发电项目，每年能给每个村集体带来 5 多万元的收入；为了解决村民浇地需要自己拉着柴油发电机到机井取水之困，他们就帮忙修建 200 多眼机井并实现通电，覆盖 3000 余亩农田；为了解决村里污水四溢的问题，他们利用政策申请一部分资金，再筹措一部分资金，治理下水道 2000 余米；为了缓解村民夜间出行难的问题，他们利用集团支援的资金安装新路灯 200 余套，在今年让村民们过了一个亮堂年。现在，为了丰富村民文化生活，使老百姓有一个好的休闲去处，他们又为村子建设了文化广场……

同样忙碌在乡村扶贫一线的还有山钢集团权属单位——山东工业职业学院的教师黄大明。自去年被淄博市委组织部选派担任淄博市高青县青城镇张巩田村的第一书记以来，他把全部心思都用在了这个山东省级贫困村的脱贫致富上：通过学院筹措资金完成村内道路硬化、自来水、路灯亮化等工程；通过“学习强国”网络助销，帮助雪桃种植户累计提升销售收入 3 万多元；帮助村里申请完成“高青黄瓜”国家地理标志商标认证，协调高青民生黄瓜协会驻村工作，并独家使用“高青黄瓜”商标，体现了品牌价值，带动全村脱贫致富；组织开展挖掘机技术培训工作，通过精准技能培训，帮助 20 多名贫困劳动力掌握技能提高收入。就在这几天，他还忙着联系引进再生资源公司做好产业扶贫，多措并举巩固脱贫成果。

一年之计在于春。当前，这 4 名第一书记正在一手抓疫情防控，一手抓春耕生产。他们表示，要坚决贯彻落实习总书记在决战决胜脱贫攻坚座谈会上的讲话精神，沉下心、扎下根，以更大的力度推进脱贫攻坚，为村庄奔小康留下“山钢印记”。

（原刊于《中国冶金报》2020 年 4 月 15 日 1 版　记者　周传勇　通讯员　褚慧娟　孟　豹）

鞍钢在行动

王义栋调研定点扶贫工作

9月12日，鞍钢集团党委常委、副总经理，鞍山钢铁董事长、党委书记王义栋一行到鞍山市岫岩县石灰窑镇调研定点扶贫工作，实地查看鞍钢帮助修复的漫水桥、道路和即将帮助建设的跨河大桥选址地，并与当地政府相关领导座谈交流脱贫攻坚工作。

岫岩县石灰窑镇是鞍钢集团定点对口扶贫对象。多年来，鞍钢集团及所属鞍山钢铁等单位强化责任担当，结合该镇发展实际，扎实做好抢险救灾、扶贫帮困等帮扶工作。特别是近两年来，岫岩县石灰窑镇几次遭遇强降水，灾情严重。每次鞍钢集团都及时伸出援手，帮助石灰窑镇抢险救灾，赢得了当地村民的信任与感激。

座谈中，岫岩县石灰窑镇领导表示，在社会大家庭，尤其是鞍钢集团的支持和帮助下，石灰窑镇将树立克服困难和脱贫致富的信心，鼓足干劲，增强自我发展的能力，争取早日脱贫致富。

王义栋表示，鞍钢集团高度重视扶贫工作，将在既有工作的基础上，认真落实扶贫计划，扎实推进扶贫项目，进一步加大对民生工程的扶持力度，通过援建跨河大桥，解决村民出行难的问题；采取帮扶发展村集体经济项目等措施，帮助村民增收致富；将扶贫工作与安置贫困立卡户人员就业和扩大地方政府税收来源结合起来，大力扶持地方企业发展，增强“造血”功能，帮助当地早日脱贫。他要求，鞍山钢铁扶贫工作主管部门要会同驻村工作队、石灰窑镇政府，尽快开展扶贫项目调研和论证工作，并抓好项目落实，为推进当地经济社会发展贡献力量。

（原刊于《中国冶金报》2018年9月25日2版　通讯员　张丹　记者　刘敬元）

鞍山钢铁去年扶贫资金同比增长五成

带动贫困立卡户6563户20910人脱贫。

2月初，笔者从鞍山钢铁规划发展部获悉，2018年，鞍山钢铁认真贯彻党中央、国务院关于精准扶贫的要求，从实际出发，在民生发展、产业扶贫、乡村集体经济、教育、医疗等方面，积极探索多渠道、多层次、多形式的帮扶措施，圆满完成了2018年扶贫任务，扶贫资金实际投入同比增长50.17%，带动贫困立卡户6563户20910人脱贫。

2018年，鞍山钢铁发挥企业上下游产业链资源优势，联合兄弟企业，在新疆维吾尔自治区塔什库尔干塔吉克自治县（以下简称塔县）组建成立了鞍塔经济贸易有限公司，注册资金30万元，主要开展塔县的农副产品销售及其他经济贸易业务。

2018年，鞍山钢铁在塔县投入资金321.26万元，实施了1750余亩土地平整工程，修建灌渠10余公里，解决了358户搬迁贫困农牧民的耕地和收入问题，预计可使该县人均年收入增加1000元、100户建档立卡户脱贫、258户增加收入；投入资金42.5万元，为塔县中心小学寄宿学生购买被褥，解决了该校学生原有被褥破烂、保暖效果差的问题，使551名贫困学生受益；捐赠价值9.5万元的应急保障设备，用于塔县边境防控等需要；追加扶贫资金200万元，为塔县乡村卫生室购置了相关设备设施，解决了36个村村民看病难、看病远、看病贵的问题；投入扶贫资金18.9万元，为护边员购置了2000多双棉鞋，解决了他们过冬保暖问题。

2018年，在对辽宁的扶贫中，鞍山钢铁投资200万元，在辽宁省葫芦岛市建昌县天增隆村、兴盛永村建设2个村级光伏扶贫电站，可带动周边5个村260户贫困立卡户脱贫。据初步测算，这两个村平均每户每年可增收1000余元。同时，鞍山钢铁还投资170.68万元，帮助辽宁省鞍山市岫岩满族自治县石灰窑镇建设具有一定抗洪能力的漫水桥——鞍钢桥，解决当地4个居民组840位村民出行难问题；投入资金24万元，分别用于该镇文冠果树苗购置和灌渠修建。

（原刊于《中国冶金报》2019年2月12日1版　曹洪儒　孔庆磊）

“输血补养”与“造血增能”并济

——鞍山钢铁深入推进精准扶贫工作纪略

2019年元旦刚过，辽宁省岫岩县石灰窑镇石灰窑村的村民任树峰已经忙活开来。新的一年，除了侍弄家里的地，他还要喂养羊等牲畜，用勤劳双手圆自己的“致富梦”。

同一时刻，辽宁省建昌县天增隆村的百里荒山上，220千瓦时的光伏发电装置，正把东北冬日阳光转化为源源不断的电能，未来将鼓起村民的钱袋子。

而此时此刻，辽宁省朝阳市上桃村的上桃小学，几个班级的孩子正在操场上蹦蹦跳跳。一汪甘洌清甜的井水，让他们再也不用为喝不上水而发愁。

这些都是鞍山钢铁在辽宁实施精准扶贫带来的显著变化。

从打井修路，改善村民生活条件，到种植养殖、光伏发电，开发脱贫扶贫项目，鞍山钢铁帮助村民真正走上富裕路。2018年，4个对口扶贫单位共有6569户建档立卡贫困户（20919名村民）摘掉了贫困的“帽子”，步入生活稳定、衣食有保障的致富路。截至2018年底，在鞍钢的助力下，石灰窑村、天增隆村实现了脱贫摘帽。

精准对接　精准扶贫

多年来，按照鞍钢集团总体部署，鞍山钢铁将助力辽宁省内扶贫点人民脱贫致富作为一项重要的政治任务来抓，从企业和扶贫点实际需求出发，精准对接、精准扶贫，打响了一场助力村民脱贫致富的“硬仗”。

持续加大资金扶持力度。根据扶贫需要，鞍山钢铁进一步调整扶贫规划，增加扶贫投入，针对辽宁省内 4 个对口扶贫单位投资 620 余万元，开展扶贫脱贫项目 21 个。鞍山钢铁还发动全公司党员为贫困地区村民捐款，捐款党员数占党员总数的 94.5%，捐款达 30 多万元。

持续加大“智力”支持力度。一年来，鞍山钢铁规划发展部、人力资源部、计划财务部等 10 余个部门和单位积极参与对接当地部门，到田间、村头，为富民强村献计献策；扶贫工作队队员更是与村民同吃同住同劳动，深入了解群众诉求，分析困难和问题，为村民脱贫致富出谋划策。

持续加大“精神”扶贫力度。鞍山钢铁借助鞍钢教培中心力量，利用国家扶贫日契机，到扶贫点开展扶志巡讲活动，通过对各项扶贫政策的讲解，扶起村民奋斗之志，鼓足他们同贫困作战的信心和勇气。

救人先救急　解难先帮困

对石灰窑村村民白玉鑫来说，2018 年是过得很糟心的一年：一场无情的暴雨冲垮了他赖以生存的家园。作为受灾最严重的村庄的一员，眼看着村路被淹，桥梁被毁，自家房屋受损，他感到十分沮丧。

2018 年也是让白玉鑫十分难忘的一年。面对汛情，鞍山钢铁火速派出救援队、19 台机械设备，连续 11 天，日夜不停，第一时间为村民修通了道路，并送来了用于修缮房屋的水泥 700 多吨，分发到白玉鑫和其他受灾村民手中，增强了他们重建家园的信心。

今年，令白玉鑫激动不已的是，他们不会再遭受洪水冲垮桥梁、出行困难的困扰。为了彻底解决当地漫水桥抵御洪水能力差，年年被冲垮、年年重建的问题，鞍山钢铁投资 170 万元，在村里建设了具有一定抗洪能力的跨河大桥。“今年夏天，我们再也不用担心了。”白玉鑫说。

在建昌县，鞍山钢铁资助贫困户进行危房改造，援建民生工程，推进文化场所建设；在石灰窑镇，与贫困户结对帮扶，参与建桥修路、抗洪抢险，解决村民后顾之忧；在上桃村，为村里安装路灯、修建过水路面，帮助上桃小学打造深水井。

鞍山钢铁伸出的援手解决了贫困区和贫困村民的急事、难事，也温暖了广大贫困户的心。

治病寻“病根” 脱贫拔“穷根”

“这是我们当地最成功的投资项目，当年投资当年见效，真的要感谢鞍山钢铁的精准扶贫举措！”这是今年1月初，鞍山钢铁规划发展部负责扶贫工作的孙岚峰收到的一条微信。发微信的是建昌县天增隆村第一书记蔡志刚。

说起刚到天增隆村扶贫时的情景，蔡志刚记忆犹新。“附近几个村都是‘空壳村’，没有集体经济，要修复损坏村道，连2000元都拿不出来，更别提帮扶贫困户了。”蔡志刚看在眼里，急在心上。

跟他一样着急的，还有鞍山钢铁前来扶贫的工作人员。建昌县境内自然资源贫乏，受当地土壤、气候等条件限制，农作物种植收效十分有限。帮助村民找到一个能够稳定受益、具有可持续性的致富项目成为当务之急。

经过5个多月的研究论证，鞍山钢铁提出在建昌县建设集中式光伏电站项目的想法，利用光照发电，既可以贯彻落实国家清洁能源政策，又能形成可持续的收入后劲。经过千方百计的争取，投资200万元的光伏发电项目于2018年底并网发电。按照规划，项目年可收益20万元，助力5个村260户贫困户的帮扶救济。

“这下，200多户贫困户帮扶资金有着落了。”看着远程监控上不断跃升的发电量，蔡志刚信心满满。

帮扶不仅要解决贫困户当下的困难，更关键的是要因地制宜，为贫困地区、贫困户做实事，帮助村民真脱贫、能脱贫、不返贫，这是鞍山钢铁一以贯之的扶贫思路。

几年间，鞍山钢铁坚持“输血补养”与“造血增能”并济，注重从产业、教育、就业等多方面发力，帮助贫困地区既“摘穷帽”又“拔穷根”，确保了贫困地区群众实现跨越式脱贫、持久性脱贫。

（原刊于《中国冶金报》2019年2月20日1版 通讯员 郑燕 曹洪儒）

鞍钢莆田冷轧志愿服务队爱心捐助新疆塔县幼儿园

今年的“六一”儿童节，对于新疆喀什地区塔县班迪尔乡波斯班迪尔村幼儿园和新迭村幼儿园的80名小朋友而言，注定温暖而难忘。一大早，鞍钢莆田冷轧志愿服务队的叔叔阿姨们就为他们送来了沉甸甸的礼物——价值5万元的学习资料和娱乐设施，包括滑梯、积木、跳跳马等。

今年2月份，鞍钢莆田冷轧通过鞍钢塔县工作组了解到塔县幼儿园缺少玩具及室内活动室后，立即与塔县幼儿园联系，确认所需物资品种和数量，并共同制订室内活动室方案。与此同时，公司向职工发起了“爱心无限，共筑童梦”爱心募捐活动，得到320人响应，筹集资金5万元。这笔钱全部被用于幼儿园所需物资的采买及室内活动室的装潢等。

为表达对来自远方亲人礼物的感谢，来自波斯班迪尔村幼儿园和新迭村幼儿园的小朋友们为鞍钢莆田冷轧志愿服务队的叔叔阿姨们送上了歌舞表演。这两家幼儿园的负责人表示，一定要用好这些物资，为孩子们营造更加美好的学习和生活环境。

新疆塔县是鞍钢对口扶贫点。多年来，鞍钢通过扶贫与扶智相结合，产业帮扶与民生帮扶、教育帮扶相结合，不断加大对塔县的援助力度，努力为塔县在今年内实现“脱贫摘帽”添砖加瓦。

（原刊于《中国冶金报》2019年6月11日5版　郑　燕　曹洪儒）

下半年投入1600万元鞍钢精准扶贫再发力

6月20日，鞍钢集团召开2019年精准扶贫工作会议，总结部署扶贫工作。

据透露，下半年，鞍钢将在新疆塔县和贵州省盘州市投入扶贫资金1600

万元以上。重点项目包括：投入820万元，在塔县阿巴提镇建设“互联网+”养殖场项目，惠及210户贫困户；投入305万元，在盘州市淹五寨村建设养猪场项目，惠及61户贫困户，解决村民就业30人；投入120万元，在盘州市瞿家庄村建设蔬菜大棚项目，惠及29户贫困户。

会议指出，2019年脱贫攻坚进入决战决胜阶段，鞍钢将以实打实的举措抓好精准扶贫工作。要聚焦扶贫点需求，汇聚资源优势，精准发力脱贫攻坚。坚持重点项目精准发力，将帮助解决扶贫点“两不愁三保障”突出问题和产业扶贫、消费扶贫作为帮扶工作的重点，充分利用鞍钢协调能力强和专业人才的优势，切实解决扶贫点贫困儿童上学难，贫困人口就医难、吃水难、行路难和住危房等生活问题，促进稳定脱贫，同时帮助扶贫点发展特色产业，带动就业。对于已经摘帽的扶贫点，扶贫干部不能撤，做到摘帽不摘帮扶。要继续帮助扶贫点完成剩余贫困人口的脱贫任务，实现已脱贫人口的稳定脱贫，防止返贫现象发生。

（原刊于《中国冶金报》2019年7月5日1版　记者　刘敬元　通讯员　张丹　孙玲）

鞍钢“牵线”多家企业为新疆塔县孩子献爱心

近日，在鞍钢集团驻塔县扶贫工作组的多方协调下，来自河南省3家企业的爱心人士不远万里，来到塔县班迪尔乡波斯班迪尔村和新迭村幼儿园，看望慰问这里的孩子，并为他们送去教学用具、娱乐设施等。

鞍钢集团援疆干部、塔县副县长马荣材在郑州钢加中心工作期间，曾与这3家企业打过交道。到塔县工作后，作为鞍钢集团塔县扶贫工作组的负责人，马荣材千方百计为塔县脱贫想办法。了解到这3家企业有爱心捐赠的想法后，扶贫工作组从中牵线，将远方的爱心带给了塔县的孩子。

在捐赠仪式上，3家企业的爱心人士均表示，感谢鞍钢集团能够从中牵线搭桥，让他们有机会来到祖国最西端的帕米尔高原，为在祖国边疆的孩子献上自己的一片爱心。塔县领导感谢来自远方的无私捐赠，同时也感谢鞍钢集团近年来对塔县发展的大力支持。

新疆塔县是鞍钢集团的对口扶贫点。多年来，鞍钢高度重视塔县的脱贫攻关工作，通过扶贫与扶智相结合，产业帮扶与民生帮扶、教育帮扶相结合，不断加大对塔县的援助力度，努力为塔县在今年内实现“脱贫摘帽”添砖加瓦。

（原刊于《中国冶金报》2019年7月16日5版　郑燕　曹洪儒）

“鞍钢扶贫”品牌享誉帕米尔高原

“今年初以来，鞍钢集团在产业发展、民生改善、教育医疗、人才帮扶等方面不断加大对塔什库尔干县的帮扶力度……在帕米尔高原上树立起‘鞍钢扶贫’的品牌。塔什库尔干县各族干部群众对鞍钢集团多年来的亲切关怀和无私援助致以衷心的感谢和最崇高的敬意！”7月15日，一封饱含新疆塔县各族干部群众深情的感谢信从帕米尔高原传至鞍钢集团。

新疆塔县是国家扶贫开发工作重点县，是鞍钢集团国家级定点扶贫点。自定点帮扶塔县工作开展以来，鞍钢集团坚持扶贫与扶志、扶智相结合，产业帮扶与民生帮扶、教育帮扶相结合，从人才、资金、技术等方面不断加大对塔县的帮扶力度。2018年初以来，鞍钢集团总计投入资金近1000万元，实施相关项目30余个。

选派优秀干部赴当地挂职，派出技术人员实施电焊、配管等培训，派出医疗队帮助提升医疗服务，帮助铺路建桥、平整土地、建通讯设施，帮助解决供暖问题、农牧产品销售问题……这些全方位的无私援助，塔县各族干部群众看在眼里，记在心上。

2019 年是塔县脱贫摘帽之年，脱贫攻坚任务繁重。塔县县委、县政府在信中表示，他们坚信，在鞍钢集团的对口帮扶下，塔县必将在 2019 年实现高质量脱贫摘帽目标。

（原刊于《中国冶金报》2019 年 7 月 23 日 1 版　记者　刘敬元　通讯员　张　丹　王金侠）

鞍钢电商助力新疆塔县产业扶贫

近日，鞍钢集团与新疆塔县政府正式签约，决定利用鞍钢电商平台对新疆塔县雪菊等农副产品进行网上销售。这为帮助新疆塔县人民早日脱贫致富开辟了新路径。

据了解，新疆塔县是国家扶贫开发工作重点县，也是鞍钢集团国家级定点扶贫点。近年来，鞍钢集团开展了多渠道、全方位的扶贫工作。他们通过调研发现，位于帕米尔高原的塔县，地处高寒山区，海拔 3200 米以上，日照充足，是盛产高寒作物的绝佳地域。该地居民多种植雪菊、玛咖、沙棘等农副产品，但因其地处偏远，交通不便，信息不对称，致使这些货真价实、纯天然、无污染的优质产品“养在深闺人未识”，出现滞销。

为了使扶贫工作更加精准，鞍钢集团开始在农副产品销售上下功夫。在鞍山钢铁的指导下，鞍钢电商平台开展了相关的营销策划，并在鞍钢电商采购商城开辟了扶贫专区，近期将在相关平台上开展预售，10 月份鞍钢职工即可品鉴到来自西域高原的农副产品。

（原刊于《中国冶金报》2019 年 8 月 14 日 7 版　张　丹）

献爱心　送真情　真扶贫

今年 34 岁的吕金秋是鞍钢集团朝阳钢铁设备保障部炼铁区域的一名管理人员。2018 年 8 月份，为响应国家及鞍钢集团精准扶贫号召，吕金秋毅然来到新疆塔什库尔干塔吉克自治县（简称塔县），挂职塔县畜牧局副局长兼颗粒饲料厂副厂长，献爱心，送真情，真扶贫，积极做好对口帮扶各项工作。

吕金秋到新疆后的第一个工作就是参与塔县饲料厂设备调试。为了不影响工作进度，他努力克服高原反应，迅速进入了工作状态。单机调试时，吕金秋每天都要到后半夜才能离开饲料厂。他每天忙于组织健全相关制度，规范设备运行管理，跟踪设备调试、测量温度、观察电流，通过数据分析，发现并整改了设备安装缺陷 23 项。设备联动试车后，他又积极组织对设备进行清扫、紧固、润滑、调整。

工作中，吕金秋克服了语言上的沟通障碍，运用多年来积累的设备管理经验，解决了生产过程中设备出现的诸多问题。他定期组织工人对设备进行检修，用废旧材料对设备进行改造，同时利用空闲时间，对厂内工人进行设备技术培训。就这样，塔县颗粒饲料厂设备运行逐步走上正轨，解决了冬季塔县农牧民购买牛羊饲料困难的问题，为塔县农牧民按期脱贫提供了保障。

饲料厂的工作步入正轨后，吕金秋又加入到了与贫困户结亲的队伍中。他仔细了解了结亲户的致贫原因、思想动态和生活状况，送真情、送温暖、送政策，为贫困户脱贫出谋划策，帮他们解决实际困难，让他们感受到鞍钢人的温暖关怀和无私支援。

“精准脱贫攻坚战已到决战之时，能在新疆脱贫攻坚的主战场塔县参与扶贫工作，既感到任务艰巨，又觉得非常光荣。”吕金秋表示，在接下来的工作中，会继续以习近平总书记“精准扶贫、精准脱贫”基本方略为指引，在鞍钢集团和鞍山钢铁两级公司党委和朝阳钢铁党委的正确领导下，切实做好饲料厂的设备运行管理工作，搞好民族团结一家亲活动，严标准、高质量、扎扎实实地完成此次扶贫任务，为鞍钢履行央企社会责任、塔县打赢精准脱贫攻坚战、提升鞍钢良好社会形象贡献力量。

（原刊于《中国冶金报》2019 年 9 月 10 日 5 版　通讯员　曹洪儒）

鞍山钢铁上半年实施扶贫项目 19 项

2019 年是全面脱贫攻坚的关键之年。这一年，鞍山钢铁积极有效地开展了各项扶贫工作，上半年拨付扶贫资金 520 多万元，实施扶贫项目 19 项。

今年 5 月份，鞍山钢铁已完成塔县土地种植项目，该项目可带动 358 户 1418 名贫困人口脱贫；完成了对贫困户标准棚圈项目的资金拨付，该项目可带动 199 户 749 名贫困人口脱贫；投资 290 多万元，完成塔县寄宿制小学远程教育“蓓蕾工程”和浴池改造工程。

鞍山钢铁在辽宁省建昌县建成了两个光伏扶贫项目，5 月 8 日已拨付 60 万元扶贫资金，食用油加工及服装加工车间两个扶贫项目正在开展前期工作；完成朝阳市上桃村 30 万元扶贫资金拨付，其中 25 万元文冠果种植项目资金和 3 万元路灯安装资金已拨付，文冠果已大面积种植；已拨付岫岩县石灰窑村 2.5 万元结对帮扶资金，暖棚项目正在开展前期选址等工作，2018 年援建的石灰窑村“鞍钢桥”已于今年 6 月 5 日竣工通车。

（原刊于《中国冶金报》2019 年 9 月 24 日 2 版　通讯员　曹洪儒）

鞍山钢铁开展第六个扶贫日系列活动

10月17日是全国第六个扶贫日。鞍山钢铁开展了国家扶贫日系列活动，通过到扶贫点调研、座谈交流、实地考察扶贫项目、慰问贫困户等形式，深入了解贫困地区需求，激发贫困地区内生动力，打赢脱贫攻坚战。

扶贫日活动期间，鞍钢集团、鞍山钢铁领导分赴新疆塔县和辽宁省鞍山市岫岩县石灰窑镇（村）、朝阳市上桃村3个定点扶贫单位开展扶贫工作调研。调研过程中，公司领导与贫困村干部开展扶贫工作座谈，协调解决扶贫工作中存在的困难和问题等；检查扶贫工作进展情况，研究明年帮扶工作；看望挂职、派驻扶贫干部；对尚未脱贫的建档立卡户开展慰问活动。

同时，该公司领导动员广大员工积极参与扶贫，以购代捐，购买塔县和贵州省盘州市的特色农产品，进一步促进贫困地区农产品销售。鞍山钢铁通过电商平台对贫困地区扶贫产品的购买额已达900余万元，助力了扶贫点的产业发展。

（原刊于《中国冶金报》2019年10月29日2版　通讯员　曹洪儒）

鞍钢快递高效完成消费扶贫物资配送任务

51200桶油、42393箱刺梨饮料、7325瓶油辣椒、5296袋火腿小酥、400盒金钱腿……这些物资于近日陆续配送到包括鞍山钢铁厂区、辽宁鞍山灵山地区以及鲅鱼圈等69家单位、125个卸货地点，彰显出鞍钢快递高效、准确、优质的投递服务。

鞍钢集团集中采购新疆塔县、贵州省盘州市等地的10余种特色农副产品，价值近千万元。这是鞍钢集团响应国务院消费扶贫要求，采取“以购代捐”“以买代帮”新模式，帮助贫困地区群众增收脱贫的新举措。产品采购完后，由仅有7人的鞍钢快递负责配送。

从9月10日接手这项工作开始，鞍钢快递仅用1天时间就完成了前期的准备工作。紧接着，满载扶贫物品的车辆来往于鞍钢各区域，整个配送过程无缝衔接。

鞍钢快递负责人孙莉说：“我们会在前一天晚上，把第二天需要配送的货物点数装车，这样第二天就能直接配送了。然后，再利用中午休息空隙装车，充分利用每一分钟，保证鞍钢快递的信誉。”

快递员吴佳涧说：“消费扶贫是鞍钢作为央企的责任，做好‘最后一公里’的配送工作也是我们鞍钢快递的责任。”

（原刊于《中国冶金报》2019年11月6日7版　通讯员　王　颖　曹洪儒）

2个贫困县、13个贫困村成功脱贫

——鞍钢集团精准扶贫有“三变”

走进新疆塔县城乡寄宿制小学，孩子们坐在崭新的录播教室、语音室里远程同步分享优质课程，2307名学生受益，其中贫困户学生有997人。

来到贵州省盘州市淹五寨村，汩汩清泉顺着渠道流进田野，滋润棵棵幼苗，这意味着涉及6个自然村寨、605户家庭的农田灌溉用水问题解决了。

这些只是鞍钢集团扶贫工作成效的一些缩影。

党的十九大把精准脱贫作为决胜全面建成小康社会必须打好的三大攻坚战之一。鞍钢集团创新扶贫思路和办法，在“精准扶贫”和“可持续扶贫”上做文章，持续推动贫困地区村民脱真贫、真脱贫。

截至2019年9月底，鞍钢集团定点帮扶的2个贫困县、13个贫困村成功脱贫。2017年至今，鞍钢集团扶贫任务涉及新疆、贵州、四川、辽宁4省（区）13县（市），鞍钢集团实施130个扶贫项目，派驻20多名扶贫干部，培训基层干部566人、技术人员845人。

变“短期进攻”为“系统作战”周密部署促脱贫

鞍钢集团公司领导一次次前往新疆塔县、贵州省盘州市等地开展调研工作，了解扶贫点的实际情况，精准部署扶贫工作。

脱真贫、真脱贫，精准施策是基本方略。鞍钢集团自上而下树立“脱贫攻坚是最大民生”的理念，成立扶贫工作领导小组，定期召开扶贫工作专题会议，加强扶贫干部培训，把思想和行动统一到做好脱贫攻坚工作上来。

随着扶贫工作的深入开展，鞍钢集团在深入调研的基础上，不断加大帮扶资金投入，及时优化和调整2019年扶贫计划，制定并下发了《鞍钢集团有限公司扶贫工作考核评价办法》，进一步压实责任，聚焦重点区域与重点人群，统筹谋划、分类推进，促进各项工作落地实施。

接地气、可操作的精准施策，成了助力精准脱贫的法宝。为深入开展扶贫、惠民工作，鞍山钢铁、攀钢在完善组织机构、健全责任机制上下功夫。这两家公司通过召开扶贫工作会议，调整扶贫组织机构，及时跟踪检查扶贫进展情况，协调解决问题，将帮扶力量进一步向深度贫困地区倾斜，确保扶贫工作稳步推进。经过几年努力，脱贫攻坚已经成为全体鞍钢人的思想共识和行动自觉。

变“漫灌”为“滴灌”精准扶贫拔穷根

鞍钢电商采购商城页面有一处“扶贫专区”，来自西域高原的雪菊等农产品一应俱全。鞍钢集团充分利用鞍钢电商、鞍钢众元三诚超市和攀钢吉靓轩超市三大平台，促进线上线下融合，推进鞍钢定点帮扶地区农特产品进企业超市、食堂和职工家庭。这是鞍钢探索出的“互联网+消费扶贫”工作新模式，截至2019年9月底，鞍钢电商消费扶贫下单金额达940余万元。

脱贫攻坚贵在精准，重在精准，成败之举在于精准。教育扶贫、民生扶贫、医疗扶贫、党建扶贫……鞍钢集团倾心帮扶，有计划、多层次地深化扶贫帮困工作，有效提高帮扶工作精准度。

——教育扶贫。鞍钢集团把扶志扶智作为扶贫工作重点，强化教育引导，派出专业技能教学团队对贫困地区基层干部、技术人员、贫困群众等1900余人次进行业务能力、就业技能培训；在四川机电学院设立“攀钢圆梦·助学金”，惠及贫困地区688名建档立卡贫困户家庭学生；开展金秋助学活动，帮助定点帮扶贫困地区建档立卡家庭大学生完成学业；常年开展结对帮扶和贫困地区中、小学及幼儿园教育捐赠等活动。

——民生扶贫。鞍钢集团加大对帮扶地区公共服务资源的支援力度，完善道路、桥梁等基础设施建设，支持贫困地区经济社会发展。鞍钢为辽宁省岫岩县石灰窑村建成的“鞍钢桥”，解决了840多名村民出行难的问题。2018年7月，鞍钢援建的新疆塔县钢架桥完工，解决了当地农牧民出行不便的问题，提升了当地居民生活质量。

——医疗扶贫。2017年以来，鞍钢集团投入资金，帮助塔县36个村卫生室、5个社区卫生服务站购置乡村卫生室设备设施，解决了村民看病难、看病远的问题；派出支医队驻塔县人民医院帮扶，除正常出诊外，帮助完善各项制度，开展医疗培训，助力塔县人民医院晋升为二级甲等医院；派出医疗团队，对贫困地区18561人次开展先天性心脏病筛查。

变“输血”为“造血”　奔向持续致富路

石灰窑村是辽宁省鞍山市岫岩县贫困村。鞍钢集团党员干部曹利新进驻石灰窑村开展驻村帮扶工作，任驻村工作队队长、石灰窑村第一书记。针对石灰窑村耕地少、山地无经济作物的实际情况，曹利新带领工作队到户动员村民利用柞树资源，恢复柞蚕养殖产业，并为村民担保试养，打消村民畏难情绪。当年试养农户均获得了万元以上收入。随后，在他的带领下，这个村又先后示范开展了山野菜种植、圆枣子栽培、杂交甜玉米种植、蝶蛸养殖等项目，不仅让建档立卡户有效脱贫，还为贫困村拓宽了增收渠道。

“提升贫困群众自我发展能力，推动当地经济社会可持续发展”，这是鞍钢扶贫工作一直坚持的原则。在扶贫道路上，要实现稳脱贫、不返贫，提高脱贫质量是关键。为此，鞍钢集团坚持“输血”和“造血”相结合，围绕脱贫攻坚目标任务，通过扎实开展产业扶贫、党建扶贫、知识扶贫等方式，对帮扶地区经济社会发展产生了积极而深远的影响。

——产业扶贫提升“造血”功能。结合对口帮扶对象各自的特点，鞍钢集团在开发扶贫项目上下工夫，为新疆塔提库力新搬迁的贫困农牧民平整开垦土地，为饲料厂提供技术帮扶打造种植养殖基地，帮扶彝区高寒地区发展稳定增收产业，产生了可观的环境和社会效益。在辽宁葫芦岛市建昌县，鞍钢投资建设了两个村级光伏扶贫电站，用于发展乡村集体经济项目；在石灰窑镇（村），鞍钢投入扶贫资金，用于贫困户结对帮扶、发展村集体经济项目，增加村集体经济收入，带动贫困人口脱贫致富。

——配强脱贫攻坚“一线战斗员”。“帮钱帮物，不如帮个好支部。”鞍钢集团通过派驻第一书记、援建党员活动阵地等方式，把党建优势转化为扶贫优势，全面铸牢村党组织体系，铸造脱贫攻坚主心骨，走出了一条党建促脱贫的致富路。贵州省盘州市高官村曾是一个国家级贫困山村。鞍钢集团党员干部徐俊挂职任村党支部第一书记，几年来，徐俊进农户、下农田，用脚步丈量了村里的每寸土地，积极寻找项目帮助村民脱贫致富。如今高官村不仅成功摘帽，还变为特色产业突出、人与自然和谐共生的美丽乡村。

——授人以鱼，不如授人以渔。为提升贫困地区村民致富能力，鞍钢集团组织鞍钢教育培训中心教师对塔县305名基层干部开展环保知识培训；组织鞍钢工人技师对69名农牧民开展水暖安装技术培训，使农牧民掌握水暖管道安装和安全操作要领；针对四川喜德县乐武乡产业基础极度薄弱的情况，鞍钢捐赠资金帮助成立喜德县阔山汽车租赁有限公司，攀钢还与该公司签订6年租赁协议，租金收益用于乐武乡脱贫攻坚……随着这些项目逐渐落地实施，鞍钢集团为群众脱贫致富开辟了一条条可持续的新路子。

（原刊于《中国冶金报》2019年11月12日2版 通讯员 孙 玲）

原来的贫困县“活”了 百姓的日子“甜”了

——鞍钢“摘穷帽”“拔穷根”小记

10月31日，天蒙蒙亮，一阵鸡鸣犬吠后，位于辽宁省建昌县的天增隆村上空，悠悠飘起几缕炊烟。王老汉扒拉几口玉米粥，安顿好家人后，扛着锄头出了门。沿着平整的水泥路，王老汉前往村后百里荒山上的光伏电站，因为当天是“定期维护的日子”。

60多岁的王老汉是该村的建档立卡贫困户，“老弱病残”几乎被这个四口之家占全。他过去常想：“这辈子是没啥盼头了。”建昌县境内自然资源贫乏，受当地土壤、气候等条件限制，农作物种植收效十分有限。作为家里唯一的劳动力，靠天吃饭的王老汉无计可施，这让前来扶贫的鞍山钢铁工作人员愁在心间。

为帮助像王老汉这样的贫困户顺利脱贫，2018年，鞍山钢铁经充分调研论证，结合当地实际情况，决定投入170万元，在村里建设220千瓦的光伏发电装置——以阳光为“食”、整齐排列的“蓝板子”，源源不断地输出电能，一点一点地鼓起村民的“钱袋子”。按照规划，该项目年可收益20多万元，让4个村220户贫困户受益。“原来叫这儿是‘荒山’，现在大伙儿恨不得叫‘金山’才好嘞!”王老汉说。

找准“穷根”然后一拔而起，帮助村民“真脱贫、能脱贫、不返贫”，是鞍山钢铁一以贯之的扶贫思路。此时此刻，与天增隆村相隔50多千米的喇嘛洞镇肖杖子村，正进行着不同形式的扶贫攻坚。

当地村干部告诉笔者，肖杖子村的留守妇女居多，28岁的李影就是其中一个。“上有老、下有小，全家只能靠着男人在外打零工的钱过活，日子过得没滋没味的。”该村干部继续介绍，随着精准扶贫工作的深入推进，2018年，鞍山钢铁投资兴建的泳装加工厂，让李影家迎来了转机。

“好大一个厂子，制作步骤一学就会。在家门口打工、拿工资，日子现在过得太美了!”李影兴奋得手舞足蹈。同时，当地村干部也算了一笔账，泳装加工厂开工后，可带动11户建档立卡贫困户、47人稳定就业，年收益达5万元。

同为“空壳村”之一的白道营子村，在鞍山钢铁的支持下，绿色·黑木耳产销基地正如火如荼地运行，带动了10户贫困户精准脱贫。目前，该产销基地每年可产销干木耳7000公斤，销往北京、沈阳、大连等地，木耳质量获得普遍好评。

近年来，鞍山钢铁持续以“输血”与“造血”并济之势，在产业、教育、就业等多方面发力，帮助村民打通了工作壁垒，帮扶地方企业发展，增强实力，实现了既“摘穷帽”又“拔穷根”的美好愿景，让这个原本落后的贫困县“活”了，百姓的日子“甜”了，人人挺直了腰板，大步走上富裕路。

（原刊于《中国冶金报》2019年11月26日2版　通讯员　孙　萌　曹洪儒）

不能忘却的温暖

——鞍钢定点扶贫岫岩满族自治县石灰窑村纪实

近日，鞍钢向辽宁省鞍山市岫岩满族自治县石灰窑镇石灰窑村提供40万元扶贫资金，该笔资金将用于该村筹建集体经济产业园。建成后，该产业园将出租给村民或从事设施农业的大户（建档立卡贫困户优先），预计年可实现集体经济收入4万元。

该村是鞍钢定点扶贫单位，全村有753户2813人，2015年识别的建档立卡贫困户共71户162人，已于2016年底全部脱贫；2018年新识别的建档立卡贫困户共8户33人，计划于今年底全部脱贫。几年来，在鞍钢和地方党委政府的大力支持和帮助下，在鞍钢驻村工作队队长曹利新的带领下，扶贫工作取得显著成效。扶贫工作队在基础设施建设、集体产业项目建设等方面扎实开展帮扶工作，为打赢脱贫攻坚战做出了积极贡献。

帮扶基础设施建设　造福当地百姓

2015 年 8 月，石灰窑村遭受洪水灾害，5 座漫水桥全部被冲毁，出村道路被阻断，村民无法出行，严重影响村民生产生活。鞍钢接到驻村工作队的救援请求后，第一时间派出工程机械设备赴该村抢修，经过 1 周夜以继日的紧张施工，恢复了桥梁通行，解决了村民出行难题。

2016 年 5 月，工作队经过调研后请求鞍钢派出 1 台挖掘机、1 台装载机、2 台自卸车组成施工队进驻该村，对村里交通状况最差的 3.2 公里土路进行了路基改造。同年，该路段经工作队和石灰窑镇党委共同协调，上级政府对其实施了配套铺油硬化，成为该村第一条柏油路。在辽宁省政府支持下，该路出口处建起了石灰窑村第一座跨河大桥。

2017 年 8 月，岫岩满族自治县遭受洪水灾害，鞍钢帮助其实施抢险救灾，派出 40 多辆工程车，工作队同抢险救灾队伍一道连续奋战 20 多天，帮助该县恢复道路、桥梁等基础设施，清理河道淤积，最终圆满完成救灾任务，受到鞍山市政府和岫岩县政府的高度表扬。同时，鞍钢还为该县捐赠救灾款 350 万元。

2018 年 8 月，该县再次爆发洪灾，鞍钢第一时间派出工程车抢险救灾，共修复大小桥梁 63 座，修路 8.9 公里，修筑堤防 800 多米，修复民房 77 户，投入工程车 19 辆、水泥 708 吨，合计 62 万元。

为彻底解决该村在汛期漫水桥被冲毁，导致村民无法出行的问题，鞍钢投资 170 万元，在该村东大门建了一座过河大桥——“鞍钢桥”，彻底解决了该村 278 户居民出行难的问题。该桥已于今年 5 月份竣工通车。在今年汛期，该桥“毫发无损”，经受住了洪水的考验，已然成为当地百姓的“暖心桥”“幸福桥”。

授人以渔　发展产业扶贫

2018 年，在石灰窑镇党委政府的主导下，岫岩满族自治县弘汇租赁有限公司正式成立，主营秸秆回收再利用业务，集体经济收入每年可达5万元。

今年4月，石灰窑村劳务工程公司成立。该村有300多名外出务工人员从事建筑安装工作。近年来，建筑施工行业不景气，外出务工越来越困难。工作队与村两委结合该村劳务资源优势和鞍钢在建筑安装施工领域的劳务需求，在鞍钢建设集团有限公司的大力支持下，成立岫岩满族自治县钢石建筑装修装饰工程有限公司。该公司注册资金达200万元，主营建筑装修装饰、园林绿化、防腐、保温、防水、结构安装、水利施工、土石方等工程及建筑、装修材料的销售。同时，该公司还负责组织培训当地劳动力，并依据实际要求组建瓦工、木工、混凝土工、钢筋工、安装工等作业班组，通过参与鞍钢和本地项目施工来获取村集体收益，实现村民劳务收入增加、村集体经济增长。

2020年，根据国家发展高标准基本农田的要求，鞍钢计划帮助该村建设村集体养鱼池，发展山林经济，让绿水青山产生效益，并请中科院、农科院专家到该村讲解指导中草药种植和果树栽培种植技术，现已开始小规模试种。

扶贫济困　温暖送到百姓心坎

鞍钢有效开展“结对帮扶”活动，扶真贫、真扶贫；因户施策，为40户建档立卡贫困户提供脱贫项目启动资金，用于发展猪、羊、鸡、鸭、蜜蜂的养殖和山野菜、榛子（山板栗）、蘑菇、圆枣子的种植及玉石加工等项目。在每年春节和扶贫日期间，鞍钢各级领导及结对帮扶人员与工作队一起到石灰窑村开展扶贫活动，走访、调研、慰问建档立卡贫困户。截至目前，鞍钢共为建档立卡贫困户发放项目帮扶和困难救助资金37.3万元。

同时，为帮助石灰窑镇各村解决防汛期间人员安置和敬老院生活设备老旧等问题，工作队协调鞍钢为石灰窑镇捐助了电视机58台，床及行李140套；协调鞍钢铁运公司机车厂职工开展爱心捐款活动，共为该镇贫困学生捐款13800元；协调鞍钢冷轧厂、房产物业公司、集团规划部、鞍钢第三期履职能力培训班等单位为石灰窑村小学捐款2万多元，并购买相关教学器材；协调春雷慈善项目，帮扶贫困学生解决午餐费。

新华铁矿是石灰窑镇唯一的支柱企业，该镇财政收入基本来源于该企业税收。然而近年来，受市场影响，该公司难以正常生产经营。为此，鞍钢帮助新华铁矿按市场价格采购铁精粉，这样做不仅保证了新华铁矿的正常生产经营，也保证了石灰窑镇稳定的财政收入，为石灰窑镇在脱贫攻坚及民生工程中奠定坚实的经济基础。经驻村工作队协调，鞍钢与新华铁矿签订了第一笔1万吨铁精粉采购合同，目前已经完成采购。

如今，鞍钢的帮扶工作已成为当地百姓心中不能忘却的温暖。

（原刊于《中国冶金报》2019年12月5日2版　通讯员　曹洪儒）

鞍山钢铁2019年共实施扶贫项目41项投入扶贫资金超过1500万元

1月初，笔者从鞍山钢铁获悉，该公司全面完成了2019年鞍钢集团下达的《中央企业定点扶贫责任书》考核的各项指标，为鞍钢集团指定的新疆塔县，以及辽宁省建昌县、岫岩县石灰窑镇、岫岩县石灰窑村、朝阳市上桃村等5个定点扶贫单位的脱贫攻坚做出了重大贡献。

该公司从企业和扶贫点的实际出发，在民生发展、产业扶贫、乡村集体经济、教育、医疗、消费扶贫等方面，积极探索多渠道、多层次、多形式的帮扶措施，有序推进精准扶贫、精准脱贫。其中，塔县893户3682人建档立卡户脱贫，并于近日通过第三方脱贫验收，实现塔县塔吉克全民族脱贫摘帽，鞍钢集团被新疆喀什地区扶贫攻坚领导小组授予“2019年喀什地区脱贫攻坚奖——协作扶贫先进单位”称号。建昌县也于2019年底实现了脱贫摘帽，4786户建档立卡户贫困人口12109人脱贫；岫岩县石灰窑镇45户建档立卡户150人脱贫；朝阳市上桃村9户建档立卡户贫困人口22人脱贫。

据了解，这一年，鞍山钢铁共实施扶贫项目41项，实际投入扶贫资金1508.06万元，扶贫项目完成率100%。其中，扶贫项目投入资金1499.16万元，比2018年增加了213.5万元，增幅达16.49%。实施产业扶贫项目9个，惠及贫困建档立卡户875户，3034人脱贫、增收帮扶建昌县4个村增建集体经济项目，解决了空壳村（没有集体经济来源）的问题；引进外部企业到塔县注册成立了喀什众诚鑫农牧开发有限公司，参与蛋鸡养殖项目经营；实施教育扶贫项目4个，惠及学生2556名，贫困建档立卡学生1246人；坚持医疗帮扶，改善卫生站医疗环境和乡村医生生活问题，选派了由耳鼻喉科、眼科和护士3名医务人员组成的支医队，并帮助科室完善各项制度；加强贫困地区教育投入，阻断贫困代际遗传。

另外，该公司还依托鞍钢电商，开展线上线下融合的“互联网+消费扶贫”新模式，扩大贫困地区产品的销量，增加集体经济收入，惠及贫困户104074户。建立党建联盟，其中鞍钢股份能源管控中心、鞍山钢铁铁路运输分公司下属两个作业区的党支部分别与塔县库克西鲁克乡吉勒给提村党支部、塔吉克阿巴提镇布勒布勒迭村党支部签订支部共建协议，为两个村支部贫困学生分别发放金秋助学金0.5万元、1.75万元，为两个村委会分别捐赠0.98万元、0.9万元购买党建工作办公用品。

（原刊于《中国冶金报》2020年1月15日1版　通讯员　曹洪儒　代显明）

鞍山钢铁确定2020年精准扶贫计划

日前，鞍山钢铁确定2020年精准扶贫工作计划，将助力扶贫点地方政府全面完成2020年脱贫攻坚任务，为消除绝对贫困做出积极贡献。

2020年，鞍山钢铁将本着脱贫摘帽按照“四不摘”（不摘责任、不摘政策、不摘帮扶、不摘监管）和“六个精准”（扶贫对象、项目安排、资金使用、措施到户、因村派人、脱贫成效）要求，结合扶贫点的实际需求，以“输血”为辅、“造血”为主，坚持两者相结合，重点选择好扶贫项目，增强其脱贫的内生动力，重点做好产业扶贫、消费扶贫、电商扶贫、教育扶贫、医疗扶贫、民生扶贫和人才支持等多种帮扶相结合的精准扶贫工作。

加大产业扶贫力度，提高扶贫点的“造血”能力。鞍山钢铁将重点抓好新疆塔县牦牛肉深加工工厂项目建设，扎扎实实做好项目前期工作，为项目的开工建设打下坚实基础；编制好项目实施进度控制图，做到月初有布置、月底有检查，发现问题及时解决，保证扶贫项目按计划实施。

开展民生扶贫，聚焦百姓福祉。鞍山钢铁将重点围绕民生工程、文化教育、医疗卫生等方面，广开渠道，加大投入，让改革发展成果更多更公平地惠及辽宁省贫困村民；重点抓好新疆塔县医疗设备设施更新购置及辽宁省朝阳市上桃村路灯安装、路基修复、过水路面修复等民生项目的实施。

开展教育扶贫，解决贫困点学校师资力量薄弱、教学质量不高等问题。鞍山钢铁将帮助新疆塔县乡镇小学建设远程教育项目，实现优质教育资源共享，建立城乡一体化、全方位育人的新模式；重点抓好塔县远程教育项目的实施，保证按期投入使用。

做好智志双扶工作，提升脱贫致富能力。鞍山钢铁将紧贴就业创业实际需要，做好基层干部培训、致富带头人培训、贫困户人员劳动技能培训，以及帮助贫困人口实现转移就业等。

壮大龙头产业，助推地方集体经济发展。鞍山钢铁将找准扶贫点及鞍钢优势互补的融合点，重点扶持市场前景好、经济效益显著、辐射带动能力强，对当地经济、社会可持续发展起到举足轻重作用的特色支柱产业，增加地方政府财政收入，惠及贫困人口，防止返贫现象发生。

以电商平台为纽带，推动消费扶贫向更深层次发展。鞍山钢铁将通过电商平台“扶贫专区”进一步加大对新疆塔县农副产品的宣传力度，提升雪菊、黑枸杞、玛卡等高原特色产品的知名度，帮助农牧民扩大产品销售渠道，实现增产增收。

（原刊于《中国冶金报》2020年2月27日1版　通讯员　曹洪儒）

攀钢深入定点扶贫点调研脱贫攻坚工作

近日，鞍钢集团党委常委、副总经理，攀钢集团有限公司党委书记、董事长段向东率攀钢调研组深入四川省凉山州盐源县、喜德县，实地调研对口扶贫工作。

攀钢调研组到盐源县平川镇青天铺村开展扶贫帮扶“回头看”工作，实地查看彝家新寨建设情况，详细了解贫困村民在脱贫后还存在的困难、需求以及未来的打算等。在了解攀钢捐赠的生物质炉在彝家农户的使用情况时，村民表示，攀钢为他们捐赠的生物质炉清洁环保、安全节能，改变了他们以往用烟熏火燎的火塘做饭取暖的简陋生活方式。调研组一行还实地查看了由攀钢规划设计的盐源县巫木河村集中安置点建设情况，详细了解了房屋布局和家具配置情况。

攀钢调研组实地调研了从喜德县乐武乡达洛村、里柯惹村搬出并在县城附近落户的贫困户情况，以及喜德县拟打造的特色文化旅游小镇项目情况。调研组表示，攀钢将按照党中央、国务院关于深入推进深度贫困地区脱贫攻坚决策部署，按照“受扶所需、帮扶所能”的原则，切实履行央企责任，进一步做好扶贫帮困工作，让贫困村民真正感受到党的温暖和央企帮扶所带来的实实在在的好处。

在与盐源、喜德两县领导座谈交流时，段向东表示，攀钢将结合产业优势与地方政府脱贫攻坚实际需求，进一步夯实帮扶基础，创新帮扶措施，拓宽帮扶领域，加大对基础设施、产业发展等方面的帮扶投入，提高帮扶工作精准度，在食品加工、旅游开发、种植养殖、电商物流、教育就业、农超对接等产业领域，开展多渠道、多层次的深度合作，确保可持续性，切实增强贫困地区内生动力和发展后劲，助推两县打赢脱贫攻坚战。

（原刊于《中国冶金报》2018年7月3日1版　通讯员　吴铁军　记者孟祥林）

攀钢开展“国家扶贫日”系列活动

9月21日，鞍钢集团攀钢下属子公司四川鸿舰重型机械制造有限责任公司机关党总支举行“国家扶贫日”系列活动捐赠仪式，为贫困地区献出了爱心；9月22日，攀钢集团西昌钢钒有限公司到四川省西昌市安哈镇摆摆顶村采购当地农副产品，以购代捐帮助贫困村生产增收，拓展贫困户农副产品销售渠道。在第5个“国家扶贫日”来临之际，攀钢结合企业特点和帮扶地区实际需求，开展形式多样、特色鲜明的系列扶贫活动，形成了上下联动、协同推进的工作格局。

据了解，“以购代捐”、凉山汽车租赁项目签约、生物质炉灶捐赠、助学金发放等系列活动，是攀钢开展“国家扶贫日”系列活动的主要举措。

攀钢扶贫办相关负责人告诉《中国冶金报》记者，从9月13日起，攀钢及各子分公司（单位）的扶贫系列活动纷纷展开，旨在进一步贯彻党中央、国务院精准扶贫、精准脱贫基本方略，弘扬扶贫济困传统美德，凝聚起攀钢脱贫攻坚强大力量，为助力定点帮扶地区打赢脱贫攻坚战创造良好的社会氛围。

走访慰问送温暖，是攀钢在“国家扶贫日”活动期间的一项重要活动。攀钢相关负责人表示，将利用募集的捐赠资金，对定点帮扶村的建档立卡贫困户进行走访慰问；为贵州省盘州市瞿家庄村和淹五寨村考上大学的困难家庭子女发放助学金；在盘州市刘官街道开展先天性心脏病筛查、免费义诊和送扶贫题材文化产品、服务下乡活动；发动攀钢青年志愿者，与盘州市瞿家庄村及淹五寨村贫困户家庭学生及留守儿童结对帮扶，开展教育培训、心理疏导、捐资助学等活动。

扶贫重在“扶志”。为此，攀钢组织四川机电职业技术学院专家宣讲团对扶贫点开展巡讲活动，重点讲解国家给予的有关贫困户子女教育、医疗健康、金融贷款、社会保险、技能补贴及自主创业等方面的支持政策，并结合典型脱贫案例引导贫困户树立致富目标，帮助贫困户“先富脑袋、再富口袋，从要我脱贫向我要脱贫转变”。

（原刊于《中国冶金报》2018 年 10 月 12 日 7 版　通讯员　胡　毅　记者　孟祥林）

为了民族同胞的脱贫致富

——攀钢对盐边县 32 年扶贫记

10 月 15 日，鞍钢集团攀钢扶贫工作组向定点帮扶的四川省攀枝花市盐边县格萨拉乡茅坪子村、上村村、大坪子村 119 户建档立卡贫困户送去 5.95 万元慰问金、价值 13 万元的节能环保生物质炉；前往上村村实地考察即将开工的道路硬化项目，协调解决项目推进中的困难和问题。

面对满怀感激的村民，盐边县副县长朱林光感慨万千。这位从事扶贫相关工作 20 多年的彝族汉子告诉《中国冶金报》记者，自 20 世纪 80 年代以来，攀钢向盐边县投入了上亿元资金，经历了送钱送物、基础设施建设、产业扶持三大扶贫阶段，探索形成了“输血”与“造血”相结合的帮扶特色，为该贫困地区群众的脱贫致富做出重要贡献。

真情付出，“攀钢娃”铭记攀钢恩

1986 年，攀枝花市先后将所属 14 个乡的扶贫帮乡任务交给攀钢，其中盐边县占了 7 个。盐边县是攀枝花市脱贫攻坚的主战场，省定贫困村占攀枝花市贫困村总数的 50%。30 个少数民族中，彝族人口占少数民族人口的 76.9%。

“脚下沾有多少泥土，心中就沉淀多少真情。”当时，为掌握第一手扶贫资料，攀钢扶贫工作人员克服语言不通、山高路险、交通不便等诸多困难，翻山越岭，走村串户，详细调查贫困户的家庭状况。从那时起，攀钢坚持开展扶贫工作，为村民送去生产、生活必需品，为当地村民修路架桥、建设水电站，让格萨拉彝族乡村民在盐边县北部多个少数民族乡镇中率先用上了电灯，告别了点松明子的历史。

1987 年 1 月 14 日，让原洼落、岩口彝族乡（现格萨拉彝族乡）不少彝族同胞至今难以忘怀——这一天，攀钢将职工捐赠的 34065 件衣服、110722 双鞋、181 顶帽子和公司购买的棉被、锄头、课桌凳、医疗器材、药品等物资装上 27 辆大卡车，赶在春节前送到了他们手中。

这一天，格萨拉有一个女孩诞生了，并穿上了父亲从乡上带回的衣服。得知送衣服的人是攀钢职工，家族里的长辈说：“就给孩子取名叫攀钢吧!”于是，这个孩子就成为山上第一个取名叫“攀钢”的女孩。当然，她还有个学名——胡荣。

后来，为铭记攀钢人的恩情，众多村民纷纷给新生的孩子取名“攀钢”。其中，女孩叫“攀钢嫫”，男孩叫“攀钢惹”。

看到越来越好的格萨拉，如今已是盐边县渔门镇小学教师的胡荣说，她总是教育班上的孩子们多学本领，建设美好家园。

“众多孩子取名‘攀钢’，表达了民族同胞对攀钢朴素的感激之情，是期盼能像攀钢职工一样成为对社会有用之人。”10 月 13 日，盐边县扶贫局副局长朱小兵告诉《中国冶金报》记者。

建致富路，7000 余名村民受益

为落实开展对口支援边远民族地区经济社会发展工作，2012 年，攀钢对口支援格萨拉彝族乡。基于格萨拉村民改变交通面貌的强烈愿望，攀钢精准发力，补齐脱贫短板，在做好常规扶贫的同时，从 2013 年到 2015 年，投入帮扶资金 1000 万元，盐边县配套 600 万元，与当地政府共同建设了长 23.8 千米的盐宁路路面硬化工程。而此时的攀钢，正处于 6 年连续亏损的困难时期。

企业再困难，扶贫工作也不能放松。经过多方努力，盐宁路项目于2013年11月动工，并于2015年11月竣工投入使用。硬化后的盐宁路，成为盐边县到云南省丽江市宁蒗县的主要通道，惠及了大湾村、坪原村、羊槽子村、洼落村、野麻地村等5个贫困村的7000余名村民。这条路不仅改善了村民出行条件，极大地方便了生产生活物资及农产品运输，还促进了第三产业发展，为村民脱贫致富打下坚实基础。

“这条路，对我们来说意义非常不一般!”面对3年带来的巨大变化，同样受益于攀钢的帮扶成长起来的格萨拉乡彝族副乡长沙万全，心情十分激动。

大湾村党支部副书记沙建海对此也是如数家珍。他告诉《中国冶金报》记者，这以前是条土路，好多地方连摩托车也没法过，到宁蒗县城要走两天的时间，一年最多只能在火把节、彝族年去一下；如今3个多小时就能到达，走亲访友、跑运输都很方便。原来全村只有2辆摩托车，现在货车、面包车多达30多辆。过去，农作物、经济作物不敢多种，卖不出去就会坏掉；今年，有的种植户收入高达70万元。

“现在，村里吸毒、偷盗等恶习已杜绝，今年村民的收入还会在去年基础上接近翻番，盐宁路成为了我们的致富路!”沙建海说道。

精准施策，3个定点帮扶村今年将全部脱困

自2016年起，攀钢就承担起了格萨拉彝族乡茅坪子村、上村村和大坪子村定点帮扶的光荣使命。“3个村自然条件虽然较差，但我们在精准扶贫工作中要走在前面、做出表率，做出攀钢特色!”面对扶贫攻坚的高难度，攀钢庄严承诺。

2016~2017年，攀钢投入帮扶资金113万元，实施了村公共服务站等民生扶贫项目。当了解到大坪子村还有部分村民长期饮水难问题时，2016年，攀钢投入32.2万元，在大坪子村河边组援建了饮水工程项目，解决了大坪子村19户村民（其中，建档立卡贫困户11户）长期饮水难的问题。大坪子村河边社社长李杰告诉《中国冶金报》记者，饮水问题解决后，村民一方面可以加大高山土猪的养殖量，一头猪就能够赚2000元；另一方面，改变了过去

只能种一季玉米的传统，多种一季作物经济效益可观。

为了让定点帮扶村早日走上致富路，攀钢针对每户特点精准施策，实行“一对一、多对一”结对帮扶，持续实施产业扶持、“农超对接”等举措，定点帮扶的“组合拳”不断推出。在捐赠卫生包、捐赠生物质炉、开展医疗扶贫、推进教育帮扶的同时，“以购代捐”成为攀钢今年在精准扶贫领域探索出的又一新路子。攀钢依托旗下吉靓轩超市、职工食堂的渠道优势和攀钢职工家庭的消费潜力，建立了稳定的农特产品供应、销售渠道，让定点帮扶点的特色农产品进入攀钢超市和食堂，以此带领贫困乡村群众脱贫致富。仅在今年，攀钢采购盐边县土豆就达到96吨，实现了职工与村民的双赢。

在攀钢的帮扶下，大坪子村已在去年整体脱贫摘帽；茅坪子村、上村村也将在今年实现脱贫。下一步，攀钢将按照“脱贫不脱钩”的原则，继续加大资金帮扶力度，力争将帮扶村建成“生产发展、生活宽裕、村风文明、村容整洁、管理有序”的新农村。

（原刊于《中国冶金报》2018年11月1日2版　通讯员　汪云富　记者孟祥林）

咬定脱贫目标　吹响攻坚号角

——攀钢2018年推进精准扶贫、精准脱贫工作纪实

上万名在岗党员爱心捐款突破24万元、“以购代捐”帮对口扶贫点村民卖“山货”、为彝族村民送医疗服务……2018年，鞍钢集团攀钢扶贫系列活动点面结合，如火如荼，彰显了央企的责任与担当。

2018年，攀钢新增了四川省木里县、喜德县2个深度贫困帮扶县，定点帮扶县数量增至6个；新增了贵州省盘州市瞿家庄和淹五寨村，四川省盐源县格郎河村、喜德县达洛村和里柯惹村5个定点帮扶村，定点帮扶村数量达10个。

“扶贫攻坚责任重大，但使命光荣。”攀钢扶贫办相关负责人介绍，2018年，攀钢深入贯彻执行党中央、国务院的决策部署，紧盯脱贫攻坚目标任务，精准施策，久久为功。2018年，攀钢投入扶贫资金1000余万元，实施帮扶项目32个，目前各项目正有序推进，扶贫成效逐步显现。

俯下身子真扶贫

“扶贫不是仅仅出点钱就行了，而是要带着对党的无限忠诚、对贫困群众的深厚感情，把习近平精准扶贫思想转化为打赢打好脱贫攻坚战的实际行动。”2018年6月3日，攀钢党委中心组学习（扩大）会上，攀钢领导班子对精准扶贫的重大意义进行了再深化，对重点扶贫工作进行再部署、再安排。

近年来，攀钢以高度的政治责任感尽职履责，勇于担当，扶贫攻坚工作成效明显。2013年至今，攀钢累计投入4000余万元，先后在四川省旺苍县、盐源县、盐边县，贵州省盘州市等扶贫点开展精准扶贫工作，取得较好成效。

2018年，攀钢进一步加大扶贫力度，成立由主要领导挂帅的扶贫工作领导小组，突出抓好扶贫管理体系和制度建设，制订了2019~2020年扶贫规划，推动形成了“扶贫办+专业部门（单位）”扶贫新模式；整合攀钢下属教育、医疗等平台，开展送教、义诊等帮扶活动；建立攀钢领导班子成员深入扶贫点扶贫调研工作机制和扶贫工作月度例会制度，形成了驻村帮扶的大扶贫工作格局。

2018年，攀钢班子成员奔赴贵州省盘州市，四川省盐源县、喜德县等地调研，看实情、听民意，拓展“农超对接”“以购代捐”等扶贫新路子，将帮扶力量进一步向四川省彝区、藏区等深度贫困地区倾斜；逐一走访郭明义爱心团队帮扶的81户贫困户，建立了贫困户收入来源、帮扶意愿等基础台账。

派“最能打仗的人”强力推进驻村帮扶

2018年10月15日8时，攀钢扶贫干部、贵州省盘州市瞿家庄村第一书记何凯来到箐脚片区卢小牛等村民家里，检查村民房前屋后和附近公共区域卫生。自从派驻瞿家庄村以来，何凯按攀钢要求，把扶贫攻坚任务抓在手、扛在肩，与村民话家常、办家事、成家人，为村民带去了关怀和温暖。

瞿家庄村区域大、地形复杂，进出村仅有一条道路，当时仍有 3 个组未通公路。行走在各村寨的山路上，何凯时常会遇见突如其来的暴雨、塌方，还会遇见蛇，蚊虫叮咬更是家常便饭……

这样的场景，是攀钢在贵州省盘州市淹五寨村和瞿家庄村，四川省凉山州盐源县格郎河村、喜德县达洛村和里柯惹村、木里县下麦地乡棉布村、甘孜州稻城县省母村的驻村干部最真实的写照。

2018 年，攀钢新派驻 8 名“最能打仗的人”到贵州省盘州市、四川省凉山州等地对口扶贫点担任第一书记或驻村干部。实施特色农业产业提升工程，在瞿家庄村发展云茸种植产业、蔬菜大棚种植，并配套实施特色农业灌溉用水工程等；在淹五寨村和瞿家庄村修建多功能活动广场……这些驻村干部因地制宜，开展了一系列帮扶项目，取得了良好的成效。

“攀钢定点帮扶的高官村，人均年收入比 3 年前增长了一倍多，成为盘州市‘党建引领促脱贫’示范基地。”攀钢扶贫办相关负责人表示，高官村的典型做法，为攀钢后续开展驻村扶贫工作积累了经验。当前，党建共建、学前教育帮扶、职业教育帮扶、金秋助学活动、“农民夜校”等扶贫活动，正在攀钢各个对口扶贫点紧锣密鼓地展开。

“以购代捐”帮助村民卖“山货”

对于贵州省盘州市村民田桂花一家来说，2018 年的中秋节、国庆节，让他们尝到了丰收的喜悦。自攀钢开展“以购代捐”活动以来，她家的红米、辣椒酱等农产品不愁卖了。

依托旗下的吉靓轩超市、职工食堂渠道优势和职工的消费潜力，攀钢建立了稳定的农特产品供应、销售渠道，让定点帮扶点的特色农产品进入攀钢超市和食堂，带动了贫困乡村脱贫致富。

据不完全统计，2018 年，攀钢采购攀枝花盐边县土豆 96 吨。中秋节、国庆节期间，攀钢各子分公司（单位）定向采购发放盘州市的刺力王饮品 2.5 万件、红米 2.45 万袋、辣椒酱 2660 瓶、蜂蜜 1100 瓶；凉山州盐源县苹果 2.62 万件、花椒油 2540 瓶、新鲜核桃 1.179 万件、土豆 2.358 万件，总金额达 620 余万元。村民们对于攀钢的帮扶非常感激，表示一定用最好的产品报答攀钢。

让村民感激的，还有产业扶贫。2018 年，攀钢为喜德县达洛村、里柯惹村 81 户建档立卡贫困户购买了 59 头牛、22 头猪、150 只羊等种苗，预计可带来 70 余万元的养殖收益，有效促进了彝族村民勤劳致富和商品经济意识的形成。

为稻城县培训人才，在喜德县开展汽车租赁产业扶贫项目，“扶志”巡讲到村寨……当前，攀钢精准扶贫工作还在火热进行中。

“精准扶贫在路上，携手村民走上致富路，是攀钢当前的重点工作。”攀钢扶贫办相关负责人表示，下一阶段，攀钢将进一步加大扶贫资金、人力、物力等方面的投入，着力实施具体帮扶项目，确保扶贫规划落地、取得成效，全力助推定点帮扶对象实现脱贫。

（原刊于《中国冶金报》2019 年 1 月 3 日 2 版　通讯员　胡　毅　记者　孟祥林）

攀钢扶贫攻坚“组合拳”打造帮扶样板

1 月 21 日，鞍钢集团攀钢对 2019 年扶贫工作进行专题部署，将瞄准脱贫攻坚目标，聚力打好产业扶贫、民生扶贫、消费扶贫、教育扶贫、党建扶贫等扶贫攻坚“组合拳”，着力打造攀钢扶贫样板。

攀钢提出，2019 年将进一步提高认识，坚持以习近平新时代中国特色社会主义思想为指导，贯彻落实国务院国资委《关于中央企业全力支持打赢脱贫攻坚战三年行动的指导意见》，切实增强责任感和紧迫感，制订、细化扶贫工作，提前谋划扶贫项目，精准施策；进一步完善扶贫工作机制，拓展、创新扶贫工作的方式方法；加大扶贫宣传力度，做到廉洁、高效、规范扶贫。

攀钢将继续发挥技术、人才、管理、市场等多方面优势，结合帮扶地区资源禀赋，因地制宜开展产业扶贫；大力推进帮扶地区水、路等基础设施建设，补齐民生基建短板；继续通过教育医疗扶贫、工业扶贫、“以购代捐”帮扶等多种举措，全力助推定点帮扶点如期实现脱贫摘帽。

2018 年，攀钢共实施帮扶项目 62 项，选派挂职扶贫干部 10 名，承担的 8 个贫困县、12 个贫困村的各类扶贫资金投入同比均有较大幅度增长，扶贫成效明显。

（原刊于《中国冶金报》2019 年 1 月 31 日 2 版　记者　孟祥林）

把真情挥洒在村民心头

——鞍钢集团攀钢派驻（挂职）扶贫干部群像

2018 年，“全国又有 125 个贫困县通过验收脱贫，1000 万农村贫困人口摆脱贫困”。国家主席习近平在 2019 年新年贺词中，“点赞”280 多万名驻村干部、第一书记，称他们“工作很投入、很给力”。这其中，也有鞍钢集团攀钢派驻（挂职）扶贫干部的身影。

目前，攀钢 8 名驻村（挂职）扶贫干部正夜以继日地工作在攀钢对口扶贫的贵州省盘州市，四川省凉山州盐源县、喜德县、木里县和甘孜州稻城县等地，战斗在脱贫攻坚第一线，向贫困发起强势攻坚。

他们用点滴真情彰显平凡中的伟大，用产业引导农村经济发展，用科学管理建强战斗堡垒，演绎出一幕幕感人“大片”，汇集成了攀钢扶贫工作“大电影”。

一年下来，多是横戈马上行

早春二月，乍暖还寒。2 月 20 日晚，攀钢驻村干部、贵州省盘州市瞿家庄村第一书记何凯参加完刘官街道办事处脱贫攻坚会议，已是23时，到药店买了一盒藿香正气液，就急匆匆往村里赶。

像这样的早出晚归，对何凯而言已是常态。无数个周末，村委会办公室只留下独自加班的何凯。长时间的忙碌，使他身体偶尔会有小恙。

驻村以前，何凯从未在农村生活过。驻村第一天，十几个村民给他敬酒，欢迎这位远道而来的第一书记，何凯把村民的“热情”一饮而尽。即使不胜酒力，也要尊重当地风俗，这是攀钢所有派驻（挂职）扶贫干部的共识。

到驻村4个月时，何凯已走访农户493户，学会了用当地方言与村民聊天。

“2018年到盘州市淹五寨村驻村扶贫时，女儿只有1岁多，今年春节回家，女儿当我是陌生人。”在盘州市挂职的淹五寨村第一书记张勇说。

但在淹五寨村村民眼中，张勇虽不是亲人，却胜似亲人。从小在农村长大的张勇，知道农村生活的不易。他与村民真诚交流，引导他们有病看医生，而不是迷信偏方。

“远方的诗和田野”并不只有浪漫，在农村工作不比在企业轻松，这是攀钢派驻（挂职）扶贫干部对扶贫工作的共同感受。但为了实现党中央、国务院提出的“到2020年确保现行标准下农村贫困人口实现脱贫、贫困县全部摘帽、解决区域性整体贫困”的目标，再苦再累，他们都无怨无悔。

扑下身子，只待山花烂漫时

与贫困群众“打成一片”，成为群众身边最可信赖的人，是攀钢派驻（挂职）扶贫干部的首要任务。

他们不是农业专家，也没有丰富的农村工作经验，他们只是向着目标默默地奔跑，把对党的忠诚、对企业的责任、对村民的感情，融进每一项工作中，直到村容村貌逐步改善、基层党建逐步完善、贫困户脱贫退出、村民露出幸福的笑脸。

四川机电职业技术学院培训部培训主管牛思川，在甘孜州稻城县挂职省母乡副书记、省母村驻村工作队队员。他立足扶志与扶智，撰写了

《关于稻城县省母乡发展旅游产业项目长期富民的调查报告》，得到了稻城县主要领导的肯定："如果每位稻城人都像攀钢干部这样务实，稻城县至少进步30年。"

通过研读国家、当地相关政策，牛思川组织申报了省母乡2个古村落保护项目，为省母乡申请到了60万元的资金支持。省母乡积压的菜籽油，也在他的奔走中卖出了上百桶。

韩文朝是攀钢派驻四川省盐源县黄草镇格郎河村驻村工作队队员。在驻村很长一段时间里，因为工作太忙，他每天只吃一顿饭。但正是在他的影响下，格郎河村村民已经养成了早上煮酥油茶喝的习惯。

在贵州省盘州市淹五寨村，69岁的孙国才老人无儿无女，长期在外务工，2018年回村后，原来的房屋已无法居住。张勇经多方协调，为孙国才老人争取到了老旧瓦房整治资金、慰问金和攀钢帮扶资金，让孙老住进了宽敞明亮的新房。

"共产党好，攀钢派来的干部好。"这是孙老经常挂在嘴边的话。

沉到一线，春来江水绿如蓝

致富先治心。攀钢派驻四川省喜德县乐武乡达洛村第一书记王杰和里柯惹村驻村联络员杜传推动"四好（住上好房子、过上好日子、养成好习惯、形成好风气）创建"行动在乐武乡达洛村、里柯惹村精准落地，评选出了致富带头人、助人为乐模范、清洁卫生榜样，形成了"先富脑袋、再富口袋"的风气。同时，他们多方协调、有序推进汽车租赁产业发展，逐一落实为贫困户捐赠猪、牛、羊种苗等帮扶措施。

韩文朝在攀钢的支持下，多方协调，积极推动盐源县黄草镇格郎河村乡村公路建设，连通了村民致富路。

依托四川机电职业技术学院教育资源，四川省凉山州木里县下麦地棉布村工作队队员王国忠在村里办起了焊工培训班，让村里的年轻人多了一项谋生技能。

在稻城县省母乡，不信邪的牛思川在藏区培育出了1000株玫瑰花，让祖祖辈辈生活在这里的村民相信，这片土地不只能种青稞，还能开出鲜花。

在盘州市瞿家庄村，由攀钢投资修复的老鹰大塘子山塘工程进入收尾阶段，并启动实施了3个蔬菜和食用菌种植项目，小康寨项目也投入使用，路灯、防护网、健身器材全部配备到位，成了村民休闲的好去处。

在盘州市淹五寨村，村民最关心的灌溉沟渠改造项目正有序推进，养殖项目也将随之启动，带动村民养鱼、养虾、养蟹，踏上致富路。

“把攀钢投资的每一分钱，用到扶贫一线最需要的地方，让老百姓拥有最美好的明天。”攀钢派驻（挂职）扶贫干部用实干诠释出他们共同的心声。

用脚步丈量民意，用心灵倾听民声，把真情洒在田间地头和村民心头，攀钢派驻（挂职）扶贫干部与当地群众同甘苦、一起干，脚步从未停息，他们的精彩故事仍在继续。

（原刊于《中国冶金报》2019年3月28日2版　记者　孟祥林　通讯员　胡　毅）

引来清泉水　结出致富果

——攀钢西昌钢钒对口扶贫哈土村见闻

“共产党来了，精准扶贫瓦吉瓦（彝语，意为‘好得很’），我们致富有奔头了，卡莎莎（彝语，意为‘谢谢’）！”5月6日，鞍钢集团攀钢集团西昌钢钒有限公司（以下简称攀钢西昌钢钒）有关负责人刚刚才走进四川省西昌市黄联关镇哈土村村口，村民麦吉哈特就迎了上来，拉着他的手，邀请他去看攀钢西昌钢钒为他们村产业扶贫援建的大水池。

目前正在修建的3个200立方米蓄水池，有2个已经封顶，还有1个正在浇筑池顶。蓄水池计划在今年干旱季节用于灌溉哈土村2000亩石榴种植基地，确保石榴保产增收。

哈土村是黄联关镇6个行政村中唯一的彝族聚居行政村，沿四川省普格县螺髻山西南麓分布在北起西昌市西溪乡上乡村，南至西昌市黄水乡书夫村约30平方千米的范围内，属西昌市47个贫困村之一。该村辖区面积为34平方千米，下辖7个村民小组，782户3518人，其中有95户建档立卡贫困户，共471人。

“我是土生土长的哈土村人，我们这里一直都过着靠天吃饭的日子。虽然我们村在2016年已经脱贫摘帽，但是由于全村都是坡地丘陵，农作物主要以玉米、土豆为主，经济收入较低。年轻人都外出打工去了，村里的产业发展十分困难。”麦吉哈特说道。

为巩固扶贫成果，黄联关镇政府决定在该村发展软籽石榴产业。2018年9月，西昌市政府正式将哈土村列入攀钢西昌钢钒定点扶贫单位之一。攀钢西昌钢钒为配合哈土村搞好软籽石榴产业，捐赠了16.96万元产业扶贫资金，与西昌市蔬菜局配套修建了3个200立方米蓄水池，引入螺髻山后山水源，对石榴基地进行灌溉。

“我们村目前已经种植了2000亩软籽石榴，明年底将达到4000亩。”麦吉哈特拉着该负责人的手走到路边一排小石榴树旁说道，“看，这是我们去年才嫁接的软籽石榴，今年就挂果了。要是全部得到了很好的灌溉，后年我们石榴基地每亩收成就可以达到5000~6000斤。”

麦吉哈特一边向该负责人描述着石榴丰收的美好愿景，一边指着山坡下一排排正在成长的石榴苗，然后又算起了细账：“你看，我们现在种苞谷、土豆，一亩地最多收入1200元，除去种子钱、薄膜钱、肥料钱，剩不了多少了，可是种软籽石榴，按照现有价格算，一亩地至少有2万元的收入。我家有5亩地，一年就有10万元的收入。再过两年，我们就能像习近平总书记说的那样，脱贫奔小康了！”

为保证扶贫资金能够用到实处、落到实处，攀钢西昌钢钒每月都要到哈土村进行实地调研，切实解决该村的实际困难和实际问题。同时，结合哈土村生产经营的实际情况，攀钢西昌钢钒每年利用一定资金，实施一批帮扶项目，纳入对外捐赠范畴进行管理。

“要不是共产党，我们哪儿有能力把5公里外螺髻山的水引到我们这儿来，更别说致富、奔小康了，想都不敢想。”另一位村民向该负责人说道。

“要是灌溉跟上了，明年种植4000亩石榴园的目标就能实现了，然后通过一步步推进，采取科学化、规范化管理，最终实现黄联关镇种植万亩石榴园的目标。”黄联关镇党委书记沙德荣畅想着未来哈土村的发展前景。

“所以说，我现在把这3个蓄水池的施工质量盯紧，共产党帮助我们，攀钢扶持我们，我们自己也要争气才行。”麦吉哈特总有说不完的话、畅想不完的未来。

在调研过程中，攀钢西昌钢钒有关负责人还询问了哈土村孩子们的入学情况、石榴种植技术培训情况及石榴将来的销售情况。

“通过你们攀钢入驻我们西昌，我们也感受到了学习文化的重要性，现在村里孩子们的入学率达100%，光村里上小学的孩子就有500多人，小学读完就到镇里的中学读书。石榴种植技术每月10日定期培训。现在镇政府正在搞合作社，将来石榴丰收后统一销售。”哈土村支书鲁拉则说道。

当天中午时分，当攀钢西昌钢钒有关负责人准备离开哈土村时，麦吉哈特恋恋不舍，又拉着该负责人的手说：“我们不会忘记攀钢的。石榴熟了，您一定要先到我们家来尝石榴！”

（原刊于《中国冶金报》2019年6月13日2版　通讯员　廖云环　记者　孟祥林）

攀钢扶贫获四川省委、省政府点赞

日前，四川省委、省政府通报2018年脱贫攻坚成效考核情况，鞍钢集团攀钢及旗下四川机电职业技术学院在四川省直部门（单位）定点扶贫工作综合评价为“好”。攀钢派驻四川省稻城县省母乡省母村驻村干部牛思川、派驻四川省盐源县黄草镇格郎河村驻村干部韩文朝被评为四川省优秀驻村工作队队员。

攀钢扶贫办相关负责人介绍，2018年，攀钢在四川省内承担了凉山州盐源县、喜德县、木里县和甘孜州稻城县等地帮扶工作，选派5名驻村（挂职）扶贫干部开展驻村帮扶，投入帮扶资金达700余万元。

一年来，攀钢领导班子成员及扶贫部门、主要单位先后到凉山州各帮扶点开展调研对接达20余次；实施“扶贫办+专业部门+分子公司”扶贫新模式，下属单位攀钢钒、西昌钢钒、机电学院积极投入到脱贫攻坚战役中，助力格郎河村、喜德县乐武乡达洛村和里柯惹村在2018年12月底成功通过凉山州脱贫验收。

攀钢从彝区群众身边最急需、最紧迫的“食住行”做起，依托下属四川鸿舰量身定制的新型生物质炉，改变了贫困群众烟熏火燎的“火塘”生活方式。2018年，攀钢先后向凉山地区的234户建档立卡贫困户发放了生物质炉。

攀钢深入实施民生基建帮扶，依托攀西地区资质最高、实力最强的工程公司设计院，承担了共计2124户（套）9420名彝族同胞的安置房规划设计工作，成为附近县学习的样板。2018年，攀钢投入276万元，在3个月内完成了格郎河村涵洞建设、路面硬化、边沟治理等工程，解决了长期以来村民出行难的问题。

2018年，攀钢共采购凉山州地区总金额达1000余万元的扶贫产品；无偿向达洛村和里柯惹村捐赠200万元，为乐武乡配套200万元发展汽车租赁产业；采购盐源铁矿石68万吨，折款40000万元。此外，攀钢还派出专业技能大师教学团队，在盐源县、喜德县开展电工、焊工技能培训，122名适龄青年获得了电焊工技术证书；投入100万元在机电学院设立“攀钢圆梦·助学金”；义诊巡诊惠及贫困群众4000余人，发现疑似先心病3例、90%的儿童有龋齿率，攀钢集团总医院给予进一步诊治。

2018年，攀钢钒炼铁厂新3号高炉党支部与格郎河村党支部结对共建，该厂还投入13万元帮助该村党支部打造了标准化、规范化的党建活动阵地；攀钢上万名党员捐款，对凉山州被帮扶地区311户建档立卡贫困户送去了温暖等。

“当前，攀钢正按照2019年至2020年扶贫规划，深入推进定点帮扶点脱贫攻坚工作，坚决完成党中央交给攀钢的脱贫攻坚任务。”攀钢扶贫办相关负责人说。

（原刊于《中国冶金报》2019年7月23日1版　记者　孟祥林　通讯员　胡　毅　王文锋）

让农业强起来、农民富起来、村庄靓起来

——记攀钢驻村干部、贵州省脱贫攻坚优秀村第一书记何凯

不久前的一天，鞍钢集团攀钢派驻干部——贵州省六盘水市盘州市刘官街道瞿家庄村第一书记何凯，到刘官街道买了几把面条和油盐酱醋。据村民反映，吃面条，是何凯的生活常态。

自2018年7月进驻瞿家庄村以来，何凯放弃了所有双休日和节假日，全天候投入脱贫攻坚战，与困难、压力、环境作战。今年7月份，盘州市如期脱贫摘帽，何凯也获评贵州省脱贫攻坚优秀村第一书记和六盘水市优秀党务工作者。

荣誉的背后，有鞍钢、攀钢两级领导的关怀，也有鞍钢战略规划部、攀钢扶贫办等单位和部门的支持和帮助，还有何凯作为共产党员的初心和使命。

深入群众

——5个月时间走村入户1000余次，制订村规民约，打造美丽瞿家庄村

何凯的人生，在2018年发生转折，由组织选派任盘州市刘官街道瞿家庄村第一书记，开始2年的驻村工作。瞿家庄村地处乌蒙山区，生活条件艰苦，属一类贫困村，全村共计791户、2722人，建档立卡户160户、550人，未脱贫户29户、58人。

带着组织的重托，何凯于2018年7月份来到瞿家庄村。他至今记得，到村里的第一天，村民以大碗喝酒的淳朴方式迎接他，他硬着头皮把乡亲们的“热情”一饮而尽。随后，他跟着村干部步行2个多小时，到村里最远的3个

组了解雨季塌方堵路的相关情况。“能喝酒，喝完酒马上就干活儿，攀钢派来的干部过得硬。”这是何凯留给当地群众的第一印象。

“过得硬”的背后，是咬牙坚持的毅力。入乡随俗是驻村干部必过的一道难关。接下来，何凯用了 5 个月时间，走访了村里所有农户共计 1000 余次，村民也喜欢上这个每天风里来雨里去的攀钢干部。在村里，小到核桃被偷，大到土地纠纷，村民都找何凯协调解决。虽然这些“陈芝麻、烂谷子”的小事在他的协调下得到了解决，但也让他身心疲惫、嗓子嘶哑。

“脱离贫困，民风淳朴，环境优美。”这是何凯心中理想的瞿家庄村。他制订的《村规民约三字经》，张贴在村活动室最显眼的地方。瞿家庄，好地方；民风美，稻花香……朴实的语言，给村民留下了深刻的印象，也促进了邻里关系。更让村民称道的是，每到周末，何凯组织村干部、网格员、村民打扫卫生，为村民营造了干净的生活环境。

牢记使命

——把党的温暖送到每家每户，瞿家庄村群众认可度达95%以上

每个星期，何凯都要到村民卢平中家拉拉家常，有时自己花钱买慰问品送上门。

卢平中是典型的老弱病残之家，至今未脱贫。而这样的未脱贫户，何凯帮扶了 3 家。自攀钢帮扶瞿家庄村以来，卢平中、孤儿户卢征艳、精神疾病单独户卢小牛、老年户袁瑞笔、二女户袁小刚，得到了攀钢各级领导的重点关注。在何凯多方协调下，他们应享尽享低保、养老金、医疗教育等政策，过上了吃穿不愁的日子。

把党的温暖送到家，把政策、技术、实惠送到家，加强基层组织建设，打造一支强有力的队伍，是何凯为自己确定的工作目标。然而，个别干部作风涣散，对村民要求慢作为、乱作为、不作为，让一直在国有企业工作的何凯难以容忍。

无法容忍，就下决心改变。何凯将国有企业好的经验做法带到瞿家庄

村，坚持制度管人、流程管事；确立特色党建工作方法，制订《党员考核细则》，确保农村基层党组织建设规范化、制度化，也促进全村村干部、网格员工作面貌发生根本改变。同时，他积极对接攀钢，使其拨付资金45.14万元打造党员活动室，让村干部和村民找到了归属感，激发了党员积极性。

在问题排查中，何凯带领党员亮身份、当先锋，排查了十类人群，甄别出风险户、重点户，并反复研判做实工作，为精准脱贫工作提供了支撑，确保瞿家庄村顺利通过县、市、省各级检查和西南大学第三方评估验收。在各级验收中，瞿家庄村的群众认可度达95%以上。

架起“连心桥”
——推动10余个产业项目落地，全新的农业生产模式使村民走上致富路

瞿家庄村小康寨建设项目已于今年3月完工；10亩云茸4月顺利出菇了；10亩蔬菜种植大棚已在6月底完成蔬菜种植；老鹰大塘子种植项目已顺利完成蓄水；再过2个月，30亩分葱就要丰收了；蔬菜基地供水管道工程、石蛙生态养殖、村道路建设等项目正在有序推进中。

攀钢投入资金300多万元，开展种植、养殖、灌溉、道路、文化等一系列帮扶，让村民的日子有了盼头。“感谢攀钢给我们派来了好干部，用一年时间干成了我们不敢想、也不敢干的事。”

然而，产业项目风险高、难度大，也是让何凯最纠心的事。以云茸种植项目为例，在出菇的关键时期，严重缺水，何凯带领村民用生活水灌溉，历尽了艰辛。作为第一书记，何凯是政府、企业、瞿家庄村之间的纽带。为改善瞿家庄村的生产、生活条件，他在职能部门和村之间数次来回对接。涉及农户堡坎、占地等问题，他挨家挨户做工作，跑断腿，磨破嘴，也无怨无悔。

“企业的每一分钱，都是攀钢干部职工用汗水换来的，不仅要用在刀刃上，而且要把一分钱用出两分钱的效果。”何凯说。为将风险降到最小，他采用“抓大壮小扶微”加“示范性探索后推进”的工作思路，避免了盲目投资

导致风险不可控。

目前，瞿家庄村前期产业扶贫覆盖农户 130 户，构建了村集体、合作社、农户和攀钢四方共享的利益联结机制，形成利益共同体，村民每年可获得 2.8 万元土地入股分红，村委获得 1.6 万元固定保底分红，未脱贫户每人获得 770 元固定保底分红。若产业效益好，贫困农户可享受利益二次分配。

虽然盘州市脱贫攻坚已摘帽，但何凯依然不敢有丝毫松懈。下一步，攀钢将继续加大帮扶力度。何凯说，要全力投入脱贫攻坚巩固提升工作中去，使瞿家庄村的农业强起来、农民富起来、村庄靓起来。

（原刊于《中国冶金报》2019 年 8 月 30 日 3 版　通讯员　胡　毅　记者　孟祥林）

攀钢西昌钢钒向四川麻柳村捐赠生活用品

日前，鞍钢集团攀钢西昌钢钒有限公司相关人员带队到四川省凉山彝族自治州雷波县海湾乡麻柳村开展“心连心”捐赠活动。此次活动共向全村 155 户彝族家庭捐赠了价值 27.5 万元的实木方形餐桌、宽板凳和沙发，改善了村民家庭生活条件，给村民送去了温暖。

“企业给全村村民带来的不仅仅是物质上的帮助，更重要的是精神上的鼓舞，大家要倍加珍惜，将攀钢西昌钢钒的真情关爱转化为脱贫致富的实际动力，早日过上幸福美好的生活。”捐赠仪式上，凉山州相关单位负责人号召村民积极行动起来，坚定脱贫致富奔小康的信心。

近年来，攀钢西昌钢钒一直致力于凉山州扶贫攻坚工作，积极承担国企社会责任，为凉山州经济社会发展和脱贫攻坚贡献力量。2018 年，该公司被凉山州授予“凉山企业扶贫先进集体”称号。

（原刊于《中国冶金报》2019 年 9 月 25 日 2 版　记者　孟祥林　通讯员　杜　传）

“让受助村民可持续受益”

——攀钢产业扶贫纪实

国庆节前夕，鞍钢集团攀钢各单位加大消费扶贫力度，集中购买了大米、花椒油、盐源苹果等扶贫物资，在攀钢超市设立了扶贫产品专柜，号召职工到扶贫点购买农产品。近日，为迎接全国第6个扶贫日，攀钢利用报刊、微信公众号、扶贫简报等平台，做好国家方针政策、活动成效、扶贫典型等方面宣传工作，形成强大扶贫攻坚舆论合力；公司领导深入扶贫点检查指导扶贫工作，看望慰问挂职、派驻的扶贫干部。自8月份起，攀钢开展的扶贫系列活动，充分展示了攀钢的担当与作为，为全面打赢脱贫攻坚战营造了浓厚氛围，凝聚了强大力量。

盼 养猪年可获上百万元利润！

“一次可养1万头猪，年产值达2500万元，村集体每年可获得上百万元的利润，我们还可以到养殖场打工。”攀钢定点扶贫村贵州省盘州市淹五寨村村民说，攀钢改变了淹五寨村，他们一辈子都不会忘记攀钢的恩情。这说的是攀钢投资900多万元在淹五寨村修建的生猪养殖场。目前，这个生猪养殖场已完成项目申报，可行性研究报告编制，国土、环保、农业、水务等部门审批手续，17家农户土地租用协议签订等流程，正加紧推进立项批复、图纸审查、招标预算等工作。

村民对养殖场的高度关注，很大一部分原因是该养殖项目风险小、利润高，每个人都能享受养猪带来的收益。但这1万头猪谁来养？采取何种方式养？销售渠道在哪里？风险谁承担？

面对群众关心的问题，企业、当地政府及淹五寨村村支两委（村民委员会、村党支部委员会）给出了答案：按照“公司+合作社+农户”的组织方式，采取“村社合一”运行机制，成立盘州市刘官镇淹五寨漫谷专业合作社，与大北农集团旗下公司签订战略合作协议，有偿代养生猪。生猪出栏后，由这家公司全部回收，并每年为淹五寨村集体支付上百万元的代养费用。

“目前，淹五寨村集体平均年收入不到5万元，真是靠‘输血’过日子。养殖项目实施后，只要把猪养好了，每年上百万元的收益就会源源不断地进入淹五寨村集体，真正实现从‘输血’到‘造血’。”攀钢派驻干部、淹五寨村第一书记张勇说，这笔钱的用途将通过召开村委会和村民大会共同决定，主要将用于淹五寨村教育、产业、基建等领域。

“一个项目能改变一个村。”张勇有些激动，“在一次交流中，某公司高层希望淹五寨村每年为他们提供3000头生猪，我们村支两委觉得这是带领乡亲们致富的好路子。”路子虽好，顾虑也多，因为淹五寨村并不具备一年养3000头猪的条件。目前，淹五寨村共有养殖户230户，普遍一户养了两三头猪，养10头以上的仅两户。把种猪、母猪、肥猪、育肥猪、仔猪加在一起，全村仅存栏642头。特别是受非洲猪瘟等因素影响，村民谈猪色变。但今年猪肉价格蹭蹭上涨的态势，让张勇看到了广阔的市场前景。

多方调研后，张勇和淹五寨村村支两委商定，向攀钢提出建设大型养猪场的申请。这一想法得到了攀钢的大力支持。“猪肉是老百姓餐桌上不可或缺的重要食物，是政府‘菜篮子工程’，也是脱贫攻坚的重要组成部分。”攀钢扶贫办相关负责人介绍，8月30日，国家领导人在全国稳定生猪生产保障市场供应电视电话会上，再次强调生猪稳生产保供给。攀钢此时修建大型养殖场，帮助贫困村民发展养殖产业，符合国家相关产业政策，与《六盘水市人民政府关于加快推进山地生态畜牧业发展的实施意见》不谋而合。

按规划，攀钢投资900多万元，按照年出栏商品猪1万头的标准修建养殖场。项目规划用地面积约33.29亩，标准化育肥猪舍面积达6000余平方米。同时，攀钢还配套推进办公楼、消毒房、地磅房、异位发酵床、室外道路、绿化、给排水、污水处理、设施设备等项目。

“攀钢帮扶盘州市以来，派出了过得硬的扶贫干部，拿出了过得硬的扶贫措施，为老百姓办了实事、办了好事。”盘州市刘官镇有关负责人表示，靠得住的养殖场、过得硬的优良种猪、专业化的科学养殖方法形成合力，必将为提高肉猪产品质量、拉动盘州市无公害生猪生产、构建产业品牌发挥重要作用。

喜　瞿家庄村的分葱丰收了！

8 月 20 日中午，攀钢派驻扶贫干部、贵州省盘州市刘官街道瞿家庄村第一书记何凯照例为自己煮了一碗干拌面。当天是他的生日，恰逢村里分葱丰收，原本一碗普通的面，却让何凯吃出了不一样的味道。今年盘州雨水多，因担心分葱烂在地里，何凯过得提心吊胆，每天奔走在田间地头，看长势、问行情、盯管护。

盯了两个多月，盼了两个多月，终于盼到分葱丰收。8 月下旬，拉分葱的农用车停在了田边，村民拔葱、运葱、装车……欢声笑语回荡在田间地头。“如果大货车能进村，我们的分葱就能以 8 块钱一公斤的价格卖到玉溪等地。”何凯有些遗憾地说，因为路的原因，他们的分葱只能以 3 块钱一千克的价格就地出售。

分葱，属于葱的一种，耐寒性强，可全年种植，是百姓餐桌上离不开的调味品。瞿家庄村气候温润、土地肥沃，具备种植分葱的条件。在前期充分调研的基础上，何凯厘清了“抓大壮小扶微+示范性探索后推进”工作思路，完成了瞿家庄村道路、水利、产业三年建设规划初步设计，向攀钢申报了 21 个“产业+基建+党建”援建项目，27.64 亩分葱种植是攀钢批复的产业项目之一。攀钢扶贫办相关负责人介绍，2018 年末，攀钢投资 15 万元，在瞿家庄村启动分葱项目。鞍钢集团和攀钢各级领导，扶贫办相关人员多次深入盘州市督导，物贸公司、生活公司、坤牛物流等单位提供各种支持，推动项目精准落地。

面对村里道路、农业灌溉等基础设施落后，连续暴雨天气，第一次种植经验不足等实际情况，分葱究竟能否种植成功？所有人的心里都没有底。可喜的是，在企业和地方政府的帮助下，何凯与瞿家庄村民历经艰苦努力，分葱顺利采收。何凯算了一笔账，因前期土地平场等基础设施投入，第一季分葱种植成本最高。目前，销售葱苗 5 吨和成品葱 10 吨以上，销售金额近 3.8 万元，预留了 10 吨价值 3 万多元的葱苗，用作第二季种植，省去了种苗钱。前期投入的价值10万元的基础设施使用年限可达15年，后期的种植成本会越来越低。通过第一季种植，积累了经验，合作社和农户信心满满。

在分葱项目实施过程中，参与其中的村民近500人。“在家门口拔葱、运葱，一天就能挣100多块，这是以前做梦都没想到的事。”瞿家庄村贫困户朱粉清说，拔0.5千克葱挣2角5分，运0.5千克葱挣1角，仅在8月20日，她和家人拔葱340千克并进行运送，就挣了238元务工费。

“让受助村民可持续受益”是攀钢精准扶贫工作的宗旨。村民受益不仅仅体现在挣务工费上。按照合同规定，分葱收入全部进入合作社账上，用于后期村里投入和村民分红。分葱项目如果亏损，将按保底标准，给建档立卡农户、村集体及土地流转的农户分红；如果盈利，将按股份占比，对建档立卡未脱贫户、土地流转农户、村集体进行分红。

目前，瞿家庄村已开始种植第二季分葱，种植面积进一步扩大，规模达到40亩。何凯信心十足地表示，争取第二季分葱实现更多盈利，第三季分葱获利大幅增加。

（原刊于《中国冶金报》2019年10月17日2版　记者　孟祥林　通讯员　胡毅　王文锋）

“以购代捐”
攀钢推动消费扶贫工作上台阶

今年中秋节、国庆节假期间，鞍钢集团攀钢钒钛资源股份有限公司购买贫困地区特色农产品共计60余万元，对增加贫困户收入、促进贫困地区经济稳步发展起到重要作用。

今年初以来，鞍钢集团攀钢把消费扶贫作为定点扶贫工作的重要内容，动员下属各单位和社会力量参与到消费扶贫中，优先采购贫困地区产品，调动贫困人口依靠自身努力实现脱贫致富的积极性，促进贫困人口稳定脱贫和贫困地区产业持续发展。

攀钢各子、分公司（单位）党委、工会确定购买项目后，向生活公司下达产品订单，采购扶贫点产品，推介定点扶贫地区特色产品，不断促进消费扶贫再上新台阶。

其中，攀钢钒从贵州省盘州市和四川省盐源县、木里县、喜得县采购苹果、花椒油、土豆、羊肚菌等数十种当地特色产品，总金额达270余万元，并鼓励职工自发购买。

攀钢西昌钢钒投入750余万元，通过厂区食堂、职工超市、职工福利采购，以及组织职工到贫困户家中采购等模式，采购对口扶贫点的土豆、苹果、萝卜、猪肉、鸡肉等物资。

攀钢矿业公司总投入200余万元，采购了贵州省盘州市的菜籽油、红米、油辣椒和四川盐源县苹果，作为节日福利发放给在岗职工。据统计，中秋节、国庆节期间，矿业公司消费扶贫金额比春节期间增加了198%，职工对特色农产品品质认可度较高，主动购买帮扶地区特色农产品的意愿有所提升。

此外，攀钢工程公司投入13.65万元，购买大米、苹果、花椒油等定点扶贫地区特色农产品发给职工；攀长特投入80余万元，在定向扶贫点江油市石元乡青杠村采购猕猴桃水果，在贵州省盘州市采购菜籽油等特产，助力消费扶贫工作迈上新台阶。

作为攀钢指定的购买渠道，生活公司深入对口扶贫联系点实地调研，与当地的扶贫办、村社沟通交流，开展消费扶贫工作。该公司两次开展大型“以购代捐”活动，采购金额达到1430万元，并在吉靓轩超市建立扶贫产品清单，采购、配送一条龙服务。该公司将当地的特色农产品如果汁饮料、苹果、核桃、土豆、花椒油、蜂蜜等采购出来，销售到攀钢各子、分公司（单位），既帮助当地的产品打开了销路，又让攀钢职工品尝到了特色产品。同时，吉靓轩超市组织相关人员到定点扶贫地区的田间地头、农贸市场，调查产品的源头、工艺、质量、规模、资信度等，确保了所采购产品的品质。

（原刊于《中国冶金报》2019年11月5日2版　通讯员　黄海　赵华敏　王笑竹　记者　孟祥林）

真情助彝寨 脱贫奔小康

——攀钢帮扶四川省凉山彝族自治州喜德县脱贫纪实

12 月 6 日，鞍钢集团攀钢西昌钢钒有限公司派驻四川省凉山彝族自治州喜德县乐武乡的扶贫干部王杰、杜传和村民一起，将第一批购入的绵羊种苗赶进由攀钢西昌钢钒捐建的养殖基地。

“等明年天气暖和，再把另外 50 余只种羊和 28 头种牛放进养殖基地。”王杰的脸上露出笑容。

2015 年以来，攀钢加大扶贫力度，投入大量资金和人力，通过派驻扶贫干部、实施产业扶贫、技术扶贫、金秋助学等方式，使攀钢对口扶贫点乐武乡里柯惹村、达洛村发生了巨大变化。2015 年贫困发生率分别高达 56%和 26%的里柯惹村、达洛村，于 2018 年底全部实现整村脱贫。今年 11 月，两个村所有贫困户全部脱贫，村民在思想观念、劳动状态、卫生习惯、精神面貌等方面有了可喜的转变。

“输血”：生活质量有了新提升

2018 年 2 月，海拔 3000 米的乐武乡还在冬天中沉睡，扶贫干部王杰、杜传来到这里，成为达洛村、里柯惹村的驻村干部。他们克服高原反应、交通不便等困难，挨家挨户上门探访，先用 2 个月时间进行彻底摸排，完成了 192 户贫困户的建档立卡工作。他们和村民同吃同住同劳动，帮助农户除草种田，与村民谈心交友，找准“穷根”，精准制订扶贫措施。

攀钢根据扶贫点的实际情况，出台了一系列“输血”措施，逐步提升了贫困户的生活质量。攀钢为 192 户贫困户采购价值 24. 6 万元的电磁炉、电饭煲、烧水壶、电视机等家电，解决了部分村民基础生活保障问题；捐赠 315 台生物质炉，改变了贫困户在冬天只能围着锅庄（当地一种类似火盆的取暖器具）取暖过冬的生活方式，提高了贫困户的生活质量；为40名贫困户子女送去书包、篮球、衣服等物资，并为乐武乡小学捐赠一批体育器材和烧水器，为孩子们的学习生活增添了鲜亮的色彩。

“换血”：思想观念有了新转变

10月9日，王杰到达洛村“清洁卫生榜样”木怕瓦者家中进行回访。他的家干净整洁，生活用品摆放有序，客厅的柜子上摆放着1个红包。“这是去年10月攀钢领导来看我时给我的红包。攀钢为我们送来了牛羊和家电、家具，还教会了我们生存技能和致富技术，我们由衷地感谢攀钢。”木怕瓦者真诚地说。

在达洛村花椒种植基地，村民们在地里干得格外卖力，憧憬着花椒种植带来的收益。3年前，村民们可没有这样积极，“靠着墙根晒太阳，等着别人送小康”是曾经的写照。这个转变始于攀钢帮扶之后。

要转变村民的陈旧观念，是一个非常艰难的过程。为此，攀钢通过开办夜校、“坝坝会”进行思想教育；选出致富带头人、助人为乐模范、清洁卫生榜样等，提高村民脱贫的积极性。扶贫干部到村民家中手把手传授生活技能。

慢慢地，两个村192户贫困户逐步养成了“不坐地下坐板凳、不睡地下睡床铺、不用锅庄用灶台”的良好生活习惯，想要脱贫的观念日益浓烈。

如今，两个村贫困户的思想实现了从“要我脱贫”到“我要脱贫”，再到“我要致富”的跨越式转变。达洛村54岁的村民阿的有地通过养鸡脱贫后，主动找到攀钢驻村干部说出他心中的“小目标”——考驾照、买汽车、跑运输。在攀钢驻村干部的帮助下，阿的有地已经在城里报考驾校开始学习，离他的“小目标”又近了一步。

“造血”：实现致富有了新路子

自定点帮扶乐武乡以来，攀钢根据当地气候、地理特点和市场考察结果，秉承“因地制宜、企业带动、贫困户参与、持续发展”原则，创新产业帮扶模式，坚持“输血”和“造血”相结合，实施“一村一策”，带领贫困户走出一条致富路。

攀钢捐赠40万元，打造花椒种植基地，采取“村集体+农户+合作社”模式运营花椒基地，传授种植技术，让入股村民自己栽种、自己管理，并对种植好、管理好、成活率高的村民进行奖励，激发村民劳动致富的热情；捐赠200万元，与乐武乡合资成立喜德县阔山汽车租赁有限公司，并签订为期6年的《扶贫帮扶车辆租赁协议》，目前已获得125万元的收益，收益将全部用于脱贫攻坚；开展“以购代捐”消费扶贫，通过攀钢厂区食堂、职工超市、职工福利采购以及组织职工到贫困户家中采购等模式，让农特产品走出大山，加快贫困户致富的步伐；捐赠100万元，购买猪、牛、羊等动物种苗，修建养殖基地，让贫困户依靠自己的力量发展畜牧养殖产业，增加贫困户收入，巩固脱贫成果。

攀钢的扶贫成果得到了社会的肯定。今年5月，乐武乡政府写信向攀钢西昌钢钒致谢，感谢攀钢助乐武乡里柯惹村、达洛村实现了脱贫目标。今年11月5日，喜德县脱贫攻坚指挥部办公室致信感谢攀钢西昌钢钒做出的扶贫工作。扶贫干部杜传也获得了2019年凉山彝族自治州脱贫攻坚先进个人称号。

如今，在攀钢的帮扶下，甩掉了贫困帽的喜德县村民，正迈步走在致富的大道上。

（原刊于《中国冶金报》2019年12月19日2版　通讯员　尹久红　记者　孟祥林）

“扶贫葱”走上攀钢人的餐桌

12 月 10 日一大早，鞍钢集团攀钢生活公司在向各食堂、超市发放由对口扶贫村贵州省盘州市刘官街道瞿家庄村村民刚刚送来的 1200 千克分葱（如图）。攀钢依托吉靓轩超市、职工食堂渠道优势，采取“以购代捐”的方式，解决了帮扶地区各类优质农（林）产品销售难的问题，带动了贫困乡村脱贫致富，同时也为攀钢职工提供了丰富多样的原生态特色农（林）产品。

（原刊于《中国冶金报》2019 年 12 月 24 日 2 版　记者　孟祥林　通讯员　何仁江　摄）

一村一企　精准帮扶

——首钢集团扶贫工作纪实

2019年是全面打赢脱贫攻坚战三年行动的关键之年。为助力受援地区打赢脱贫攻坚战，近日，首钢集团又细化措施，制定完善扶贫攻坚实施方案及工作计划，进一步强化职责分工，落实保障措施。

首钢集团高度重视结对帮扶工作，2018年专门成立了以集团党委书记、董事长、总经理张功焰为组长的“一村一企精准帮扶”领导小组。集团经理办公会专题研究，并出台了《首钢集团“一企一村”结对帮扶实施方案》《首钢集团2018年度“一企一村”结对帮扶工作计划》，要求按照“一企一村”帮扶工作实现“低收入村全部消除”“低收入劳动力全部实现就业”“应保尽保”“三保障”（义务教育、基本医疗、住房安全有保障）的总体目标，坚持帮扶企业与低收入村特色优势资源相结合、与乡镇振兴战略美丽乡村建设相结合、与国有企业发展相结合的原则，争分夺秒抓落实、扑下身子扎实干，全面完成了2018年帮扶工作计划。

产业扶贫　量身打造黑峪口村项目

黑峪口村位于北京市延庆区香营乡西北部5千米，处于延庆区生态涵养基地范围内。全村共有115户，村里的青年劳动力主要在外打工，留守人口以老人、妇女和儿童为主。

首钢集团坚持扶贫先扶志、变“输血”为“造血”的原则，结合延庆区香营乡黑峪口村的特点，重点在展现黑峪口村的乡俗文化方面下功夫，在发展庭院经济方面找门路。

创新思路，以民俗旅游打造美丽乡村。首钢集团派驻黑峪口村的驻村“第一书记”陈晓阳，通过调研认识到黑峪口村拥有丰富的资源，一是地理位置优越，二是物产丰富，三是空置空闲民房较多。

为了引领带动低收入户增收，树立村民开发民俗旅游的信心，陈晓阳带领村干部一起为村民谋福利、创效益。首先，他们积极联系邀请延庆区文委人员，共同发掘了黑峪口村特有的历史文化资源“三朝御道遗址”，为黑峪口村发展民俗旅游奠定了文化资源基础。其次，陈晓阳组织党员带头彻底整治村内环境卫生，完善基础设施，先后完成了排涝及护村坝项目、沿村庄主路修建景观花坛、种植花草、建设文化宣传墙等。一系列行之有效的措施使村内环境大为改观，为该村发展民俗旅游打下了环境基础。

同时，陈晓阳通过组织党员学习活动，对民俗旅游开发较好的昌平区长峪城村“猪蹄宴”、延庆区刘斌堡乡下虎叫村“山楂小院”等进行实地考察，学习开发经验。目前，通过村集体的扶持，村民梁玉珍已经开办了黑峪口村第一家民俗农家院——聚仙阁农家院，其他村民的积极性也越来越高。

流转本村土地，合作开发种植园区。黑峪口村由于劳动力不足，大部分土地种植普通农作物经济效益不好，土地闲置是导致村民收入低的主要因素。

陈晓阳与村干部决定通过流转本村土地，合作开发种植园区。黑峪口村先后通过招商引资流转了村内近 500 亩土地，采取合作开发的模式，成立了众田种植园和高端芍药种植园两个园区。

开发农业种植园区的优势在于：第一，能够让农民的土地充分利用起来，农民可以得到每亩地 1000 元的土地流转金，并且按照合同约定，流转金每 3 年增长 10%。通过招商引资充分流转土地，使不少低收入户的土地流转金每年达到万元以上。第二，流转土地又为农业种植园区带来了新的就业岗位，使一些年龄偏大的村民及女性村民不用远行便可以实现收入的增加。第三，村集体为开发商争取到政府支持的“低收入村帮扶项目资金”，并以项目资金入股，共同建设种植园区。合同约定，“园区项目盈利后将按照村集体投入资金进行分红”，分红侧重用于低收入户的帮扶和村内公益事业发展，为村集体、村民带来实惠和利益。

资金支持　打通南郊村水路网

南郊村，地处山西省壶关县树掌镇东南方向，是典型的偏僻山区，海拔1340米，气候寒凉潮湿，村民多患腿疾。全村在册98户200人，其中贫困户55户101人，基本无50岁以下人员常住，村容破旧。

脱贫攻坚，资金投入是保障。2018年，首钢长钢为南郊村送去了107万元基础设施建设资金，为打通精准扶贫最后一公里提供了强力支撑。

告别了靠天吃水的历史。首钢长钢驻村工作队入驻南郊村时，正值雨季，全村人靠雨水自备旱水窑饮用。饮水工程经壶关县水利局核算需要130万元，资金缺口70万元。得知这一情况，首钢长钢党委立即召开班子会议研究，为让百姓尽快喝到自来水，决定提供帮扶资金70万元，用于南郊村安全饮水工程。

解决危房改造问题。南郊村中贫困户多，村民多居土坯房，尤其是村中孤、寡、残疾等村民所住的危房，自己无能力改造。针对这一情况，首钢长钢出资12万元为贫困户进行危房改造。根据脱贫攻坚工作目标，南郊村计划建设一栋集卫生室、文化室、活动室、劳动扶贫超市及村委办公室为一体的综合楼，且对综合楼前1000平方米活动广场进行拆迁整理硬化，整体建设需费用约40万元，资金缺口25万元。首钢长钢再次提供25万元资金，补上了建设的缺口。

南郊村的入村道路勉强能实现轿车等轻型车辆单向行驶通过，碰到雨雪天气，车辆就难以通行。在壶关县筹措资金到位后，首钢长钢驻村工作队积极为工程方案出谋划策，监督工程质量和进度，2018年7月13日，村通公路全面竣工，并全面打通无线网络系统。

突出实效　助力海螺村发展种植业

“群众问题绝无小事，要实实在在地帮助百姓解决发展中遇到的问题。”首钢水钢党委向驻海螺村（位于贵州省六盘水市水城县保华镇）第一书记张家相是这样说的，也是这样做的。

海螺村红星草莓基地共建有大棚 50 余个，分为官寨草莓基地和莫城草莓基地，种植了 10 多个品种的草莓。草莓基地开始运作时，水源成为大问题，草莓基地浇灌受阻。听到张家相的汇报后，首钢水钢立即拨出党建扶贫资金帮扶海螺村解决这一难题。如今，这一历史遗留问题已得到彻底解决。

“以前水井没有护栏，雨季涨水时水井水深达到 6 米多，特别危险。首钢水钢帮助我们建好了护栏、硬化了路面，解决了用水的卫生和安全问题，消除了危险源点。”提到这个事，草莓基地负责人邓景锋如是说。

在首钢水钢的帮扶下，海螺村搭建了 600 平方米的蔬菜育苗大棚，无偿将幼苗提供给贫困户进行种植。在不断的摸索中，首钢水钢还帮助海螺村发展了太子参、白芨、半夏等中药材种植，由专业合作社统一收购。在首钢水钢的帮扶下，海螺村产业发展了，百姓腰包鼓了，村民拥有了越来越多的幸福感。

村企合作 拓宽三道沟村蔬菜销售渠道

自 2018 年以来，首钢通钢积极开展包保帮扶吉林省通化市二道江区铁厂镇该村脱贫攻坚专项帮扶工作。

首钢通钢领导高度重视脱贫攻坚包保帮扶工作，责成公司办公室专门负责此项工作。办公室人员多次深入三道沟村实地考察，并与三道沟村“第一书记”探讨研究脱贫项目及村企合作事宜，切实履行包保帮扶工作职责。

2018 年，首钢通钢结合内部员工食堂需求，定期到贫困户和村民家中收购自种的各类绿色蔬菜，通过上门采购、现场检斤、现金结算的方式，贫困户和村民足不出户，就能实现收入的提升，增强了自留地创效的能力，也提高了村民和贫困户的种植热情。2018 年，首钢通钢累计收购土豆、尖椒、茄子等蔬菜作物 5000 余斤，食用黏玉米 5000 余斤，经济作物蒲公英 1500 余斤。村内蔬菜、粮食及经济作物销售额达到 15000 余元，村内贫困户的收入都有了不同程度的提升。

（原刊于《中国冶金报》2019 年 7 月 16 日 2 版　记者　梁树彬　王春亮）

点燃脱贫攻坚的希望

——记首钢水钢驻村干部张家相

两年前，首钢水钢技术中心职工张家相接受组织安排，到六盘水市水城县保华镇海螺村担任第一书记、同步小康工作组组长，实施脱贫攻坚工作。从一名企业管理人员，到地方脱贫攻坚驻村干部，张家相快速转变角色，扎根山村，发扬企业严谨求实的优良作风，千方百计为民办实事、解难题，带领全村脱贫致富，用激情之火点燃山村脱贫攻坚希望。如今，海螺村的贫困率已降至11.6%。

海螺村是水城县的一个贫困山村，地处高山，土地贫瘠，16个村民小组中大部分是苗族和彝族。为了尽快进入工作状态，张家相每天和当地的村干部走村串户，足迹遍布海螺村的田间地头。实地走访16个村民组、上百户村民和所有贫困户后，他认为，造成村民贫困的主要原因是缺技术、缺劳力、缺资金。

要想富、先修路。作为驻村干部，张家相刚进村就意识到海螺村道路情况不佳的窘境。于是，他带着驻村队员一起，多次向交通部门、财政部门提交申请，反映情况，通过多方争取，22.5公里通组公路全部实施硬化。

路有了，村民的吃水困难问题还得解决。为此，张家相带领着驻村工作队跑部门、要项目、反映问题。通过努力，2016年6月，水城县相关部门将海螺村村民吃水困难的相关问题提上了议程，并将此项目上报到贵州省水利厅，海螺村获得了120万元的扶贫资金支持。饮水修复工程于2017年4月如期启动，解决了7000人的饮水问题，海螺村家家户户用上了自来水。

海螺村大坡四组村民杨金兰说：“现在我们路通了，水又到了，电又到了，基本生活都很好。”

要脱贫，没有产业作支撑是不行的。为此，张家相带领村支两委及驻村工作队采取“公司+农户+村委会+合作社”的模式来运作产业项目，发动村民土地入股200余亩，并用劳动力参股，优先选用贫困户家庭成员务工。海螺村草莓基地负责人邓景锋说："草莓基地是2017年入驻海螺村的，张书记引导我们来到这里，并给我们提供了很大的帮助，让我们在这里扎下根，再带动这里更多贫困户就业。"

如今，海螺村成功种植半夏、太子参、地黄等中药材和各种蔬菜。不仅如此，张家相还为全村农户争取到小额创业贷款70多万元，帮助致富能手发展葡萄、杨梅、李子、花椒种植和养殖等产业，带动群众致富。

2016年，通过张家相的精心策划，海螺村成功举办了"万寿菊文化旅游节"等活动，给村民增加了创收的机会，也让村民们尝到了在家门口做生意的甜头。

通过努力，张家相让村民、村干部看到了希望，看到了党和国家对坚决打赢脱贫攻坚战的决心，也更坚定了大伙儿全面实现小康的信心。张家相说："脱贫攻坚，任重而道远，我将不辜负水钢对我的重托，在海螺村把脱贫攻坚工作做得更好，争取在2019年实现同步小康目标。"

（原刊于《中国冶金报》2018年6月19日4版　王　祥）

首钢长钢为深度贫困村送去脱贫基建资金

日前，首钢长钢公司董事长、总经理贾向刚一行到深度贫困村——山西省长治市壶关县树掌镇南郊村开展扶贫活动，给村里送去了107万元脱贫攻坚基础设施建设资金，并给特困户送上了慰问金和慰问品。贾向刚表示，首钢长钢的前身故县铁厂是我党在太行山地区创建的第一个红色钢铁企业，推动当地经济发展、造福周边地区群众，是首钢长钢义不容辞的社会责任。

2018年以来，首钢长钢根据国家、山西省、长治市等相关要求，派工作队入驻南郊村。首钢长钢扶贫工作队以壶关县制订的"515"工作法（即驻村帮扶一周五天、主干帮扶一天五户、主干责任一五分担、党员干部一帮五户、为贫困户办实事1~5件）为突破口，聚焦问题，精准发力，千方百计为南郊村解难事、办好事、干实事，帮助该村实施了安全饮水达标、村级组织活动场所和村卫生室改造、危房改造及过渡房建设等一系列民心工程，改善了村容村貌，打通了水路网，硬化了村级道路，开设了劳动扶贫超市等，改善了该村村民的生产生活条件。

（原刊于《中国冶金报》2019年1月16日2版　武晓庆　马立珩）

首钢水钢与帮扶村师生共度“六一”

5月30日，在第69个国际儿童节到来之际，首钢水钢组织工作人员来到贵州省六盘水市水城县保华镇海螺村光炽希望小学，与师生们共庆“六一”，并开展帮扶调研工作。

在光炽希望小学操场上，首钢水钢工作人员与该校师生一起参加了升旗仪式，并接受了少先队员们为其佩戴的红领巾。之后，首钢水钢工作人员向希望小学捐赠了教学物资，并与全校师生共同观看了该校的“六一”文艺汇演。

保华镇海螺村是首钢水钢的脱贫攻坚帮扶点。为了将帮扶工作落到实处、真正帮助海螺村走出贫困，首钢水钢在向该村外派驻村第一书记张家相的同时，还投入大量财力、物力帮助海螺村改善基础设施。在首钢水钢的鼎力支持和帮助下，目前海螺村脱贫攻坚工作已经取得了阶段性胜利。在帮扶工作调研会上，保华镇党委书记黄华对首钢水钢此次的捐资助学义举和多年来的帮扶表示感谢。

首钢水钢党委副书记、总经理龙雨表示，帮助海螺村脱贫，是首钢水钢作为国有企业应尽的社会责任。下一步，首钢水钢将加大对海螺村教育、农业生产、生活设施、道路基础设施及农业灌溉设施的投入和帮扶力度，以改善该村教育、农业生产和生活环境，尽早帮助海螺村走上小康之路。

会后，首钢水钢工作人员到海螺村高位灌溉水池修建点实地考察现场地质情况，察看取水点地貌，并要求施工方尽快完善各种施工手续。海螺村农业灌溉工程建设的稳步推进，必将助推海螺村打赢脱贫攻坚战。

（原刊于《中国冶金报》2019年6月11日5版　杨德清）

水钢产业扶贫结硕果

近日，贵州省六盘水市钟山区保华镇海螺村“法国红玫瑰”品种的李子挂满枝头，已经到了采摘期。这是首钢集团水钢公司开展产业扶贫以来结下的硕果。

日前，该村贫困户村民田茂昌家的5亩“法国红玫瑰”品种李子种植区已经开始接待游客采摘。在水钢同步小康驻村工作组的帮助下，田茂昌家贷了8万元的政府贴息贷款。有了资金扶持，再加上田茂昌一家人的精心管理，如今已喜迎丰收。“看到李子成熟得很好，我们特别开心，每天可供50~100人采摘。”田茂昌高兴地说。

“我们之前已经来采购了一批，李子带回去后得到广大消费者的认可，口感比较好，所以今天又来采购了。”该村绿色农产品展销店的负责人沈庭旭说。

目前，海螺村种植近300亩各类品种的李子。李子熟了后，驻村工作组积极为李子的销路出主意、想办法。水钢驻海螺村第一书记张家相说：“我们驻村工作组到海螺村后，不仅要关心贫困户，而且要关注致富带头人。比如田茂昌，我们帮他进行小额创业贷款，现在他的李子已经成熟，我们又帮助他寻找销路。”

除了种植李子、桃子等水果外，海螺村还利用季节转换时机，用暂时闲置的大棚试养蚂蚱，助力村民增收。“我们的草莓基地正在育苗，基地的农民工暂时没有工作，在同步小康驻村工作组的支持下我们试养了蚂蚱，把空闲时间利用起来。现在试养了2个棚，每个棚预计能产200斤蚂蚱。预计到10月底，草莓就能上市供大家采摘了。”海螺村草莓基地负责人邓景锋说。

（原刊于《中国冶金报》2019年8月8日2版　徐选达）

河钢在河北省2019年度扶贫脱贫帮扶工作考核评价中取得优异成绩

日前，在2019年度河北省脱贫攻坚成效考核中，河钢获得“好”的最高等次评价。同时在2019年度省直派出单位和驻村工作队扶贫脱贫帮扶工作考核评价结果中，河钢8个派出单位、9个驻村工作队被评为“优秀”，其余1个派出单位、4个驻村工作队被评为“良好”。

河钢认真贯彻落实省委省政府、省国资委统一部署，将脱贫攻坚工作作为重要政治任务和重大民生工程来对待，针对“五包一”“三包一”及各驻村脱贫攻坚工作实际，切实履行帮扶责任，凝聚起扶贫脱贫攻坚合力。

提高政治站位，强化责任担当
把脱贫攻坚作为一项重大政治责任和重大政治任务

河钢把脱贫攻坚工作摆在与生产经营同等重要的位置来抓，定期召开常委会听取脱贫帮扶工作情况汇报，及时研究下一步脱贫攻坚措施，以更高标准、更高质量扎实推进脱贫攻坚和驻村帮扶工作。2019年，河钢集团党委常委会先后4次召开专题会议研究扶贫工作，明确脱贫工作指导思想，研究帮扶重点和具体帮扶措施。河钢集团党委书记、董事长于勇多次到扶贫点调研指导工作，并针对实际情况提出具体要求。一年来，河钢集团领导到涞源县检查督导帮扶工作达22人次，子分公司领导到涞源县所在帮扶村调研检查达27人次，河钢集团相关部门和人员也多次与涞源县对接，共同商定确定新的产业扶贫项目。

依托产业带动的“造血”式扶贫
为贫困户量身定制“脱贫菜单”

2019年，河钢投入3000余万元“五包一”帮扶资金和466余万元“三包一”帮扶资金，加快推进北味黑木耳核心菌包厂、420千伏安村级光伏电站、宝迪养猪等扶贫产业项目落地。因地制宜、突出特色，深入挖掘生态优势，引导贫困户增加谷物种植面积、建设绿色农产品加工车间和采摘园、鼓励村民搞特色养殖，不断提高农产品的附加值。大力提倡消费扶贫，全面开放内部市场，通过河钢供应链电商平台、扶贫专柜、专业公司、合作社免费使用注册商标等方式，帮农户打开销售渠道，促进村民增收创效，带领村民走上了一条符合当地实际的、可持续发展的扶贫脱贫之路。

投入帮扶资金，加快黑木耳产业扶贫项目建设

建设村级“光伏电站”，成为村集体稳定收入来源

为黄芩种植合作社注入资金，帮助村民实现增收

带着感情结对帮扶　着眼贫困群众的深层需求积极为村民办实事办好事推动帮扶工作向精准、深入迈进

针对贫困群众需求开展义诊、理发、修缮房屋、修理电器、义务照相、打扫卫生、发放免费药品等，登门探望高龄老人和伤病人员，开展困难学生一对一资助、金秋助学等活动，帮助贫困户及广大村民解决实际困难。狠抓基础设施和基本公共服务设施建设，通过主路硬化、体育器械安装、电力升级改造、无害化厕所安装、文体广场主题施工等举措，改善村容村貌，解决村民用水难题，改善出行环境，村民生活幸福指数不断提高。

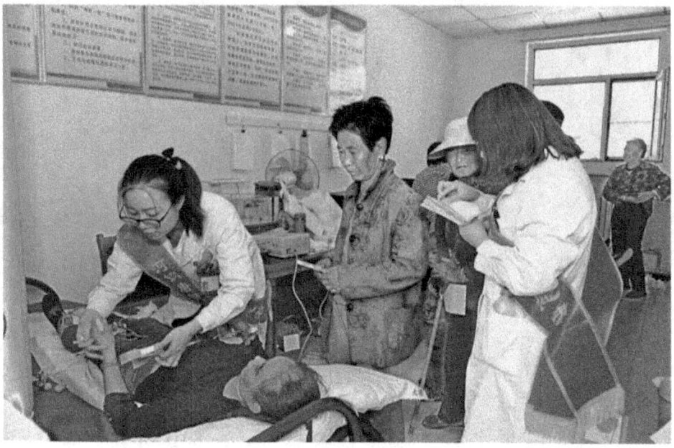

解决村民疾苦，送医入村，开展义诊活动

开展助学活动，“大手牵小手”帮助孩子圆梦

巩固脱贫攻坚成果　建立防返贫防致贫长效机制强化扶贫发展后劲

实施全覆盖普惠慰问，面向村民宣讲国家扶贫政策，增强结对帮扶工作的针对性，让全体村民充分认识、理解扶贫规划，增强真脱贫、脱真贫的必胜斗志。分类施策，增强农民的造血功能，加强职业培训，提高农民自我发展的能力。开展“脱贫攻坚党旗红”活动、建立党员微信群、组织党员集中上党课等，鼓励党员干部在脱贫工作中当先锋、作表率，进一步提高村民脱贫致富的决心和信心。

筹建成立劳务公司，加强预从业人员技能培训

扶贫同扶志、扶智相结合，成功帮助村民增收

河钢唐钢产业扶贫项目“生根开花”

9月4日，一辆运输车缓缓停在河钢唐钢第二服务区食堂外。食堂工作人员将一箱箱码放整齐的西红柿、一袋袋绿油油的青椒和各种绿色蔬菜卸下车。这些绿色蔬菜全部来自公司对口扶贫村——滦平县长山峪镇二道营子村。

河钢唐钢贯彻落实习近平总书记扶贫开发战略思想，按照河钢集团的工作部署，坚持开展精准扶贫工作，积极推动扶贫项目落实。

二道营子村位于滦平县东南部，是一个以农业生产为主要经济来源的山区农村，也是长山峪镇贫困人口最多的贫困村。当地自然环境条件好，日照充足，昼夜温差大，农产品生长周期长、营养价值高。在河钢唐钢的谋划和推动下，河钢唐钢驻滦平县长山峪镇二道营子村工作队立足该村优势资源，与当地政府密切协作，帮助该村以集体名义成立了捷诚农业发展有限公司。

捷诚农业发展有限公司为村办独资企业，主要经营无公害粮食和蔬菜的种植、加工、销售及农副产品批发销售等业务，以后还会逐步增加米面加工业务。在经营模式上，捷诚农业发展有限公司收入的65%归该村集体所有，剩余的35%返补贫困户，并由贫困户轮流务工。目前，捷诚农业发展有限公司已与河钢唐钢行政福利处建立起供需合作关系，由该公司直供的绿色蔬菜，除用于食堂外，还通过食堂窗口等渠道销售给职工。捷诚农业发展有限公司成立1个月以来，已为河钢唐钢运送蔬菜4次，销售数量达3500千克。

该扶贫项目的落地，不仅对二道营子村增加集体收入、带动贫困户脱贫具有重要的意义，而且标志着二道营子村的蔬菜、粮食等农副产品的销售模式走上集体互助型的公司化经营轨道，为该扶贫项目实现更大发展奠定了基础。

（原刊于《中国冶金报》2018年9月25日2版　通讯员　温　明　记者　贾成宁）

精准帮扶，带领村民奔向美好新生活

——河钢邯钢驻村工作组的扶贫故事

在闫家庄村粗粮加工车间，一大早就机声隆隆。8名被帮扶的工人有条不紊地在生产线旁忙碌着。经过石碾、石磨等传统工艺加工的小米和玉米面，如今已成为畅销的绿色农产品。

"工作队帮俺在家门口找到就业岗位，每月能挣两千来块钱呢。"说起工作队，贫困户闫春祥竖起大拇指，"他们把村当作自己的家，扑下身子搞帮扶，不仅让村庄变了样，村民的日子也是芝麻开花节节高。"

2018年3月，河钢邯钢两个脱贫工作队分别入驻石家庄市行唐县连家庄村和保定市唐县闫家庄村。摸准情况才能精准帮扶。河钢邯钢驻闫家庄村第一书记李书海说。工作队对全村建档立卡贫困户收入来源、致贫原因等情况进行了精准摸排，一户一策制定帮扶措施，帮助村民稳定脱贫。

要脱贫就要有产业项目。2018 年 11 月 18 日，河钢邯钢党委书记、董事长郭景瑞带队到保定闫家庄村入户慰问时，了解到村里需要村民稳定收入的帮扶项目，根据扶贫工作队掌握的资料情况，当即拍板给村里量身定制了产业项目——闫家庄村粗粮加工车间、发展光伏产业和粗粮加工项目，每年为村集体增收 11 万元，缓解了村庄建设、管护方面的资金缺口问题，解决了贫困村民在家门口就业问题。

扶贫工作队在建项目的同时又针对贫困户的家庭情况，为每位贫困户量身定制适合就业的工作岗位，做到精准扶贫为村里设立贫困户公益岗，做到扶贫与扶志相结合，激发贫困户脱贫内生动力。目前，全村所有建档立卡户都参加了护林员、保洁员等公益岗位。

从刚进村时的被质疑到村民交口称赞，在石家庄市行唐县连家庄村，河钢邯钢另一支驻村工作队用实际行动，打消了村民的疑虑，让村民在奔小康的路上心里更温暖、更敞亮、干劲更足。

“找准了方向，才能选准致富门路。”工作队队长、驻连家庄村第一书记王华清介绍。工作队与乡村干部多次外出考察，充分征求村民意见后，制定了扶贫产业发展规划，成立了合作社，重点发展黑仁花生、红薯等特色脱贫产业，建立服装生产微工厂，带动村民稳定增收。

“以前村里晚上黑漆漆的，有了路灯，夜间出门方便多了。”村民杨淘气说。路灯不仅照亮了出行路，更照亮了村民的心。为改善村民出行条件，驻村工作队为连家庄村硬化田间路 8600 多平方米，安装太阳能路灯 68 盏，更换电杆 50 根。同时，修建了文化广场和村民活动室，丰富了村民精神文化生活。

驻村以来，工作队每年开展冬季送温暖活动，为 70 岁以上老人及所有贫困户送去毛毯、保温壶、米面油等物品。今年 4 月 21 日，疫情期间，河钢邯钢主管扶贫工作的公司领导尤善晓和张宪政带领 30 名帮扶责任人，走进石家庄市行唐县连家庄村入户走访，为每户送去米和油等生活用品；为降低疫情对扶贫产业的影响，工作队在设法协调防疫物资的同时，组织村民抢抓农时恢复生产，并在闫家庄村建立河钢邯钢扶贫种植基地，实行订单收购，保障农民种粮效益，实实在在送去了企业的关怀。

（吴兆军　刘月军）

“驻”进百姓心　共创致富路

——河钢驻涞源县工作队开展扶贫工作侧记

金秋时节，迎着清风，走在河北省保定市涞源县黑山村平坦的道路上，欣赏着一棵棵挂满秋果的果树，看着孩子们在新修建的文体广场上嬉戏玩耍，老人们坐在粉刷一新的墙壁旁晒太阳、聊家常，幸福感扑面而来。

这样普通而美好的生活也是河钢另外两个对口帮扶村——涞源县留家庄村和北铺村的日常写照。

“感谢河钢驻涞源县工作队500多个日日夜夜的付出，我们才过上了现在的幸福生活。”提起工作队，村民们无不竖起大拇指。

被派驻两年多来，河钢驻涞源县工作队不断创新工作方法，量身定制脱贫规划，多方寻找脱贫路子，誓要帮助贫困村拔掉“穷根”。如今，3个小山村都变了模样：黑山村集体产业和收入实现了“双零”突破，贫困人口年均增收达3000元以上；留家庄村用水难题彻底解决，光伏补贴年年打到卡上，村容村貌焕然一新；北铺村2018年底建档立卡贫困户人均收入达到5702元，率先从省级深度贫困村脱贫出列。

找“贫根”、定规划，精准施策

河钢驻涞源县工作队负责帮扶的3个村都是河北省省级深度贫困村。其中，黑山村全村共165户450人，在村常住贫困人口中以老弱病残居多；留家庄村贫困建档立卡户有262户，599人，在3个帮扶村中贫困人口最多。

怎样才能尽快实现脱贫摘帽，走上致富道路，成为工作队队员们日思夜想的问题。

“治病要找病根，扶贫也要找‘贫根’。”为摸清被帮扶村的致贫根源，工作队驻村后立即展开工作，逐一走访镇、村两级干部，踏遍全村区域，入户了解户情，最终梳理总结出土地少、无资源、无产业收入 3 个致贫主因。

把准脉，更要开对方。本着“把改变村庄面貌与增强发展后劲相结合、把引进扶贫项目和资金与激发内生动力相结合、把优化农业种植结构与培育新型创效农业相结合、把思想文化教育引导与产业项目落地生根相结合”的四项原则，工作队经过多方咨询、反复调研，制订了帮扶村脱贫攻坚三年发展规划，积极探索依托产业带动的“造血”式扶贫，带领村民走上了一条符合当地实际、可持续发展的扶贫脱贫之路。

脱贫攻坚关键在“扶志”。为确保规划顺利落地，工作队首先从发动群众、做好群众思想工作做起，让全体村民充分认识、理解扶贫规划，增强真脱贫、脱真贫的斗志。河钢驻黑山村工作队面向村民宣讲国家扶贫政策，得到了非贫困户和贫困户的一致拥护。河钢驻留家庄村工作队要求结对帮扶责任人带着问题、带着任务入户走访，增强了结对帮扶工作的针对性。河钢驻北铺村工作队及时协调解决村民困难、登门探望高龄老人和伤病人员，尤其是在了解到有 20 多名村民患有腰腿痛情况后，特意请来北京的专家进行义诊。一回回贴心帮助、一次次促膝恳谈，温暖了村民的心。

鼓满信心，更要凝聚强大合力。工作队始终把夯实党建基础作为扶贫的重要工作来抓，先后开展了“脱贫攻坚党旗红”活动、建立党员微信群、组织党员集中上党课等，鼓励党员干部在脱贫工作中当先锋、做表率。有了主心骨和领路人，村民们主动脱贫的意愿更强烈、干劲更足了。

育产业、增收入，持续“造血”

习近平总书记强调，发展产业是实现脱贫的根本之策。要因地制宜，把培育产业作为推动脱贫攻坚的根本出路。河钢驻涞源县工作队紧紧抓住产业扶贫这个根本，坚决打赢打好脱贫攻坚这场硬仗。

大力推进产业项目落地。利用扶贫专项资金，3 个村统筹建设了光伏电站项目、宝迪养猪项目等，积极发展特色农业。其中，河钢驻北铺村工作队与河钢承钢生活服务公司达成长期合作协议，对其绿色玉米糁、玉米面进行品质化包装设计、印制和精加工，河钢承钢累计采购北铺村农产品金额达 7.5

万元。河钢驻留家庄村工作队扩大谷子种植面积，构建稳定销售渠道。留家庄村谷子注册了“源北金穗”品牌，2018 年增收 30 余万元。宝迪养猪项目进展顺利，光伏发电项目也初见成效。

深入挖掘生态优势。河钢驻北铺村工作队对该村石景、古松、金朝金矿遗址、秀美山景、淳朴民宿进行拍照宣传，推荐给保定八一分校和保定艺校，开发成了“写生基地”和高三年级备考院。对该村常年水温不超过 22 摄氏度的山泉溪流进行实地勘测，促成了扶贫开发水利改造综合利用项目。目前，该项目已被纳入县委乡村振兴项目计划。

为贫困户量身定制“脱贫菜单”。涞蔚公路位于留家庄村东，是通往空中草原的必经之路，每年夏、秋季旅游人流络绎不绝。河钢驻留家庄村工作队充分发挥村民拥有丰富种植果树经验的优势，在新涞蔚线旁 37 亩集体农田上栽种了苹果、桃、杏、梨等果树，建设了采摘园。今年，部分苹果树已经挂果。

建项目、系民生，用心用情

“扶贫工作不光是写在墙上、说在嘴上、印在书上，更应该落实到一个个具体的项目上，体现在村民的笑脸上。”河钢驻涞源县工作队时刻心系百姓冷暖，为他们解决了多项所需所盼之事，将满意送到百姓心坎上。

狠抓基础设施建设，美丽乡村雏形初显。硬化村内主路，彻底改变了山村过去只有土路的现状；安装太阳能路灯，结束了晚上没有照明的历史；实施危房改造，改善村民居住条件；修缮文体广场，为村民增加了活动场所。2 年多来，河钢驻涞源县工作队积极协助镇、村两级干部谋划村庄的基础设施和基本公共服务设施建设，确保了“双基”项目逐项落地。

解决用水难题，赢得百姓点赞。留家庄村原有蓄水池较小，不能满足日常用水，往往刚过中午就出现停水现象，尤其是到了播种季节，庄稼灌溉、人畜饮水更成了一大难题。河钢驻留家庄村工作队及时向集团汇报，集团领导高度重视，马上安排捐赠资金为该村建成了 100 立方米的高位水池。2018 年底，该蓄水池已投入使用，村民用水方便了许多。

改善出行条件，让险路变通途。北铺村地处太行山脉深处，通往外界的路，除了翻山越岭的一条山间小路，就是一条墙壁凹凸不平、路面坑坑洼洼的简陋隧道。隧道内每到春季频有落石事件，冬季地面积水结冰难行。河钢驻北铺村工作队集全村之力实施了隧道安全防护工程，一举将长期阻碍村民出行的道路彻底打通。

一件件惠民实事让村民们的心更暖了，脸上的笑容更多了，村民对工作队的庄严承诺更信服了。

“我们带着感情、带着责任来到帮扶村，就是要以一往无前的决心和舍我其谁的担当，带领村民们趟出‘脱贫路’、踏上‘幸福路’，绝不辜负党和人民的重托，用实际行动为河钢彰显国企担当增光添彩！”工作队队员说。

（原刊于《中国冶金报》2019 年 10 月 29 日 2 版　通讯员　齐亚楠　王玮娜　记者　孙学军）

光伏发电照亮扶贫路

截至 9 月 15 日，由河钢集团负责包保开展驻村帮扶工作的贫困村——河北省保定市涞源县南屯镇黑山村，每户年综合收入预计达 7000~8000 元，超出国家贫困线标准 3200 元 2 倍以上。自 2017 年河钢集团驻村工作队进驻该村以来，各项扶贫政策得到充分落实，由河钢集团帮扶建设的 300 千瓦村级光伏电站项目于 2017 年 6 月并网发电，收益由该县政府统筹分配，覆盖该村 59 户贫困户。图为无人机航拍的黑山村光伏电站项目。

（原刊于《中国冶金报》2019 年 9 月 18 日 2 版　马雪磊　孟磊　摄）

把实事办到村民的心坎儿上

——记河钢石钢驻保定市涞水县郭家峪村扶贫工作队

5月5日，河北省委组织部通报2018年度省直派出单位和驻村工作队扶贫脱贫帮扶工作考核评价结果，河钢石钢和河钢石钢保定市涞水县赵各庄镇郭家峪村工作队（下称工作队）分别获“优秀派出单位”和“优秀驻村工作队”称号。

工作队共有3名成员，封喜才、吴振江和杨宏明，他们都来自河钢石钢。“做好帮扶工作，就要把每一项具体工作做实，把工作队的责任尽好。”郭家峪村地处太行山深处，山高路远，距离涞水县城还有100多公里；全村总面积一万多亩，耕地几乎都是梯田，种植不便……种种原因导致郭家峪村的贫困由来已久，脱贫任务十分艰巨。但这并没有阻挡住工作队队员的脚步，他们用心为村民办实事，让脱贫攻坚在这片土地上结出了丰硕的果实。

“路灯点亮了村落，也点亮了人心”

3月13日，在郭家峪村村民张术华的庭院里，工作队员正在和张术华攀谈着。张术华家是新识别（因病）的贫困户，工作队此次上门是专程向这一家人宣讲和解读党的各项扶贫及惠民政策的。

走出张术华家的大门，工作队队长封喜才说，他们还要去另一家新识别（因病）的贫困户张术田家，“他家只有1口人，身体又不太好，年收入只有500元。这次过去想看看有没有什么能帮到他的。”拐过两道小弯，听到几声狗叫，不远处，一扇大门吱吱呀呀地打开了，门开处出现一个羸弱的身影，传来热情的招呼声：“进来，快进来！”

村民们对工作队的热情是队员们这样深一脚浅一脚“踩”出来的。驻村伊始，封喜才就带着工作队成员不停地在村里转悠，大街小巷、田间地头都留下了他们的足迹。遇到歇息的村民，工作队会主动上前拉家常，和他们坐在一起讨论种地与打工，探讨未来和希望。

“融入郭家峪村，首先要依靠村干部。干事情要依靠村干部，脱贫攻坚还要依靠村干部。”许多时候，工作队都是主动找上门去，与村支部书记张鹏飞和村主任张术勇彻夜长谈，沟通思想，讨论问题。

如今一到傍晚，郭家峪村广场上的音乐就会响起，男女老幼都会聚集在这里，跳舞的、聊天的、看热闹的……欢声笑语此起彼伏，大家不用担心夜晚天黑看不清路了，因为村落的每条街道都已安上河钢石钢出资援建的太阳能路灯。

“路灯点亮了村落，也点亮了人心。”安上路灯一直都是村民们的愿望，当这个愿望变成现实时，村民们感觉到工作队跟村民们心心相通。

“把事做到老百姓的心坎上，就会得到认可”

2016年底，工作队以大量走访数据为依据，帮助村两委制定了《郭家峪村三年（脱贫）规划》，完成了全村115户的入户调查和填表工作，进行了逐户梳理与分析，为实施精准识别、精准退出提供了依据。

与此同时，工作队还创新工作思路，从点滴做起，将扶贫工作细化成一项项解决村民生活困难的小事和实事。当了解到因村子偏僻村民们照相不方便时，他们用工作经费购置了照相机、打印机和背景板等设备，义务开起了“村中照相馆”，免费为村民拍照和冲洗证件照片。当了解到“引入有线电视网线和电脑网线”是贫困村脱贫的一项具体要求时，工作队主动与涞水县广电公司联系，以优惠的价格将有线电视和宽带网线引入郭家峪村，并使用工作经费给安装有线电视的村民提供了每户30元的补贴。

2019年春节前夕，工作队把河钢石钢党委送来的食用油和饺子粉分发到每家每户，为村民们购买了春联、灯笼和彩旗，把古老的村落装点得既欢乐又祥和，惹得村里几位上岁数的老人在广场上久久站立，嘴里不住地念叨：“好看，像在画里一样。”

“把事做到老百姓的心坎上，就会得到认可。”不久前，郭家峪村两委带领村民把一面绣有“心系村民办实事，扶贫帮困暖人心”的锦旗送到了工作队驻地，向他们表示感谢。

“要从根本上解决郭家峪村的贫困问题，就必须发展产业”

目前，郭家峪村建档立卡的贫困户有25户65人，五保户有2户2人，享受低保的有99人。他们认识到，要从根本上解决郭家峪村的贫困问题，带领大家发家致富，就必须发展产业。工作队员们思考着从更深层次入手，让帮扶工作更精准。

“把党和国家精准扶贫、精准脱贫的精神落到实处，积极发展特色农业、绿色农业和生态农业，还要培育主导产业。”工作队协助郭家峪村创建了“康峪合作社”，实行了土地流转。工作队因地制宜地充分利用当地强光、高海拔、阴湿等条件种植黄芩，并延伸产业链，采黄芩叶制茶，实现村民就地务工，还提出了“优先吸纳贫困人口进入合作社打工挣钱”的建议。

万事开头难，资金难上难。为使合作社持续发展，工作队帮助起草了《“康峪合作社”种植药材制作茶叶项目现状、问题及需求》；多次邀请涞水县领导来村调研、座谈，力促破解合作社发展的资金难题。2018年，河钢石钢向郭家峪村捐赠了30万元，帮扶其发展产业经济，并建立了利益联结（分红）带动贫困人口机制。这个机制给村民们带来了实实在在的收入。不久前，张术华家4口人得到了3200元的分红，张术田家1口人也得到了500元的分红。

今年一开春，工作队与村两委谋划的新一年脱贫工作又紧锣密鼓地展开了，重点还放在发展合作社产业上，只是内容更加具体、更加深入，包括股权改制、完善生产茶叶卫生检测设备、销售、内部管理、继续寻求帮扶资金等。此外，工作队还正在协助村委会开发欧李种植和建设“民俗村”。

（原刊于《中国冶金报》2019年5月28日2版　记者　李瑞　通讯员　赵海燕）

河钢舞钢捐助 29 万元开展产业扶贫

近日，河钢舞钢为河南省舞钢市尚店镇贫困村王东村万人沟垂钓旅游项目捐赠 15 万元、为顶门村球盖菇种植项目捐赠 7 万元、为尹集镇康庄村花果采摘园项目捐款 7 万元，共计捐款 29 万元。

为圆满完成各项扶贫脱贫任务，河钢舞钢充分展现出国有企业的政治担当，明确工作责任，制定有力措施，推进深化产业扶贫，带动村民就业、实现创收，打造企业助力脱贫攻坚的样板工程，助力尚店镇王东村如期实现脱贫。

近年来，河钢舞钢千方百计为尚店镇王东村解难题、办实事、办好事，负责帮扶的 11 户贫困户有 6 户脱贫。河钢舞钢先后投入资金 9 万余元，为村民安装了健身器材，为村室安装了电子大屏，添置了垃圾桶，购置了计算机、打印机等办公设备，为村民送去了纯净水、米面油等生活用品，为村民开展了免费体检义诊等，改善了村容村貌和村民的生产生活条件。

（原刊于《中国冶金报》2019 年 8 月 20 日 2 版　董　洁）

脱贫攻坚有作为　忠诚履职勇担当

——河钢承钢驻滦平县安纯沟门村工作队扶贫工作纪实

“2018 年脱贫的 83 户村民情况稳定。未脱贫的 5 户中，宋秀凤、刘树林和梁守义除享受产业分红收益外还办理了低保兜底，马宗友和王思燃有产业分红收益，马宗友做家禽养殖，王思燃养殖蜜蜂。” 8 月 26 日，刚刚参加完河北省承德市滦平县扶贫工作会的河钢承钢驻村工作队负责人潘轶向《中国冶金报》记者介绍道。

自2016年河钢承钢驻河北省承德市滦平县安纯沟门乡安纯沟门村工作队进村入户开展帮扶行动以来，该村就业扶贫、产业扶贫和消费扶贫项目落地见效，实现“两不愁三保障”全覆盖，彰显了国有企业的责任与担当，以真心实现“真扶贫、扶真贫”。

就业扶贫，点亮村民新希望

半年前，安纯沟门村村民程方超还在为就业发愁。现如今，他在河钢承钢实现就业，不仅学到了技术，还收获了幸福。

这一切，都源于承德钛安建筑劳务分包公司（以下简称“劳务公司”）的成立。正是这家由安纯沟门村村集体委托一名村委任法人代表、由村集体参股的劳务公司，给了程方超等20多名安纯沟门村适龄村民前往河钢承钢接受岗前培训的机会。程方超成为第一批岗前培训考试合格、正式上岗工作的7名村民之一。

潘轶至今对劳务公司成立的前前后后记忆犹新。2018年5月和11月，河钢承钢党委书记、董事长耿立唐先后两次到该村就脱贫增收工作开展情况进行调研。在进村入户进行实地考察后，他指示工作队：可以利用农户土地与河钢承钢搞产销结合，同时成立劳务公司由河钢承钢给部分农民工提供岗位就业，也可在由河钢承钢负责帮扶的项目中实现就地打工就业。劳务公司注册成立工作随即启动。该公司成立后，由河钢承钢负责技能培训、提供工作岗位，并以劳务派遣的形式为安纯沟门村适龄村民提供就业机会。

据驻村工作队队员张新回忆，那段时间，他和村委马建军等同志们日夜忙着办理劳务公司注册成立的各项手续，忙得不可开交。实践证明，劳务公司的成立拓宽了村民增收的渠道，对于增强村民脱贫攻坚的信心，激发村民“撸起袖子加油干”的斗志，意义重大。

下一步，河钢承钢将把部分产线的卫生保洁工作也承包给劳务公司，以吸纳更多适龄村民获得合适的工作岗位。未来，安纯沟门村40岁以内的家庭妇女，都有机会通过劳务公司实现就业。

产业扶贫，抓住增收关键点

安纯沟门村主要收入以种植业为主，其次是外出打工和养殖业，副业收入占比很低，村里没有建立合作式组织。发展产业，增加收入，势在必行。

2017 年 4 月，滦平县开始在贫困户中推广屋面安装分布式光伏项目。当时驻村工作队正在与“村两委”就河钢承钢提供的帮扶捐赠资金如何使用进行磋商。得知这一信息后，驻村工作队立即对安纯沟门村屋面安装分布式光伏的可行性及帮扶捐赠资金额度进行研究，认为可行。随即与“村两委”商定，利用帮扶捐赠资金为村集体经济建设屋面分布式光伏项目，使村集体从此有了自己的产业项目。按照当时市场分布式光伏项目建设均价，20 万元可建 3000 千伏，年收益可达 2 万元左右，收益期为 15~20 年。

2019 年 1 月，安纯沟门村屋面分布式光伏项目顺利完成安装。村民们交口称赞：“河钢承钢为安纯沟门村的老百姓实实在在地办了一件大好事!”

光伏项目的成功实施，不仅坚定了驻村工作队大力推进产业扶贫的信心，也让广大村民看到了发展产业实现脱贫致富的广阔前景。驻村工作队趁热打铁，今年继续利用河钢承钢提供的帮扶捐赠资金，研究落实滦平县推广的微型菇房产业项目，为该村建设一个微型菇房，吸收贫困户就业，为村集体增收，带动全村发展产业致富。

消费扶贫，成功走出富民路

“感谢河钢承钢！感谢驻村工作队的同志们！你们啥事都替我们想到了。不光给我们送来了米面油，还帮我们卖蜂蜜。感谢你们带领大家走上了致富之路!”

说出这番话的村民叫王思燃，今年 45 岁，是因病返贫的贫困户。王思燃本人没病，患病的是他的母亲。王思燃母亲今年 60 多岁，患有狂躁型精神病，身边不能离人。这些年，为了给他母亲治病，王思燃花光了家里所有的积蓄。王思燃本人还有两个孩子要抚养，家庭负担很重。

驻村工作队了解到王思燃会养蜂，家里直到现在还有 60 箱蜜蜂。工作队认为这是一条切实可行的脱贫之路。可没想到，劝他继续从事蜜蜂养殖的话刚一出口，就受到了他的抵触，根本原因是现在的蜂蜜不好卖，受很大累却又卖不上价。

工作队没有放弃。他们经过深入了解，发现这里的蜂蜜品质优良、味道很好。除了王思燃外，其他十几户村民也在养蜂。这里的蜂蜜唯一欠缺的就是走出大山的机会。而这个机会，河钢承钢可以提供。为了帮助王思燃尽快脱贫，驻村工作队通过各种渠道为王思燃争取到了 5 万元农村商业银行低息贷款，扶持他养蜂致富。光是为他办理相关手续，工作队就整整跑了半个月。同时，为了帮助更多养蜂户增加收入，驻村工作队将帮助村民销售蜂蜜的想法向河钢承钢作了专题汇报。河钢承钢领导高度重视，作出批示：全力支持!

安纯沟门村出产的槐花蜜没有商标，河钢承钢绿色发展公司将“万树园”商标免费供他们使用；安纯沟门村出产的农产品在超市里没有柜台，河钢承钢员工会员超市专门为他们开辟出扶贫专柜，并以高于市场价的价格收购；河钢承钢职工到员工会员超市购物，看到扶贫专柜的商品也纷纷认购。于是，安纯沟门村出产的蜂蜜和农副产品，就这样一路绿灯端上了河钢承钢人的餐桌。从年初至今，安纯沟门村已销售 12000 余斤蔬菜、6300 多斤蜂蜜、40 多只农户散养柴鸡，销售额总计达 17. 6 万余元。

真心扶贫，忠诚履职暖人心

驻村工作队各位队员自进村入户起，就将自己的忧思关切与全体村民的安危冷暖紧紧地联系在一起。每次结对帮扶责任人入户走访前，驻村工作队都要对全体帮扶责任人进行集体培训。在日常工作和迎接国家成效考核实地抽检工作中，驻村工作队挨家挨户走访，全面了解村民的基本生活情况，确保“两不愁三保障”各项措施落实到户、到人。

2018 年 5 月，80 多岁的低保贫困户刘树林老两口住的老房子，因连日雨水浸泡导致地基下陷、墙体开裂。工作队得知后立即与“村两委”的同志上门查看，协助准备申报材料，启动危房改造施工。没想到老两口说啥也不搬家。眼看汛期将至，老两口的老屋更是危如累卵。驻村工作队队员张新和村委马建军天天登门做思想工作。白天去，晚上也去，顺带帮两位老人做做家务、搞搞卫生。家人般的温暖，让两位老人十分感动，最终向他们道出了不想搬离的原因。原来，老两口的房子当年建的时候是 70. 2 平方米，而危房改造后最多能给到 60 平方米左右。如果加盖，费用得自己承担。老两口这才产生了抵触情绪。为消除老人的顾虑，张新他们又赶紧给老人的子女做工作，累计做了不下 20 次思想工作，最终老人的儿子答应支付超出的费用。

交付新房那天，两位老人看着崭新的房子激动不已。房子面积 1 平方米都不少，断桥铝窗户取代了以前的纸窗户，新房子还安装了太阳能热水器，屋里也新装了暖气。

在脱贫攻坚的征程上，驻村工作队用真心实意的实际行动，将关怀送到了全体村民的心坎上，让村民们看到了河钢承钢兑现脱贫攻坚承诺的实际行动，彰显了国有企业的责任与担当。

2018 年，安纯沟门村顺利通过了全县整体脱贫的河北省劳动就业专项考核和第三方评估考核。驻村的徐银武和张新被河北省委组织部评选为全省优秀驻村工作队员，潘轶被承德市授予个人三等功。2019 年 1 月，安纯沟门村顺利通过了国家脱贫绩效考核。

（原刊于《中国冶金报》2019 年 9 月 5 日 2 版　实习记者　马国君　通讯员　陈 军　张 岩）

精准扶贫润民心

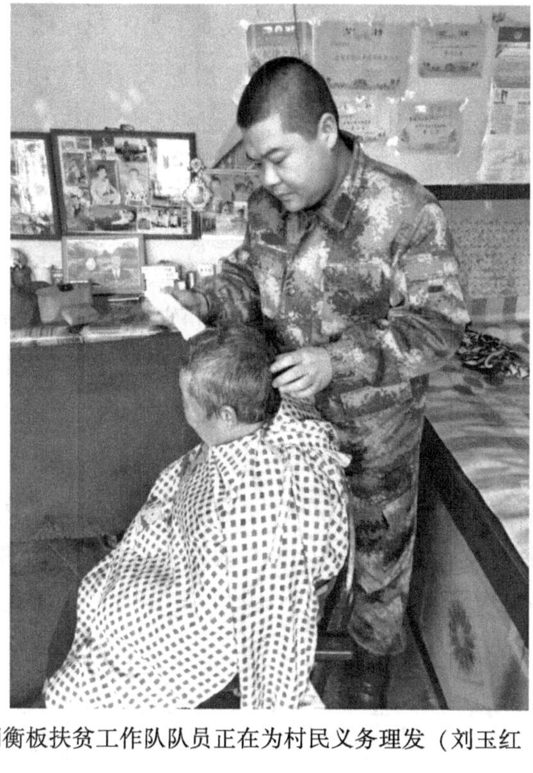

河钢衡板扶贫工作队队员正在为村民义务理发（刘玉红　摄）

冬日严寒，大地冰封，皑皑白雪裹挟寒风诉说着冬日的寒冷，但刺骨的严寒挡不住河钢衡板为河北省张家口市南山村贫困村民送温暖的脚步。2019年12月24日一大早，记者跟随河钢衡板送温暖团队抵达南山村，孙蕾见到送温暖团队后，按捺不住激动的心情："听说你们给村民带来了新年礼物——米面油，真的是太好了！"孙蕾知道，全村107户村民都将享受到这份沉甸甸的礼物。

自2016年以来，通过4年的驻村帮扶工作，南山村这个曾经贫穷落后的小山村迎来了久违的欢声笑语。

产业扶贫帮助村民脱贫致富

南山村位于河北省张家口市涿鹿县河东镇东南，贫困人口占总人口的80%。由于地处偏远山区，自然条件恶劣，基础设施落后，可利用土地及水资源匮乏，当地村民均靠外出打工为生，生活极为贫苦。

"我永远忘不了村民们那渴望期盼的眼神。当时我就暗下决心，一定要让当地群众早日脱贫！"在接受《中国冶金报》记者采访时，孙蕾回忆起他2016年2月24日刚抵达南山村时的情景，切身感受到扶贫工作的神圣和职责所在。

初到南山村，顾不上长途奔波的劳累，孙蕾放下行李，立即投入到南山村84户203人的建档立卡贫困户摸排走访工作中。经过历时3个月的走访登记，他全面掌握了每一家贫困户的家庭生产和生活情况，并凭借第一手资料，了解到贫困户的致贫原因。经请示上级，孙蕾积极协调河钢衡板各党支部负责人，开展了"一对一"精准帮扶结对活动，真正做到帮扶到户、落实到人。

为解决好南山村贫困群众的吃穿问题、真正抓好基础教育、彻底改善生活和住房条件，孙蕾所在的扶贫工作队把全村划分为9个"网格"，结合村里实际，通过产业扶贫、村集体增收、教育扶贫等多个层面展开扶贫工作。

"产业扶贫是脱贫攻坚的基石，只有发展好产业，才能真正使农民脱贫致富。"经过充分论证后，河钢衡板扶贫工作队计划利用村里的环境和土地发展种杏、种树、养兔等特色产业。但有部分村民提出了质疑：销售怎么保障？投钱进去收不回来咋办？谁来种？怎么种？技术怎么把握？

面对质疑，孙蕾一次次上门去做工作。为化解疑虑，他还带上几位“反对派代表”到周边临县观摩种植发展好的村子，开开眼界，对标学习。

孙蕾用耐心和诚心说服了村民，与村民一起投入到热火朝天的工作中。此后，南山村的田间地头上，杏树发芽了，树苗成活了，蜜蜂勤采蜜，光伏发电忙。各项产业像雨后春笋般破土而出，南山村群众的脱贫动力被成功点燃。

截至目前，南山村共种植文玩核桃特色植株667株，养殖蜜蜂42箱，光伏发电户全部并网发电，成功入股肉兔养殖合作社，“金刚泉”好吃杏成为品牌并入股涿鹿县农业开发公司。南山村的所有扶贫产业项目落地生根，全村的贫困户从此有了稳定收入。

民生改善成就美好生活

“我叫高成荣，是南山村一名普通村民，这几年来我们家是南山村最困难的一户。我要感谢河钢衡板扶贫队员，你们是党的好接班人，给予我很大的帮助，让我有了家，有了活下去的念头。”每次读到这封感谢信，孙蕾都禁不住热泪盈眶。“到村里干工作的初衷，就是让群众富起来、把产业抓起来。群众的增收渠道拓宽了，大家的幸福指数节节攀升，这是让我感到最开心的事儿。”孙蕾在工作笔记上道出了他的扶贫心声。

南山村地处大山深处，交通不便，贫困群众影印个人影像、整理文字资料时，需要长时间的奔波和等待。发现这一问题后，孙蕾就在工作之余帮助解决相关问题：义务为出行不便的老人理发、维修小家电；利用寒暑假为村内中小学生组建电脑学习兴趣小组，教授电脑小知识和简单的操作技能，受到村内中小学生和家长的热烈欢迎。

孙蕾多次被评为河北省委组织部“优秀扶贫工作队员”。2017年，他所在的河钢衡板驻村扶贫工作队也被涿鹿县组织部考核评为优秀。他的历程折射出河钢衡板扶贫工作队的扶贫之路。

除了帮助南山村产业脱贫之外，河钢衡板扶贫工作队还心系民生，为村民的安全饮水提供保障。河钢衡板扶贫工作队积极协调相关部门，将饮水配套成功纳入河北省水利厅“十三五”规划，完成3台水泵、400米电缆、1200

米水管及加盖井房等配套设施设备配置工作。其中，配套水泵、电缆等设备均由河钢衡板出资。最终，南山村贫困群众摆脱了车拉、桶提的饮水方式，吃上安全卫生的健康水。

此外，为丰富南山村群众的业余生活，河钢衡板扶贫工作队申请多方协调，为村内配备各种乐器、音响设备和相关健身器材，并组建了图书阅览室。与此同时，扶贫工作队组织清理村内生产、生活垃圾，配套建设便民公厕、路灯，修建公路，从根本上改变了南山村脏、乱、差的旧面貌，为群众出行提供便利，大大提升了当地村民的幸福生活指数。

大爱润物细无声，点点滴滴汇暖流。南山村村民的心被一团团“热火”所融化，与河钢衡板扶贫工作队越走越近。时至今日，南山村建档立卡贫困户已实现全部脱贫。

（原刊于《中国冶金报》2020年1月8日1版　记者　刘玉红　通讯员　王　升）

让贫困村民富起来

习近平总书记指出，全面建成小康社会、实现第一个百年奋斗目标，最艰巨的任务是脱贫攻坚，这是一个最大的短板，也是一个标志性指标。省委、省政府把脱贫攻坚工作作为重大政治任务来抓，聚焦精准，持续用力，决胜脱贫攻坚，确保目标如期实现。太钢驻村扶贫工作队全面落实党中央和省委、省政府的决策部署，认真落实公司党委要求，通过实施抓党建夯基础、兴产业助发展、聚人心凝合力等措施，使定点扶贫的15个贫困村全部实现摘帽，村民的幸福感和获得感大大增强。

抓党建，激活脱贫攻坚“内动力”

太钢扶贫工作队人员入户了解脱贫情况

习近平总书记强调，抓好党建促脱贫攻坚，是贫困地区脱贫致富的重要经验；越是进行脱贫攻坚，越是要加强和改善党的领导。省委、省政府充分发挥基层党组织在脱贫攻坚中的战斗堡垒作用，为打赢脱贫攻坚战、实现乡村振兴提供坚强保障。太钢驻村扶贫工作队把抓党建促脱贫作为开展工作的重要路径，全力把党的组织资源、组织优势、组织活力转化为贫困村的发展资源、发展优势和发展活力。俗话说，村民富不富，关键看支部。娄烦县马家庄乡进善村“第一书记”曹德生来到村里，通过走访，发现由于党的基层组织建设涣散，党员的先锋模范带头作用不突出，村民没了“精气神”，很多贫困户丧失了自强自立的信心，等着要救济、要补助、要饭吃。扶贫先扶志，扶志先扶“精气神”。曹德生把目光聚焦到党支部建设上，从抓村支两委、带队伍、强堡垒入手，建立健全了《党务公开制度》《村务公开制度》《村级班子议事规则》制度；重新梳理划分了第一书记和村“两委”班子成员的职责分工，并将职责分工做成牌匾挂在墙上，村民有事能及时找到村干部，真正做到村内各项事务事事有人管、件件有着落；坚持“三会一课”制度，加强党员干部理论教育、廉洁教育、业务培训；制定党员发展计划，将2名年轻有文化的创业致富能手吸收入党，为组织增添了新鲜血液。这些举措树立了党组织的威信，赢得了村民的认可。党建工作抓起来了，党员的精神面貌也好了。在党员的带动下，村民不仅对道路两侧影响村容村貌的柴堆、粪堆、石堆进行了清理，还建起了综合性文化广场。路好走了、广场靓了、村庄美了，村民们尝到了甜头、看到了奔头，精气神自然提了起来。太钢驻村扶贫工作队通过精准抓党建，帮助贫困村改善了环境，激发了村民的内生动力，为进善村打造了一支撤不走的工作队。

兴产业，铺就脱贫增收“致富路”

太钢扶贫工作队在扶贫村搞起了西洋参种植产业

习近平总书记强调，“要脱贫也要致富，产业扶贫至关重要”。省委省政府把产业扶贫摆在极其重要的位置来谋划推动，坚持问题导向，突出产业支撑，用实实在在的增收提高贫困群众生产的积极性。为了给贫困村脱贫找准发力点，工作队精准入户走访调研，跑遍了村里的犄角旮旯，掌握民情民意，了解发展优势，最终确定了“企业+贫困户”“企业+合作社+贫困户”的扶贫思路，带动贫困户脱贫增收。娄烦县蔡家庄村原本就有养牛的传统，但由于方式落后，种牛质量差，所以一直没形成气候。扶贫工作队了解到这一情况后，决定因地制宜继续发扬这一传统，把肉牛养殖作为主要脱贫项目。他们兴建了标准化牛舍、购买了优质种牛、建设了草料场，还聘请农业专家，举办培训班，为村民传授养殖技术。目前，蔡家庄村的肉牛养殖产业已经初具规模，生产出的牛肉制品成了市场上的“香饽饽”。除了肉牛养殖，太钢驻村扶贫工作队还在蔡家庄村搞起了光伏发电项目，年收益 25 万余元，贫困户可直接参与电站的收益分配。产业村村有，脱贫路子宽。如今，在太钢驻村工作队的帮扶下，河北庄村的香菇产业远近闻名，杜家庄村的西洋参种植红红火火，天池店乡大娄则村的山羊养殖蓬勃发展。村民们看到在太钢驻村工作队员的努力下，“扶贫花”开出了“致富果”，脸上都笑开了花，大家在脱贫攻坚奔小康的幸福路上越走越有信心。

多渠道，汇集小康建设“正能量”

太钢扶贫工作队在定点帮扶村搞起了中药材种植产业。图为芍药花种植基地

习近平总书记视察山西时指出，要通过多种形式积极引导社会力量广泛参与脱贫攻坚。省委、省政府坚持以人民为中心的发展思想，开发式扶贫和

保障式扶贫相统筹，精细管理、精细扶持。杜家庄村是太钢的定点扶贫村，2018年响应政府号召，全村家家户户都种上了红皮土豆，到了收获的季节，由于山路运输不便，又没有销售渠道，土豆眼看就要烂在地里，村民们着实犯了愁。为了帮助村民解决土豆滞销的难题，太钢驻村扶贫工作队员一方面积极协调申请修路资金，另一方面向全体太钢职工发出了“献爱心——购买扶贫村土豆”的倡议。太钢集团党委高度重视，立即安排工会拟定了消费扶贫采购协议，并进行广泛宣传。仅短短两周时间，太钢职工就与贫困户达成了40万斤红皮土豆购买协议，打通了土豆的销路，把土豆变成了“金豆”。借鉴土豆销售的成功经验，太钢又与15个定点扶贫村建立了农特产品包销协议，定期推广销售小杂粮、牛羊肉、山蘑菇、土鸡蛋等农特产品，帮助村民拓宽致富渠道。太钢消费扶贫的经验做法受到国家扶贫办的关注和肯定。在全力做好消费扶贫的同时，太钢驻村扶贫工作队还利用“互联网+”开展社会扶贫，引导和发动职工参与到“社会扶贫网”和“公益中国”网络平台，与贫困户面对面精准对接，开展爱心捐赠、志愿服务等。

脱贫攻坚任重道远。太钢扶贫工作队员将继续真抓实干，攻坚克难，巩固提升扶贫成果，开展脱贫人口“回头看”“回头帮”，确保稳定脱贫不返贫。

（陈涛　文　王宏旭　摄影）

高祥明调研太钢扶贫攻坚情况

近日，为更扎实落实推进好扶贫工作，太钢集团党委书记、董事长、总经理高祥明亲自带队，到定点扶贫村——山西省娄烦县马家庄乡杜家庄村、进善村和蔡家庄村进行实地调研，并看望慰问一线驻村扶贫队员。

一项项太钢帮扶的扶贫产业项目在娄烦开花结果。杜家庄村的扶贫产业项目是种植西洋参，这里出产的西洋参被美国专家评定为最优级；进善村的自然条件非常适宜耐旱耐低温的芍药生长，太钢在该村的扶贫产业项目是芍药中药材种植加工；位于蔡家庄村的文亮立人养殖专业合作社以发展养殖肉牛产业项目为主，采取“政府扶龙头，龙头建基地、基地带着贫困户”的发展经营模式，通过土地流转、劳务收益、保底分红、利润分红等为贫困户增收脱贫。

调研中，高祥明还察看了两个易地扶贫搬迁的集中安置点。他要求太钢的扶贫工作队认真听取村民的意见建议，把搬迁后的生产生活考虑周全，真正让村民安居乐业。脱贫攻坚，责任重大，使命光荣。高祥明要求，要站在讲政治的高度，进一步提高对扶贫工作的认识，加强与地方干部的沟通与协调，吃透政策，科学施策，确保各扶贫项目和结对帮扶工作稳步推进。扶贫队员要遵守驻村工作纪律和制度，进一步把工作做实做细，巩固成果，再接再厉，共同帮助帮扶对象早日脱贫摘帽，向山西省委、省政府、省国资委交上一份满意的答卷。

据了解，太钢从2010年开始承担临汾大宁县昕水镇秀岩村定点扶贫任务，并于2014年实现秀岩村整村脱贫。2015年太钢定点扶贫任务调整到娄烦县马家庄乡的5个行政村。2018年，太钢又新增了忻州市保德县10个行政村的定点帮扶任务。按照“一村一队，一队三人”的要求，太钢共派出7名第一书记，45名驻村帮扶队员在扶贫一线开展工作。

（原刊于《中国冶金报》2018年6月19日1版　记者　陈　强　通讯员　陈　岩）

“村村有产业、户户有人管”

——太钢高质量开展精准脱贫攻坚战

2018年，按照山西省干部驻村帮扶工作领导小组的安排，太钢轮值担任山西省直单位娄烦县驻村帮扶工作队大队长单位，在原有定点帮扶太原市娄烦县5个行政村的基础上，又新增了忻州市保德县10个行政村。截至目前，太钢共计派出7名第一书记、48名驻村帮扶队员，全力投入脱贫攻坚战。

太钢作为山西省属大型国有企业，始终把助力脱贫攻坚作为首要政治任务和头等大事来抓。从2010年起，太钢就在山西省临汾市大宁县开展定点扶贫工作；2015 年，定点扶贫任务调整到娄烦县马家庄乡 5 个行政村。截至目前，太钢 5 个定点帮扶村的贫困户由 2015 年刚入驻时的 668 户 6800 人下降到 286 户 557 人，其中 3 个村已经实现整村脱贫，剩余的 2 个村将于 2018 年底实现贫困村退出摘帽。近几年来，太钢多次被评为山西省“先进扶贫单位”，扶贫队员先后被评为山西省“模范扶贫队员”“先进扶贫队员”，在太钢派出的 7 名第一书记中，有 5 名第一书记先后被太原市政府评为“优秀第一书记”。

脱贫攻坚强化“力量聚合”

根据山西省安排，娄烦县、保德县要在今年实现贫困县退出摘帽目标，任务十分艰巨。为此，太钢在娄烦县定点扶贫工作中，以“两不愁”（农村贫困人口不愁吃、不愁穿）、“三保障”（农村贫困人口义务教育、基本医疗、住房安全有保障）为脱贫攻坚目标，按照“六确保”（创新工作机制，确保脱贫攻坚“力量聚合”；用好扶贫资金，确保产业扶贫“精准滴灌”；坚持抓党建促扶贫，确保党组织“战斗堡垒”作用；识帮对象，确保脱贫攻坚“精准定位”；真情帮扶暖人心，确保贫困户对企业的认可和满意；强化宣传工作，确保为扶贫攻坚提供有力的思想保障）的工作方针开展各项扶贫工作。

为推动扶贫工作落到实处，太钢进一步调整和完善扶贫工作机构。太钢党委召开常委会议，专题研究部署扶贫攻坚工作，下发了《关于进一步加强扶贫工作的通知》，成立了由党委书记、董事长为组长的太钢扶贫工作领导组，领导组下设扶贫工作办公室、定点扶贫工作组、产业扶贫工作组、党建工作组、经济工作组，明确各组的职责分工，做到既各司其职又相互对接联络，实现上下结合、内外结合，形成合力；接着又下发了《太钢党员干部结对帮扶通知》，对党员干部结对扶贫提出明确要求，做到了村村有人负责、户户有人帮扶；按照山西省及太原市对农村第一书记、驻村工作队员的考核办法，太钢出台了《定点扶贫工作队员考核办法》，建立起对驻村工作队员的常态化监督检查工作机制，为扎实有效开展扶贫工作提供了重要保证。

产业扶贫突出“精准滴灌”

习近平总书记强调“要脱贫也要致富，产业扶贫至关重要”。发展产业是贫困人口实现脱贫的根本之策。为推动产业扶贫，今年初以来，太钢集团党委书记、董事长、总经理高祥明专程前往太钢帮扶的娄烦县杜家庄村、进善村、蔡家庄村进行调研，了解产业扶贫项目进展情况，研究部署下一步扶贫工作；太钢集团专职党委副书记、副董事长韩瑞平前往保德县腰庄乡铺房塌村、桥头镇王家里村及王刘家沟村进行实地调研；太钢集团董事、工会主席曹志福担任省直单位娄烦县驻村帮扶大队长并兼任县委副书记以来，先后深入娄烦县10个乡镇的22个行政村，就产业扶贫、旅游扶贫、光伏扶贫、异地搬迁等开展调研。在调研的基础上，太钢于去年投入300万元扶贫资金，今年又投入680万元资金，用于扶持娄烦县、保德县的产业扶贫和基础设施建设，先后搭建西洋参种植大棚23个、香菇种植大棚54个，建设牛舍44间，同时实施道路修缮、移民新村管网建设等项目，采取多种模式，强化龙头带动，引导专业合作社、产业带头人、家庭农场等与贫困户建立产业增收利益联结机制，实现了村村有产业、户户有人管，为完成扶贫任务打下了坚实的基础。

坚持抓党建促扶贫

农村要致富，关键在支部。针对贫困村普遍存在着的党建工作滞后和活动场所不足、设施缺失等问题，太钢坚持抓党建促扶贫的工作思路，既抓硬件建设，又注重贫困村的党员素质提升。2017年，太钢总计投入80万元用于娄烦县5个定点帮扶村的党建阵地建设；派驻的优秀党员干部与贫困村党支部共同开展“主题党日活动”，通过引领和带动，把太钢优秀的企业文化和党建经验带到农村，使农村基层党建工作更好地融入扶贫、服务扶贫、推动扶贫，实现了党建扶贫双推进。太钢派驻娄烦县马家庄乡进善村第一书记曹德生从村两委班子建设入手，加强基层党组织建设，帮助村民发展中药材芍药，带动全村76户239人稳定脱贫，被群众亲切称为“扶贫路上的好书记”。

真情帮扶暖人心

太钢定点帮扶村蔡家庄村小学共有26名学生，大部分属于留守儿童。太钢扶贫队了解学校实际情况后，与小学建立了定点帮扶关系，每年“扶贫日”期间，太钢党政领导都坚持带队看望慰问，为孩子们送去图书和学习用品；每到春节、中秋节等传统节日，太钢都组织帮扶干部为建档立卡贫困户捐物资、送温暖，增进了与贫困户的感情。太钢定点帮扶村杜家庄村贫困户段爱亮的5岁女儿患有脑瘫，扶贫队员了解情况后，积极协调山西省及太原市残联、医院，让孩子享受免费康复治疗，治疗效果良好，目前孩子在家人的协助下可缓慢行走。此外，太钢还联合社会公益组织的力量，定向使用20万元捐款，用于在娄烦县太钢5个定点扶贫村开展大型义诊和大病特困户救助活动，得到了村民的广泛认可，拉近了企业与贫困户的距离。

太钢将认真贯彻落实习近平总书记关于脱贫攻坚的重要讲话精神和山西省攻坚深度贫困现场推进会精神，以扎实的举措和过硬的作风，充分发挥国有企业的生力军作用，继续集中优势力量，攻坚深度贫困地区，全力以赴高质量打赢精准脱贫攻坚战。

（原刊于《中国冶金报》2018年8月30日1版　记者　陈强　通讯员　胡立人）

是太钢人帮俺村脱了贫！

画面中这位老人叫陈福姐，是山西娄烦县马家庄乡河北庄村村民。她手举的这张照片是《中国冶金报》特约通讯员在2009年11月23日抓拍的。当天，太钢向山西贫困县娄烦县捐赠1万吨原煤，陈福姐老人看到开进村里的运煤车后，开心地笑了。

时隔9年多，2019年1月25日，作者再次见到已经86岁的陈福姐时，老人身板硬朗，思维清晰。她说："俺现在是村里的'五保户'，住在敬老院，再不用担心取暖用煤的事儿了。在太钢人的帮助下，今年大家都脱贫了，用煤再不用别人捐赠了。"

从2015年起，太钢先后投入1000多万元用于产业扶贫和基础设施建设项目的扶持，目前太钢帮扶的娄烦县5个村已全部实现整村脱贫。

（原刊于《中国冶金报》2019年2月12日4版　特约通讯员　王旭宏摄影报道）

太钢"三个一"踏出消费扶贫新路子

近日，太钢工会收到一封饱含太钢扶贫点乡亲深情的感谢信："尊敬的太钢职工，感谢您再次购买贫困山区农特产品，感谢您对贫困山区老百姓献出的一份爱心。2015年以来，太钢人带着脱贫攻坚的重任、带着对贫困山区群众的深切关怀，来到偏远贫困地区，不怕苦累，扎根农村，修路、架桥、做产业，带领老百姓脱贫致富奔小康。在秋收的季节又主动帮助我们销售农特产品，增加我们的收入。在这里，太钢扶贫点全体乡亲对太钢各位职工、爱心人士的关心和支持表示衷心的感谢，也向太钢多年来持续的帮扶致以崇高的敬意！扶贫点全体乡亲欢迎您来做客，和乡亲们一起见证和感受脱贫攻坚胜利的伟大成果。"

太钢集团在山西省委、省政府的统一安排部署下，主动作为，积极谋划，用"三个一"探索出消费扶贫的新思路、新路径，取得良好成效，以实际行动将"不忘初心、牢记使命"主题教育落在了实处。

“一条路”走出消费扶贫发展新模式

杜家庄村（位于山西省太原市娄烦县马家庄乡）是太钢定点扶贫村。2018年，全村家家户户都种上了红皮土豆，到了收获季节，由于山路运输不方便，又没有销售渠道，土豆很可能要烂在地里。负责人吕应田寝食难安，找不到解决办法。

太钢驻村扶贫工作队了解到这种情况后，高度重视，一方面向太钢公司汇报情况，积极申请修路资金，2018年投资5万元，打通了山上到山下的路；另一方面向全体职工发出参与扶贫、奉献爱心，为杜家庄村人民贡献力量的倡议和号召。太钢党委迅速将工会确定为牵头组织部门，工会通过精心制订实施方案，拟定消费扶贫采购协议框架，为职工量身定制了30斤、40斤、50斤不同重量的包装袋，并借助公司内部媒体平台，为消费扶贫的广泛开展营造了浓厚的氛围。“娄烦的土豆又沙又好吃，真是名不虚传。非常感谢公司搭建的消费扶贫平台，让我们能够为脱贫出一点自己的微薄之力，我们感到非常高兴！”太钢职工道出了自己的心声。

借鉴土豆销售的成功经验，太钢与15个定点贫困村建立了贫困户农特产品包销协议，定期为职工宣传推广农特产品，帮助脱贫致富。2018年，太钢职工个人消费扶贫订单达60余万元，让老百姓在家里就有收入。“没有太钢的帮扶，我们脱贫的路不知道还要走多远！”吕应田紧紧地握住太钢扶贫工作队队员的双手，激动得不知道说什么好。今年，太钢又组织职工购买贫困户农特产品小米1.2万斤、胡麻油1万斤、小杂粮1.6万斤、红薯和土豆20万斤、核桃5000斤，销售金额达50余万元，真正帮助老百姓解决最着急、最烦心的现实问题和实际困难。太钢修起的爱心路不仅打通了山上与山下的通道，还拉近了职工与贫困户的距离，更是率先踏出了一条消费扶贫进企业的新路子。

“一张网”架起社会力量参与扶贫的新桥梁

习近平总书记视察山西时指出，要通过多种形式积极引导社会力量广泛参与脱贫攻坚。山西省积极响应习总书记号召，率先在全省探索出了以社会扶贫网为依托，以爱心超市、项目超市、消费扶贫超市为重点的“1+3”社会扶贫模式，有效调动了社会帮扶的积极性、群众脱贫的能动性。

太钢紧跟山西省扶贫政策，调整思路，整合现有资源做好“1”、拓展“3”。太钢发动职工参与到社会扶贫网和公益中国这两个大平台上来。扶贫队队员动员贫困户在网上注册，为他们讲解社会扶贫网的意义，指导他们使用扶贫模块，为患大病的职工发起扶贫众筹，让老百姓感受到来自社会各界的关爱和真情。“想参与扶贫一直没有机会，家里好多衣服想捐出去。前几天通过社会扶贫网联系到一名贫困户，全给送过去了，看到他们高兴我也高兴!”一名太钢退休老人激动地对左邻右舍说。

太钢在做好消费扶贫的基础上，加大爱心超市和项目超市工作力度，通过对接山西省红十字会、太原市慈善总会、娄烦社会扶贫中心等单位，先后投入 40 余万元资金帮助贫困村建立爱心超市；发起 48 户患大病职工家庭救助项目，为每户贫困户争取到 2000 元专项救助金。目前，太钢在帮扶的娄烦县 5 个村都已设立了爱心超市，贫困户可以通过保持院落卫生、参加公益活动、孝老行善等方式，以积分形式获得“爱心”物资，促进了贫困户参与脱贫的积极性。蔡家庄村是 5 个帮扶村里最早设立爱心超市的一个村，目前 129 户贫困户中已有 108 户获得了“爱心”奖品。

“一张网”架起社会力量参与扶贫的新桥梁，集结了爱心帮扶力量，真正实现社会力量与贫困户帮扶需求的有效对接，构建起了一张社会立体帮扶网。

“一份情”连起了党员干部与贫困户的心

武代青是蔡家庄村最穷的贫困户，年近 50 岁才有了儿子，妻子智力低下，孩子经常穿着破旧的衣服。太钢帮扶工作队队员了解到实际情况后，主动与武代青建立结对关系，从思想上引导、从生活上关心，积极主动为孩子购买和赠送一年四季所需的衣服和学习用品。通过 4 年的帮扶，扶贫队员与武代青结下了深厚的感情，每年春节，扶贫干部都会接到武代青新年问候的电话；每到秋收季节，武代青都会为扶贫干部准备土豆、小米、鸡蛋等农产品。扶贫队员把从武代青家购买的农产品送给亲戚朋友后，产品受到一致好评。

这种消费扶贫的新形式启发了扶贫工作队，“结对直销”成了太钢实施消费扶贫的另一种模式。公司号召帮扶党员干部自愿购买结对贫困户家中的杂粮、牛羊肉、山蘑菇、土鸡蛋等农特产品，帮助贫困户实现增收，改变了贫困户“等、要、靠”的思想，增强了其自我发展的动力。经统计，太钢集团每组织一次党员干部结对入户活动就可消费6万余元，可直接带动200余户贫困户平均增收300元，切切实实增加了贫困群众收入，也拉近了结对帮扶干部与贫困户的距离。

（原刊于《中国冶金报》2019年12月10日2版　记者　陈强　通讯员侯彦珍）

魏栓师调研包钢帮扶贫困村

6月5日，内蒙古包头市固阳县兴顺西镇公合当村阳光明媚，麦浪飘香。作为牵头帮扶单位代表，包钢（集团）公司党委书记、董事长魏栓师深入公合当村，实地查看包钢帮扶贫困村工作情况。

公合当村是固阳县兴顺西镇的行政村，是固阳县25个自治区级贫困村之一。自2014年起，公合当村成为了包钢的帮扶对象。包钢为公合当村捐资打造水源井，15个自然村人畜安全饮水问题得到解决；当地还建成了羊品种改良基地，有声有色地开展起特色产业扶贫，村民收入有所提高。

近年来，包钢及旗下27家二级单位按照当地加快推进精准扶贫“三到村三到户”攻坚工程（2014—2017年）的安排部署，对口承担包头市固阳县6个镇的27个村及达茂旗明安镇的帮扶工作，帮扶资金和帮扶物资价值逐年递增。

特别在2017年，包钢党委围绕包头市确定的“县脱贫、村退出、户脱贫”这一目标，多次实地走访帮扶点，结合实际确定扶贫投资意向，并通过捐赠资金打井、开展党建活动阵地建设、认购“爱心扶贫卡”等方式，持续加大扶贫工作力度。据统计，包钢去年提供帮扶资金及物资价值总计355万元，认购“爱心扶贫卡”共计187.565万元。

在包钢党委的率领下，包钢旗下各二级单位持续配合开展驻村扶贫工作。包钢动工总厂为内蒙古达茂旗和固阳县的贫困户、残障人士、留守儿童送去生活用品；包钢钢管公司处于最困难时也时刻情牵对口帮扶点——固阳县银号镇德成永村，源源不断为村民提供着物质和精神帮扶；包钢炼钢厂建立活动长效机制，多次深入固阳县西斗铺镇南头分子村，先后捐赠价值4.6万元的物资，并对4户国家级贫困户进行帮扶；包钢技术中心制定扶贫规划，建立帮扶台账，定期为固阳县怀朔镇阳湾村村民解决实际问题。

2018年，包钢秉持优先扶持少数民族贫困地区和贫困户的原则，努力在精准扶贫工作中再发力。包钢以项目为抓手，全力推进固阳矿山公司球团生产线复产以及环保、安全升级改造，建设黄岗矿业Ⅲ区尾矿回收萤石项目、鑫岳矿业公司尾矿处理项目，有效改善当地环境，带动贫困地方经济发展。

魏栓师告诉《中国冶金报》记者，包钢将进一步加大对固阳县、达茂旗的对口扶贫村的帮扶力度，通过帮助贫困地区建设光伏发电集体项目、推进畜种改良项目、推进“一对一”脱贫攻坚、加大就业安置能力，使“输血”式扶贫转变为“造血”式扶贫，帮助地方脱真贫、真脱贫，真正带动少数民族群众共同富裕，从而更好地履行国企职责。

（原刊于《中国冶金报》2018年6月19日1版　实习记者　于泓泽）

北方稀土磁共振诊疗车助力健康扶贫

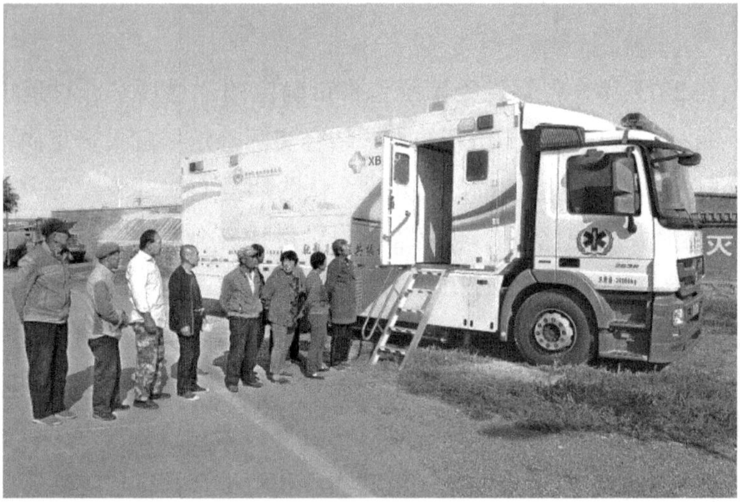

近日，内蒙古北方稀土稀宝医疗公司随包头市中心医院医疗队到固阳县银号镇大营子村开展惠民义诊体检活动（如图）。与以往不同，这次义诊启用了北方稀土稀宝医疗自主研制的国内首台移动磁共振诊疗车，让村民们体验了一次别样的高端义诊。义诊现场，村民们按号排队做脑部核磁检查。大约10分钟，诊疗车便可为一位村民做完检查。

（原刊于《中国冶金报》2019年10月17日2版　记者　白立新　靳晶　摄）

打通扶贫“最后一公里”

“感谢党、感谢明安镇政府，感谢包钢巴润分公司，以后我们出行就方便了！”近日，在内蒙古包头达成巴润工业园区到龙梅玉荣旧居的091县道，牧民包桂珍指着刚平整好的路对《中国冶金报》记者说（如图）。11月14日，包钢巴润分公司在调研中得知，该路段因年久失修路面坑洼不平，严重影响牧民出行。为解决影响牧民生产生活的这一难题，包钢巴润分公司派出装载机数台，用时两天对该路段近20千米进行了整修。

（原刊于《中国冶金报》2019年12月17日2版　记者　白立新　通讯员　李金阳　摄）

包钢扶贫办获“脱贫攻坚定点帮扶优秀单位”称号

近日，内蒙古自治区扶贫开发领导小组授予包钢扶贫办“全区脱贫攻坚定点帮扶优秀单位”称号，以表彰包钢为全面建成小康社会做出的积极贡献。

包钢作为内蒙古自治区工业龙头企业，主动承担起政治责任、经济责任、社会责任，坚持“扶志”“扶智”相结合，大力支持贫困地区经济社会发展，帮助贫困人口稳定增收，确保帮扶资金及物资到位，实现精准扶贫。

2017 年以来，包钢调动各方力量，组织 27 家二级单位对口承担内蒙古自治区包头市固阳县 6 个镇的 27 个村及包头市达茂旗明安镇 1 个村的帮扶工作。包钢通过发挥组织优势，集中优势力量重点帮扶，有效改善了农村牧区公共服务设施、教育发展和生产生活条件。包钢为固阳县等贫困地区村民打井，修路，捐款捐物，捐资助学，认购“爱心扶贫卡”，引进良种肉羊向规模化、产业化方向发展，极大地改善了贫困农村生产生活的落后局面；通过实施“造血型”帮扶，带动落后地区经济社会发展；选派干部驻村扶贫、扶智，帮助村民彻底铲掉“穷根子”。

（原刊于《中国冶金报》2020 年 1 月 16 日 2 版　实习记者　于泓泽）

华菱集团在行动

“六个一”落实精准扶贫

——华菱衡钢在衡南县栗江镇六合村的扶贫工作小记

党的十八大以来，习近平总书记提出了“精准扶贫”的战略思想。在2017年10月18日召开的党的十九大上，习近平总书记再次把扶贫提高到新的战略高度，并指出：全面建成小康社会，一个不能少；共同富裕路上，一个不能掉队。

近日，《中国冶金报》记者了解到，在精准扶贫思想的指引下，华菱衡钢在衡南县栗江镇六合村的扶贫工作开展得如火如荼，效果有目共睹。

经济落后　村民陷入“苦泥潭”

六合村位于湖南省衡南县栗江镇东南部10千米，目前常住人口有132户，约380人，辖区属于丘陵地带。受自然环境条件约束，当地没有较好的经济产业支撑，再加上少部分村民文化水平偏低，部分农民家庭经济十分困难。

村里，很多贫困家庭一直在苦苦挣扎。如贫困户王柱诚，全家6口人，几间破旧房屋里除2张旧床铺和1个旧衣柜外，再无其他家具。户主王柱诚先天智障，偶尔在工地打小工以解决家里部分温饱问题，其妻子原有轻微的先天性精神问题；在生养4个女儿后，一家人更难以维持生计，其妻子的病情也加重，常年在外游荡，完全不能料理家事。他们的大女儿和二女儿因生活贫困，小学中途辍学；三女儿和四女儿分别读小学五年级和二年级，学杂费和生活费除政府减免部分外，其余都依靠乡亲们凑，勉强维持上学。其中，四女儿因长期缺乏营养，眼睛视力变差，视物模糊。贫困户刘洁秀，早年丧夫，独自抚养一对儿女长大成人，本以为苦尽甘来，谁知其儿子 2016 年在外打工时发生车祸，赔偿款一直没有到位，这个 32 岁的小伙子也从此一蹶不振。

精准扶贫　衡钢架起“爱心桥”

在湖南省衡阳市委、市政府的统一部署和安排下，华菱衡钢高度重视联村结对帮扶工作。2017 年初，衡钢制订了工作计划，确定采取精准扶贫措施，深入帮扶村仔细摸排、认真分析，明确扶贫对象。

2017 年 3 月 12 日上午，该公司组织工作小组，深入六合村开展走访扶贫工作。他们走进帮扶对象家中，摸底数、问情况，梳理，确认了 10 余户贫困帮扶对象，正式拉开华菱衡钢精准扶贫大幕。2017 年 5 月 26 日，该公司党委副书记、纪委书记、工会主席殷世清带领工作组走村过户，找致困原因、谋脱困对策。他指出，实施好精准扶贫，前提是要深入调查研究，精准识别贫困户，找准贫困户致贫症结，结合六合村情况和贫困户实际困难落实好脱贫措施，帮助贫困户找到致富路子。殷世清强调，要根据扶贫对象的实际需要，发挥企业优势开展就业扶贫和项目扶贫；其根本是要通过引导，改变贫困户的思想观念，通过企业力所能及的扶持，鼓励、帮助和引导贫困群众走勤劳脱贫、科技脱贫、就业脱贫之路。

在接下来的扶贫工作中，工作小组不再单纯送钱送物，而是从面对面的慰问到节日温暖，再到学习帮助，直至帮助发展家庭养殖。2017 年 10 月 19 日，经过摸底和实际考察，扶贫工作组了解到部分贫困家庭需要发展家庭养殖业，于是购买了 400 多只土鸡苗，分送给 10 余户贫困家庭，帮助他们维持生计，缓解困难。

持续发力　圆村民“脱贫梦”

为使精准扶贫更显成效，2018 年 1 月 10 日，华菱衡钢出台了《关于深入开展结对帮扶“六个一”活动的通知》（以下简称《通知》），发挥其二级党委众多的优势，与贫困户进行一对一精准结对扶贫。《通知》要求该公司各二级党委在走访扶贫过程中“拉好一次家常、宣讲一次政策、填好一本手册、完善一项对策、实现一个小心愿、参加一次劳动”。

在公司的统一部署下，该公司各二级党委纷纷行动起来：炼钢分厂、219分厂等单位先后出台扶贫工作计划，并积极引导分厂员工主动参与扶贫工作，出点子、想路子、捐款捐物等；炼钢分厂更是提早谋划，将员工捐来的1万余元爱心款设立为扶贫基金，帮助帮扶对象克服小孩教育、急需用品等困难。

与此同时，各二级党委的走访慰问工作也丝毫没有耽搁。1月14日，89分厂、340分厂组织扶贫工作小组，利用休息时间赴六合村，对结对扶贫对象开展走访与帮扶，拉开了华菱衡钢落实“六个一”精准扶贫工作序幕。

随后，180分厂、炼铁分厂、219分厂、炼钢分厂、销售总公司、检验检测中心、技术质量部、能源分厂、保卫处扶贫工作小组先后来到六合村帮扶对象家中，除送去肉、水果等物资和慰问金外，还积极出谋划策，引导贫困家庭通过开展耕种、养殖等方式脱困，并定期帮助他们消化农产品，让贫困户“自我造血”。

而720分厂“授之以渔”的扶贫方法让扶贫对象更是惊喜万分。1月22日，720分厂党委书记兼工会主席李名德牵线搭桥，为帮扶对象王小君在衡钢外协单位找到了一份满意的工作。李名德表示，给这些贫困家庭带去阳光，就是要播下希望的种子，让村民有能力圆“脱贫梦”。

（原刊于《中国冶金报》2018年2月23日2版　通讯员　吴小东　记者周金云）

对口供销铺就致富路

——华菱涟钢精准扶贫纪实

“谢谢！谢谢！衷心感谢涟钢人！”7月16日上午，在湖南省新化县油溪乡，贫困村民伍贤美接过厚厚的一沓钞票，抑制不住内心的喜悦，连声向华菱涟钢工作人员道谢。

这天，华菱涟钢派来了农产品运输车，来村里收购农产品。不用再挑起重重的担子赶几十里路去叫卖，走出地里就能卖菜收钱，49 岁的伍贤美特别开心。

此刻，尽管骄阳似火，依然还有村民在忙着采摘西瓜、辣椒、南瓜、茄子、豆角等果蔬。对于华菱涟钢农产品运输车的到来，贫困村民纷纷表示，虽然天气炎热，但是心情格外舒畅。

近年来，华菱涟钢认真贯彻落实党中央、湖南省及娄底市关于扎实推进农村扶贫攻坚工作的有关精神，积极探索脱贫致富的新路子，通过产业扶贫，变“输血”为“造血”，大大增强了贫困户的内生动力。

产业扶贫包销农产品

一直以来，华菱涟钢都把帮扶工作作为一项重要的政治任务和责任。从 1992 年开始，华菱涟钢对口扶贫新化县，27 年来，直接投入扶贫资金 1500 多万元，扶助新化县西河镇等 5 个乡镇、太平村等 23 个行政村，帮助 4000 余名贫困村民实现了脱贫致富。

自去年起，兴白村成为华菱涟钢的驻点帮扶村。兴白村所属的新化县油溪乡地处新化县中部偏北，属石灰岩丘陵地区和柘溪水库水淹区，为传统农业乡镇。油溪乡建档立卡贫困户 1712 户、4987 人，共有 6 个省定贫困村，计划在 2017~2019 年每年脱贫 2 个村。

如何变“输血”为“造血”，真正增强贫困户的内生动力？今年 1 月 20 日，经过多次考察和协商，华菱涟钢决定深入推进产业扶贫。他们与油溪乡签订了产业合作框架协议，构建起农产品对口销售平台，对贫困户的农产品进行采购包销，在农户与华菱涟钢之间架起一座产业合作的桥梁。这一举措，大大激发了村民们的创业激情，消除了他们种、养殖农产品的后顾之忧。

油溪乡政府结合自身优势，大力发展养殖、采摘等产业，并逐步形成规模和特色。目前全乡有 30 个种养专业合作社，涵盖稻田养鱼、生猪、肉牛、黑山羊、无花果、草莓、土鸡、土鸭、乳鸽等专业种养领域。

精准扶贫架起“连心桥”

7月16日，华菱涟钢与油溪乡农产品对口供销首发仪式在油溪乡政府举行。当天，华菱涟钢共收购了西瓜6500千克，辣椒、丝瓜等蔬菜2800千克，并现场向种养代表发放了共计4万余元的农产品收购资金。

伍贤美告诉《中国冶金报》记者，自己家今年预计纯收入能达到5万余元，这对于没有技术能力又上了年纪的他来说，以前真的是想都不敢想。

油溪乡油溪村村支书伍黎明感动地说：“涟钢不仅给村里的贫困户带来了夏日的清凉，也带来了发展的希望，为贫困户早日脱贫致富创造了条件。”

油溪乡与华菱涟钢车程近3个小时。为保证蔬菜水果的安全高效运输，华菱涟钢专门购置了两辆崭新的农产品专用运输车，从而确保把最新鲜的农产品送到华菱涟钢的各个职工食堂。

下一步，华菱涟钢还将进一步完善对口供销实施方案，制订具体的时间表和路线图，逐步实施，有序推进，确保对口供销落到实处，取得实效。与此同时，华菱涟钢还将针对油溪乡特色产业发展、就业增收、劳务输出等方面工作，为油溪乡提供人才、技术、管理等方面的支持，全面加大帮扶协作工作力度，让油溪乡村民看到更大的变化、得到更多的实惠、感受到华菱涟钢广大职工最真挚的情义。

迎着灿烂的阳光，满载着村民脱贫致富希望的农产品专线运输车从风景如画的柘溪水库东岸驶往涟水河畔的十里钢城，开启了华菱涟钢积极履行社会责任、产业精准扶贫的新征程，也开启了油溪乡贫困村民增收致富、奔向幸福的康庄大道！

（原刊于《中国冶金报》(2018年8月7日2版　记者　柳琴声　通讯员　严　安)

“一年变化可真大！”

“没想到自来水真的通了，没想到建了这么大个茶园，没想到还养了这么多太空鸡，茶园坪村这一年来变化可真大！感谢党的扶贫好政策，华菱集团扶贫扶到我们的心坎上了！”

2018 年农历小年这天，外出打工返乡的湖南省龙山县茅坪乡茶园坪村村民田际文，紧紧握住正在村里调研的华菱集团党委书记、董事长曹志强的手，激动地连说了几个“没想到”。曹志强笑着答道：“老乡，党交给我们驻村扶贫的任务，就是要接地气，就是要让老百姓真脱贫！”

1 月 28 日、29 日，曹志强一行来到茶园坪村开展“一进二访”调研。曹志强一行先后察看了村民饮水工程、茶叶基地，走访了结对帮扶贫困户，来到驻村扶贫工作队驻地看望扶贫队员。

此次调研期间，曹志强表示，2019 年华菱集团将继续坚持对茶园坪村实施扶贫三年规划“七个一”（解决一个饮水难题、培育一个村级产业、开展“一对一”结对帮扶、建立一个帮扶基金、组建一个农产品购销合作社、实施一个文明乡村建设规划、打造一个基层党建示范点）项目不动摇，严格按“户脱贫、村出列”标准落实工作，找准村民的真正需求，做到扶贫工作接地气、讲实效；茶叶产业发展一定要按市场规律办事，这是建立脱贫致富长效机制的关键，不能把“助农”变成“伤农”“害农”。

2018 年，华菱集团扎扎实实开展驻村扶贫工作，扶贫成效显著：出资 350 万元修建的安全饮水工程，于 2018 年 12 月底竣工投运，解决了村民多年企盼的饮水难题；特色产业开始起步，已完成第一期高山茶苗栽种近 300 亩，57 户贫困户饲养太空鸡 4670 只；结对帮扶惠及全村，走访慰问 57 户贫困户，为当地小学 130 名学生每人添置一套夏季校服和鞋、袜，为 6 名贫困学生解决助学资金 5750 元，向全村 120 户 60 岁以上老人赠送慰问品等；对接华菱内部市场，开展农产品购销，仅 2 个月销售收入就达 100 万元，村民通过勤劳种养脱贫致富的观念进一步树立。

华菱集团驻村帮扶工作队的扎实工作，赢得了当地村民的点赞。在2018年6月曹志强来村里开展扶贫工作时，村民田大叔还特意将自己写的5首赞颂湖南华菱集团帮扶工作队的小诗亲手交给了曹志强，代表村民表达了对帮扶工作队的感激之情。纸上一笔一画地写着："呕心沥血操碎心，沐雨栉风走访勤。跋山涉水不言苦，苗乡土寨早脱贫。""秋来硕果美甜期，功德永昭远景奇。指日小康贫困脱，复兴圆梦树丰碑。"

（原刊于《中国冶金报》2019年2月15日1版　实习记者　方兴发　肖　红）

华菱涟钢"输血"+"造血"精准扶贫

春节前夕，华菱涟钢副总经理、工会主席汪庆祝一行人来到位于大山深处的湖南省娄底市新化县油溪乡丰竹村，看望慰问困难户。2018年，华菱涟钢"输血"+"造血"双管齐下，在投入扶贫资金加强村内基础设施建设的同时，扎实推进产业扶贫、技能扶贫，全力帮助定点扶贫村早日脱贫致富。

丰竹村有8个村民小组，共有386户1587人。该村自然条件恶劣，基础设施极其落后，没有任何产业，村民人均收入很低，是湖南省的特困村。2018年，华菱涟钢专门派驻扶贫工作队，对丰竹村进行定点帮扶，与村支"两委"（村支部、村委会）共同确定了全村建档立卡贫困户69户230人。同时，华菱涟钢为该村每个贫困户都明确了具体的联点结对帮扶责任单位，实现了结对帮扶全覆盖。

2018年，华菱涟钢总经理肖尊湖、党委书记成沛祥多次到丰竹村走访考察、了解实情，明确帮扶思路，制订帮扶措施。2018年，针对丰竹村基础设施落后、村民饮水困难等问题，华菱涟钢先后出资帮助修通了全村的院落通组公路，对小学生上学道路进行了硬化，改善了村民饮水质量，并实现了送水到组。

根据该村集体经济收入为零的现状，华菱涟钢结合实际、因地制宜，积极推进产业扶贫项目，组织村民开展了蘑菇种植技术培训，成立了稻田养鱼合作社，开展了农副产品深加工项目，还专门购买了冷链运输车，帮助村民销售农产品。

2018 年，华菱涟钢向该村发放慰问金 10 万余元，以及米 280 袋、油 280 桶、鸡苗 1500 只等。2018 年 12 月，华菱涟钢还实施了技能扶贫，组织油溪乡 50 余名村民到厂内参加焊工、电工、汽修工、叉车工、厨师等实用技能培训，提高村民脱贫致富的能力。

（原刊于《中国冶金报》2019 年 2 月 19 日 2 版　记者　柳琴声）

连续3年被评为辽宁省省直扶贫先进驻村工作队

本钢驻村工作队成扶贫路上“钢铁先锋”

8月下旬，《中国冶金报》记者从本钢集团获悉，该集团选派的扶贫驻村工作队，把本溪市桓仁县黑沟乡石虎子村作为第二故乡，切实为石虎子村办实事、做好事，引领村民逐步踏上致富路。2015～2017年，本钢驻村工作队连续3年被辽宁省委组织部评为辽宁省省直扶贫先进驻村工作队，被誉为扶贫路上的“钢铁先锋”。

向贫困村选派驻村工作队是我国推进精准扶贫的一个重要抓手。本钢按照辽宁省委、省政府《关于向贫困村选派驻村工作队的实施意见》的要求，将扶贫工作作为一项严肃的政治任务进行部署，于2014年8月份选派3名优秀年轻干部成立驻村工作队，到桓仁县黑沟乡石虎子村实施定点驻村帮扶。本钢驻村工作队采取“走亲戚、拉家常”的方式，对村民进行逐户走访调研，广泛征求群众意见，积极查找部分村民致贫原因。经过近两个月的调查摸底，本钢驻村工作队研究制订了黑沟乡石虎子村一年计划和三年规划，为农户建立了产业发展档案，为扶贫工作的进一步开展打下了坚实基础。

本钢驻村工作队先后赴辽宁铁岭市昌图县、营口市盖州考察育肥牛、绒山羊养殖产业，赴山东菏泽考察工艺品加工产业，赴广东广州市和河北安国市考察中药材产业，并编制完成了1.5万字的《本钢驻村工作队扶贫项目考察报告》，积极帮助石虎子村研究产业发展思路，为农民致富寻找出路。目前，本钢驻村工作队已经初步确定了石虎子村下一步产业发展目标，正在积极协调相关部门做好项目发展前期准备工作。

针对村民文化生活单一、村办公场所年久失修的问题，本钢驻村工作队协调相关部门，按照村级组织场所标准化建设相关规定，对村办公场所进行全面改造和扩建，并新建了面积为1200平方米的文化活动广场，配备了健身、娱乐设施和老年活动室，让村民的事情有地方说、村里的活动有地方搞、党员的会议有地方开，逐步形成团结和谐的文明村风。同时，本钢驻村工作队还帮助村民确定了开展种植食用菌扶贫项目的计划，改变了村民多年来“土里刨食儿，靠天吃饭”的老观念。2017年3月，经过前期调研，本钢驻村工作队与黑沟乡党委、桓仁县移民局三方联动，以合作社的形式，在石虎子村建设了150亩猕猴桃种植扶贫产业基地，并带动27户建档立卡贫困户加入合作社，使之尽快脱贫致富。

（原刊于《中国冶金报》2018年8月28日4版　记者　那　丽　通讯员　刘发顺）

咱家的“本钢亲戚”来啦

“妈妈、妈妈，咱家的‘本钢亲戚’来啦！”1月21日正午，正在院子里的小刘博看见本钢集团驻村工作队拎着粮油向他家走来，立刻停下玩耍，冲着屋内的妈妈关丽影喊起来。

“‘本钢亲戚’来啦！”听见小刘博的喊声，脸上洋溢着见到久别亲人般笑容的关丽影和她的丈夫、公公、公婆从屋子里迎出来。“这么冷的天，这么远的路，赶紧到屋里的热炕头上坐坐。”看到驻村工作队，淳朴的关丽影一家人热情地招呼着。

这次，本钢驻村工作队领队耿进芳和队员乔世良等一行人代表本钢集团走访慰问贫困村民，关丽影家是走访慰问的第一户。耿进芳和乔世良不仅为他们带来了豆油、玉米油、面粉等，还自掏腰包为关丽影上小学的儿子和上高三的女儿各买了一套衣服。一同前来的还有常年跟踪拍摄本钢驻村扶贫工作的本钢退休职工温长发，他为关丽影一家带来了一箱大虾，并给孩子们送上了500元的“压岁钱”。

“让俺说什么好呢，这些年本钢人对俺的帮助太大了，就像俺的亲人一样，帮俺家解决的事情一件又一件……”关丽影感慨道。

《中国冶金报》记者从本钢驻村工作队了解到，自2014年驻村工作队来到辽宁本溪桓仁县黑沟乡石虎子村后，做的第一件事就是俯下身子、放下架子，以“走亲戚、拉家常”的方式，走村串户摸清“家底”，先后走访了380户村民。关丽影家较为特殊：一家6口人，10年前关丽影的丈夫因车祸丧失了劳动能力；她的公公、公婆都70多岁，且患有心脏病、糖尿病多年；她的女儿上高中，儿子上小学，一家人的重担全部落在了关丽影肩上。

“这个女人太不容易了，她要是累垮了，这个家的天就塌了。”关丽影家的情况引起了本钢驻村工作队的关注。从那时起，本钢人就主动“攀上”这门亲戚，多方面伸出援手给予救助和支持。

“不是一年两年，到今年已经是四年多了，本钢人一直都这么帮着俺，就是亲人也不见得能做到这点。前两天，工作队的李明还大老远来俺家送年货，我忙里忙外地张罗给他做顿‘铁锅烂炖’，可他连口水都没喝就走了。”

本钢集团党委书记、董事长陈继壮也是帮扶关丽影家的“亲戚”。不论工作怎么忙，陈继壮每年都会“回家”看看。“他坐在俺家炕头问问老人们的身体，嘱咐孩子们好好努力学习，帮俺解决生活中的大事小情……能摊上这么好的‘亲戚’，是俺一辈子最大的福分。”关丽影含着热泪对《中国冶金报》记者说。

在石虎子村，把本钢人当成亲人，像亲戚一样走动的不只关丽影一家。当驻村工作队来到贫困村民韩凤英家时，已经68岁的韩凤英大老远就迎出来，拉着驻村干部的手，指着新安装的双层塑钢窗户和门斗兴奋地说：“今年冬天屋里暖和多了，再也不用挨冻了。”韩凤英老人肢体残疾，还抚养一个不能自理的女儿，平时靠着5亩地和养些家禽维持生活。本钢集团总经理汪澍与她结成“亲戚”，每年都带着慰问金和物品来看上几回。看到韩凤英老人家的窗户漏风、屋门单薄，汪澍于2018年5月自掏2500元交给驻村工作队，要求专款专用帮助他们更换了窗户，加装了门斗。“亏得有本钢的‘亲戚’，俺孤儿寡母的日子越过越有指望了。”韩凤英老人说。

夜色渐渐降临。本钢驻村工作队走进了贫困村民丁玉德家。今年 75 岁的丁玉德前几天上山拾柴不小心摔得下巴脱臼，驻村干部妥善解决了老人到医院看病的费用。老人这一摔，冬天的烧柴问题还没有解决。从丁玉德家出来，耿进芳和乔世良站在丁玉德家的柴垛旁，研究起解决办法。

此后 3 天时间里，本钢驻村工作队还走访慰问了 100 户贫困村民，为石虎子村的贫困村民办实事、办好事、解难事，确保所有贫困村民吃饱穿暖，过一个暖暖和和、欢欢乐乐的春节是“本钢亲戚”最紧要的事。

（原刊于《中国冶金报》2019 年 2 月 12 日 1 版　记者　李洪武　通讯员　谢玉静　龙天翊）

“后进村”变成了“后劲村”

——本钢以产业带动石虎子村脱贫摘帽纪略

“有了好项目就有了好出路，若不是有党的精准扶贫好政策，有本钢这样的大企业帮着找出路，俺们家也不会这么快脱贫。”近日，辽宁省本溪市桓仁县黑沟乡石虎子村村民关丽颖面对来访的《中国冶金报》记者这样说。如今，经济收入翻了好几番、早已顺利脱贫的关丽颖更是逢人便夸党的好政策，夸本钢人是自己的“娘家人”。

据介绍，石虎子村在 2017 年就已经脱贫摘帽，到 2017 年底，村里总共还剩 19 家贫困户 32 人，到 2018 年底这些贫困户也全部“销号”了。“从扶贫的角度，咱们已经达到了‘两不愁、三保障’，不愁吃、不愁穿，就医、上学、住房都有保障。”石虎子村党支部书记许桂萍说。

量身定制　变“救济式扶贫”为“开发式脱贫”

“本钢驻村工作队进驻黑沟乡石虎子村，把扶贫重点放在产业扶贫上，变‘救济式扶贫’为‘开发式脱贫’，突出产业带动，为贫困户引入脱贫致富的‘源头活水’，蹚出了一条让贫困户稳定脱贫的新路子。”黑沟乡党委书记付德军介绍。

2014 年 8 月，经过考察论证，本钢驻村工作队和黑沟乡党委、政府及桓仁县移民局三方联动，帮助石虎子村建起了 150 亩软枣子（亦称野生猕猴桃）扶贫产业基地，以产业带动脱贫，并于 2017 年成立了扶贫互助合作社。本钢为石虎子村集体注资入股 20 万元，参与软枣子扶贫产业发展，壮大村集体经济，并带动 27 户建档立卡贫困户入社，奠定了石虎子村剩余贫困户产业脱贫的基础。

“2018 年，石虎子村 150 亩扶贫产业软枣子种植基地就要结果了，进入丰产期后每年的软枣子产量大约在 25 万斤，按照每斤 10 元计算，这一年的收入还是很可观的。”付德军介绍。

“产业是发展的根基，也是脱贫的主要依托。如今看来，我们的路子走对了。”本钢驻村工作队队长耿进芳告诉《中国冶金报》记者。为巩固脱贫攻坚成果，2018 年，本钢一次性投入 50 万元，用于村集体经济产业项目建设，为石虎子村产业发展注入强劲动力：扩大无公害温泉富硒大米种植面积 100 亩、增加建设 20 亩无公害五谷杂粮种植基地；建设 750 平方米标准化气调库，价格低时利用气调库保鲜，价格高时再出售，每年村集体增收可达到 10 万元以上；建设 10 亩高标准化水果、蔬菜大棚，全部种植无公害优良品种的反季节蔬菜、山野菜、水果，大棚所有权和收益归村集体所有，贫困户可以采取入股修建和租赁大棚的方式进行生产经营，合作社统一种植标准和销售渠道，每年每亩大棚的收益可在 1 万元以上。

延伸产业链　连接市场和贫困户

“产业扶贫是实现脱贫最稳固、最持久、最根本的途径。”石虎子村主任闫世国告诉《中国冶金报》记者，自 2014 年本钢驻村工作队进驻以来，本钢就把抓产业、抓发展作为脱贫攻坚最有力的武器，做到聚焦靶心拔“穷根”，从源头上解决贫困问题，先后投入资金300余万元用于产业扶贫和基础设施建设。本钢驻村工作队在石虎子村推进实施的合作社+贫困户+绿色无公害温泉富硒大米扶贫产业、合作社+贫困户+软枣子种植扶贫产业、大户带动协调农村互助社和农发行为贫困户提供产业贷款，以及庭院经济和乡村旅游接待特色服务等多种产业发展模式，一头连接市场主体、一头连接贫困户，不仅推动了当地农业提质增效，增强了农业可持续发展能力，而且拓展了农业产业链、价值链，激活了农村内生发展动力。

“目前，温泉富硒大米和软枣子两个种植合作社，带动50多户贫困户直接参与经营，其他有100多人通过在合作社打工，每户每年增收1500元以上。”聊起石虎子村产业发展带来的变化，许桂萍话语之间充满奔头。

“原来咱们村外债很多，老百姓都把村委会的门封死了。现在老百姓对咱们有期望，债权人对咱们有期望，村子才真正有了村子的模样，有了产业，咱们这个‘后进村’变成了‘后劲村’，更多贫困户分享到了产业发展的红利。”许桂萍介绍。

“庭院经济”托起群众致富梦

“俺们做梦也没想到，会有这么好的光景。”“2016年石虎子村温泉水稻扶贫合作社成立，俺就参与进来，当年增收800多元。去年俺在合作社打工挣了1万多块钱，产业带动分红分了2000多元。”石虎子村建档立卡贫困户庞均一笔一笔算着自家的收入账。

在石虎子村推进庭院经济和乡村旅游接待特色服务中尝到甜头的村民孟凡利和周秀莉一家，现在每年通过旅游接待就能增收2000元以上。走进孟家小院，门前挂着石虎子村旅游协会定点接待户的门牌，屋内的几个房间整洁干净。“到这儿来就像到家一样，吃住随心愿、饭菜无公害，大米粥、小咸菜、咸鸭蛋、笨鸡蛋、旱黄瓜……想吃啥做啥，想住多久住多久。俺村是本钢老年摄影家协会摄影创作基地，这些摄影家一来都住在俺们这儿。”孟凡利说道。

不出家门就能挣钱，这是孟凡利和周秀莉一家过去想都没敢想的事情。“俺们村地理位置不占据优势，很少有人旅游往这儿来。现在好了，本钢老年摄影家协会摄影创作基地设在了这儿，为俺村制作的专题宣传片老美了，好多人慕名而来，逢上‘十一’长假房间早早就订出去了。”“等今年软枣子产业基地产果了、大棚蔬菜下来了，村里有了采摘园，俺们的生意会更红火。”憧憬起未来的日子，孟凡利两口子的脸上挂满了幸福的笑容。

“本钢集团的产业扶贫让石虎子村这个贫困村和村里的贫困户，以一种更有尊严、更为自主的方式改变贫困面貌，进入致富奔小康的快车道。”望着漫山遍野的2.31万株软枣子，付德军说，“石虎子村以软枣子、无公害温泉富硒大米、绿色蔬菜种植为核心，融入产品加工、观光休闲、娱乐餐饮等为一体的‘庭院经济’，一定会打造出具有石虎子村特色的现代农业、绿色农业发展新模式。”

（原刊于《中国冶金报》2019年4月11日1版　记者　钱振德　通讯员　谢玉静）

“本钢干部来了，我们心里就更有底了”

——本钢驻村“第一书记”“硬核”担当战疫记

“关键时刻，本钢干部来了，我们心里就更有底了。”1月25日大年初一，辽宁省凤城市大堡蒙古族乡三官村的村民看到匆匆回村的本钢驻村“第一书记”孙永江，高兴地说道。

“疫情当前，老百姓的健康是头等大事。本钢把我派来，这里就是我的家，村民就是我的家人，保护好他们是我的责任。”孙永江告诉《中国冶金报》记者。当天早上8时返回村部后，他就与村“两委”班子共同研究部署疫情防控工作，全面安排联防联控措施。

“既然本钢培养我、选派我，关键时刻，我就有责任冲在前、干在先。”1月28日，也就是大年初四的早上7时，被派驻到辽宁省铁岭市昌图县此路树镇担任“第一书记”的金军便启程奔向所派驻镇政府。疫情期间，所派驻镇的公共交通几乎全部停运，金军又用了3个小时驾车，当天中午才到达。

疫情当前，本钢集团39名驻村“第一书记”大部分都返回所驻村镇，与当地干部一道开展疫情防控、疏导工作，共同守护村民的生命安全。

近年来，本钢集团党委深入贯彻党的十九大精神和习近平总书记关于选派干部和人才到乡村工作的重要指示精神，认真落实《中共中央、国务院关于实施乡村振兴战略的意见》，根据辽宁省委省政府、省国资委党委统一部署，分别于2018年、2019年，分3个批次选派39名优秀干部，到辽宁省内14个市的乡镇和村进行派驻工作，人数、规模和范围为辽宁省属企业之最。

“在脱贫攻坚战场上，我们的干部精准扶贫，扶到真贫上，通过抓党建引领、抓富民产业、抓民生工程，让集体产业发展更有温度，让村民生活幸福更有质感。”本钢集团组织部负责人向《中国冶金报》记者介绍。

本钢集团选派干部所驻乡村的建档立卡贫困户共计2642户5589人，自派驻工作开展以来。截至目前，已实现脱贫2507户5241人；完成基础设施建设项目43个，投入资金3183.5万元；完成发展村集体经济项目13个，投入资金836万元，实现村集体年收入66.28万元；帮扶、带动290户贫困户实现产业致富；帮助销售农产品23万千克。同时，本钢集团党委拨付60万元党建经费，建起“连心桥”和菌类大棚；各级党委投入的扶贫物资价值累计达到152.53万元；选派干部协调外部资金数额达到561.23万元。

在这个不寻常的春节，当面对这场突如其来的疫情时，这些“第一书记”们再一次冲到了前面。他们多措并举，不断推进疫情监测、排查、预警等工作，对武汉返村过年人员登记造册并及时上报，对其采取居家隔离观察措施，密切关注其身体状况。他们努力当好疫情防控“宣传员”，跑遍村里的角角落落，采取打电话、发短信、农村大喇叭、挂横幅、张贴通告等形式，开展疫情防控知识宣传，发布健康提示和就医指南，引导群众正确理解并积极配合，科学防疫。

“我们全天候值守村口劝返点，劝返外来车辆，对进出村人员和车辆进行严格管控和登记，对村民耐心做好解释工作，对入村人员逐个检测体温，车辆逐个进行消毒处理，确保掐断病毒进入村庄的源头。”谈及在疫情防控中所做的工作时，孙永江这样告诉《中国冶金报》记者。

奋战在防控疫情第一线的本钢驻村干部们也牵动着本钢集团领导和各级组织的心。“在照顾好村民的同时，别忘了自己也要做好安全防护。”“遇到困难，随时找组织。”解决一线干部和村民们的燃眉之急并保障他们的安全，成为了本钢当前关注的重点。

被派驻到辽宁省凤城市赛马镇干沟村担任“第一书记”的兴连伟和被派驻到辽宁省葫芦岛市绥中县前所镇的董朝话语朴实：“是党员就要有所担当，更何况我们代表的是本钢。疫情面前，我们所做的一切都是咱本钢人应该做的。”“疫情不退，我就不会走。身为驻村‘第一书记’，我会和前所镇的老百姓在一起，全力打赢这场战役。”

而这，也是本钢集团派驻的39名扶贫干部共同的心声。

（原刊于《中国冶金报》2020年2月11日　记者　李洪武　通讯员　谢玉静）

做扶贫“最后一公里”的鹅卵石

——中冶集团派驻渡江村“第一书记”杨聪的300个日夜

6月27日早上6时30分，乌江上蒸腾缥缈的雾气，笼罩着岸边的渡江村。25岁的杨聪起床后，没有像往常那样，到后山跑步锻炼身体，而是沿着渡江村的巷道一家家的又叮嘱一遍：今天，县妇联的同志要带着苗绣的老师，来村里教授技艺。

通水通电，树起央企来的“第一书记”形象

渡江村的村委会会议室充当了临时课堂。老师还没来的当口，杨聪这个“毛头”小伙，一点也不怯场，面含微笑维持着40多位大妈大婶和年轻妇女的秩序。到渡江村10个多月，他叫得出每一个老人、小孩的名字，村民们也早已把他当亲人一样看待。

渡江村全村6个村民小组，214户，779人，属于二类贫困村。因为穷，出去打工的多，常年留守的只有两三百人，且多数是妇孺。刺绣学成后，村里的妇女们就多了一门增加收入的手艺。

贵州省沿河土家族自治县是国家级贫困县，渡江村位于沿河县思渠镇北部，紧靠乌江沿岸，全村耕地面积仅400余亩，多为贫瘠土地，其中包括荒坡90余亩。2017年8月4日，大学毕业参加工作两年的杨聪，从沿河县城出发，带着一纸任命，独自一人搭着便车，绕过一道道盘山小路，来到渡江村。

后来，杨聪才知道，能在经层层推荐、选拔、考核产生的120多位候选人中最后脱颖而出，是因为组织部门的同志认为，除了各方面表现优异之外，

他投身扶贫的意愿最为强烈，且工作以来的表现，与“把政治素质好、工作能力强、有吃苦和奉献精神的年轻干部输送到一线”的要求完全吻合。当时，一腔热血的杨聪就一个想法：当好中冶集团定点扶贫工作的直接执行者，做好中冶与渡江村基层组织、群众之间的沟通桥梁，把工作做细、做实，让脱贫政策、措施落到实处，在打通扶贫的“最后一公里”中，实现自我的价值升华。

初到“新家”，杨聪惊讶地发现，安排给他的房间里，只有一张板床、几件桌椅，还不如在项目部工地活动板房的条件。放下行李，杨聪第二天就开始了走家串户，在了解村民的需求后，把通水、通电作为了“第一书记”要办的头等大事。

渡江村就在乌江边，但由于历史原因，此前修建的引水设备及设施已闲置多年，几近报废。杨聪带着村干部到山上找水源，山路崎岖，荆棘密布，脚磨起了水泡，腿被多次划伤。他在大山里找寻了 2 个多月，好不容易在邻近的几个村找到水源，但由于各种原因最终没能达成共享水源的预期。他多次向镇里、县里反映协调，最终由县水务局批准立项，在山顶建造容积为 150 立方米的蓄水池。同时，疏通和修复原取水泵站及管道。

渡江村的路灯照明系统，从安装开始，多年来一直就没有正常投入使用过。太阳落山后，村里黑黢黢的，夜晚走在路上必须用手电筒。杨聪多次向镇里反映协调、寻求支持，顺利解决了历史遗留的电费来源问题。同时，他发挥自己在学校和单位上学到的电器操作知识，在几十上百人的围观中，爬上电线杆，检查、修复路灯。

春节前，水通了，灯亮了，村民的心也滋润了，亮了。央企来的“第一书记”在村民眼中的形象，也慢慢由模糊变得清晰。“一天也不懈怠”的作风。

把群众凝聚在身边

“一天也不耽误、一天也不懈怠”，是中冶集团的企业精神。在这一干事创业精神的带领下，杨聪埋头苦干，用自己的一言一行，获得了村民们的认可。2018 年的春节，杨聪有两件事毕生难忘。

一件是年三十的“百家菜”和大年初一的篮球赛。越是贫穷的地方，越是存在一些根深蒂固的矛盾。春节前，杨聪就已经化解了 30 多起矛盾纠纷，有一次，他连续 5 个晚上上门走访才最终解决。杨聪决定留在渡江村与村民一起过春节，一方面是利用春节务工人员返乡之机，了解外出务工村民在外的情况，听取在外能人和知名人士对本村发展的建议；另一方面则是组织筹划春节期间拔河、篮球赛等文化活动，消融村民之间原来的一些隔阂。当村民们得知杨聪春节留守的消息时，纷纷邀请他到家里吃年饭，杨聪婉拒了大家的好意，甚至在大年三十下午，自己一个人玩起了“失踪”。

“不是我不近人情，是不想给本就贫困的村民们增添麻烦呀。”可他回到了宿舍，推开厨房门，发现方桌上摆满了一盘盘的菜，地上还有一堆塑料袋，慢慢打开，有扣肉、酥肉、鸡蛋、豆腐、蔬菜。原来，很多村民趁他不在家时，悄悄给他送来了过年的菜。大年初一，拔河比赛和篮球赛如期举行，这是渡江村建村十几年来组织的第一次大型活动。来渡江村走亲戚的、十里八乡闻讯而来的近千名村民，将赛场围得水泄不通，欢呼声、呐喊声震耳欲聋，一浪高过一浪。

另一件是大年初五突然听到奶奶去世的消息。杨聪和奶奶的感情很深。从小，杨聪的父母就在外地打工，是奶奶一直照顾着杨聪。90 多岁高龄的奶奶，平时除了关节有点风湿，一直身体都很好，渡江村支书和主任还说，哪天一起去看望一下老人家的，哪曾想走得这么突然。接到母亲的电话，杨聪跟村支书、村长交接了工作，向县上的扶贫办请了假，就往家乡赶。一路上，几经周折，终于在深夜 11 点回到家。杨聪的母亲说，奶奶走的很安详，走之前还在念叨，孙子在当扶贫“第一书记”，是在做好事、善事。由于不想让村民们担心，杨聪返乡时对奶奶过世的事情只字未提，但不知是哪个环节走漏了风声，全村人都知道了杨聪奶奶去世的消息。在守丧期间，村民们纷纷自发表示心意，要为杨聪奶奶买花圈、蜡烛和香火，电话那头的杨聪流着眼泪，声音哽咽，一遍又一遍地推辞。但他知道，全村 700 多人，真正认可了自己这个年轻的“第一书记”。

这份沉甸甸的信任，让杨聪感到了沉甸甸的责任。

扶智、扶志，才能真正激发村民的“精气神”

学习、思考，几乎占据了他全部的夜晚。如何在扶贫中发挥村党支部的战斗堡垒作用，如何吃透扶贫的相关政策，有哪些“第一书记”好的经验。习近平总书记关于精准扶贫的系列讲话，成为他开展工作的准绳。他把习总书记的话写在了笔记本上：脱贫致富贵在立志，只要有志气、有信心，就没有迈不过去的坎。

改善渡江村的村容村貌，提升人居环境质量，不仅能提升村民的自豪感、获得感，还能侧面带动渡江村作为赶场集镇的经济发展和旅游发展。200套沿着乌江送进来的桌椅，让渡江村小学的学生欢呼雀跃；一批崭新的篮球架、乒乓球桌、健身器材，丰富了村民们的业余生活；整个渡江村绿化及环境整治工程的规划，在中冶集团和当地政府的推动下，即将实施。

每天清晨上山跑步的杨聪，渐渐有了“跟班”，晨雾中的一串跳跃的背影，映在村民的眼里；小学的师资不足，英语六级的杨聪主动请缨，给孩子们讲述外面世界的精彩；他带头捐款1000元，发动村民集资，修起了渡江村的牌坊，把渡江村村民多年的夙愿变成了现实。紧靠乌江水的斜坡上，杨聪爬上去用红油漆写的“渡江村”三个大字，格外鲜艳醒目，仿佛代表全体村民在江边呐喊：我们现在不一样啦！

端午节，思渠镇上赛龙舟，渡江村第一次组织30人的龙舟队参赛，就勇夺桂冠。在领奖台上，队中年龄最大的几位5旬老汉，高兴得像孩子一样拼命招手；回到村里，闻讯而来的村民簇拥在渡江村的牌坊前，燃起了烟花鞭炮，欢迎凯旋的英雄；龙舟队的专门为参赛赶回来的在外务工的汉子，在抱怨耽误了赚钱的妻子面前，挺起了胸膛。渡江村村民的精神面貌，焕然一新。

对于贫困群众来说，扶贫当先扶志。有了志气，“输血”才有作用，“造血”才有可能。对贫困村的党建工作来说，党员骨干拿出滴水穿石的斗志和韧劲，找到适合发展的产业，吸引外出劳动力回流，带领贫困村群众养活自己，是当前最大的政治任务。

300个日夜的探索，杨聪得出这样的结论：渡江村的喀斯特地貌，不适合发展传统农业。那适合什么呢？杨聪也给出了自己的答案：在中冶集团的对口支援下，通过把渡江村建设得更美，为周边村寨的村民提供一个赶场集镇，为到乌江旅游的游客提供停船歇脚的综合服务，渡江村就有了产生持续现金流的源头；村妇们学到的苗绣，就不愁没有销路；包装土特产、农家小吃，把风味独特的自家菜，变成市场流通的桌上菜，渡江村就有了人人可参与、家家都会做的产业。

完成这些目标，杨聪还有400天。这个25岁的“第一书记”更加奔波了。

（原刊于《中国冶金报》2018年7月6日5版　通讯员　石　头）

奋战在脱贫攻坚第一线

——中国五冶书写精准扶贫新篇章

精准扶贫，重在安居。作为中国中冶的核心子公司，中国五冶集团深入贯彻习近平总书记扶贫开发战略思想，充分利用自己在建设领域的专业知识和经验，积极参与易地扶贫搬迁、农村危旧房改造、交通市政基础设施建设和美丽乡村建设等扶贫项目。

从四川的大凉山到云贵高原深处，再到中原腹地的乡村，中国五冶踏着2020年全面小康倒计时的紧凑步点，秉承“一天也不耽误　一天也不懈怠”的中冶精神，奋战在脱贫攻坚的第一线。

投身一线　助力当地百姓脱贫致富

陈旧落后的乡村面貌和基础设施条件，是制约我国广大农村地区脱贫致富的重要因素。

挪穷窝、拔穷根、换穷业，作为脱贫攻坚的主要手段，我国到2020年计划易地扶贫搬迁约1000万人，成为脱贫攻坚决战的最大一块“硬骨头”。

中国五冶迎难而上，承担了多个易地扶贫搬迁项目。在全国主要贫困地区之一的贵州省，中国五冶于今年5月31日成功中标六盘水市水城县陡箐镇安置点2017易地扶贫搬迁工程。陡箐镇是该县极贫乡镇之一，在中标仅仅5天后，身着“中冶蓝”的工人以及机械便迅速进场开工建设。该项目位于贵州省六盘水市水城县陡箐镇，是水城县一项重大民生工程。该项目建成后可安置农户329户1186人，将极大地改善贫困群众的居住环境。而在河南汝州，中国五冶承担的易地扶贫搬迁工程也在如火如荼的建设中。该工程分布在汝州市寄料镇徐庄村、平王宋村、焦村乡槐树村、陵头镇叶寨村、夏店乡、大峪镇下焦村6个乡镇，总建筑面积达到9.5万平方米。

要致富，先修路。贵州省黔南州三都县是全国唯一的水族自治县，这里山峦叠嶂，自古以来交通都十分不便，长期困扰着该县的经济社会发展。中国五冶承担了贵州省“十三五”交通规划建设的重点项目——三荔高速第一合同段的建设任务。面对该项目工期紧张、地形复杂等一系列挑战，中国五冶抽调精干力量，组成强有力的项目团队，克服气候的不适应以及野生动物的骚扰，奋战在大西南筑路架桥的第一线。据悉，这条“脱贫路”建成后，将极大改善三都县与周边地区的交通状况，助力三都县脱贫摘帽。

此外，中国五冶还参与了贵安新区北斗湾VR小镇、四川甘孜州海螺沟景区灾后重建与5A景区创建等工程，助力当地百姓脱贫致富。

借智借力　用心守护扶贫项目质量安全

在积极投身扶贫项目一线的同时，中国五冶还积极发挥专业特长，借智借力，守护扶贫项目安全。

四川的大凉山，是我国最穷的集中连片贫困地区之一，农房安全隐患非常突出。2016年9月，中国五冶积极响应四川省住房和城乡建设厅号召，精心组织并选派了多名经验丰富的骨干专家赶赴凉山州脱贫攻坚现场，进行住房建设质量安全督查指导工作。

51岁的彭明华是中国五冶集团四公司钢构公司项目经理，从事钢结构专业近30年。刚开赴现场，彭明华就随工作组深入一线了解住房建设情况，在不到一周时间里，充分结合当地实际施工环境和条件，创新编制了《钢结构施工指导书》。在督查期间，彭明华共计蹲守了 47 个点，指导农户 1138 户，接听无数个彝家百姓的电话，为他们答疑解惑。

另一位来自中国五冶集团成都钢构公司的“85 后”年轻人刘力铭被抽调到了凉山州普格县。交通极为不便是刘力铭最为深切的感受，在县域面积达 1918 平方千米的土地上生活了 19.8 万人，每次下乡，大部分的时间都是在往返于县城和乡镇之间的路途上，人困马乏、忍饥挨饿更是家常便饭。

在艰苦的环境面前，他们没有退缩。脱贫攻坚军令如山，更要做到“一天也不耽误，一天也不懈怠”。饿了，他们就摘一些野果子充饥；累了，就席地小憩一会儿接着干。在督查过程中遇到的每一个问题，他们都会详细记录，提出指导意见，整改复查，直到达标为止，切实拧紧脱贫攻坚项目建设的“安全阀”。

（原刊于《中国冶金报》2017 年 11 月 3 日 5 版　通讯员　曾　尧）

建龙将捐赠5000万元支持铁力市扶贫

1月5日，北京建龙重工集团有限公司与黑龙江省伊春市下辖铁力市举行扶贫捐赠签约仪式。通过前期沟通对接，建龙集团拟投入5000万元资金，支持铁力市发展扶贫产业，助力贫困户增收脱贫。

据了解，投资的4个项目建成投用后，将新增扶贫济困公益岗500个，资助1215名铁力市城乡贫困学生完成学业，还可带动1017户贫困户脱贫。

伊春市委书记赵万山，建龙集团董事长、总裁张志祥，建龙集团副总裁王耀庭，建龙集团副董事长、建龙西钢董事长魏国栋，建龙西钢总经理刘凤和等参加签约捐赠仪式。

签约仪式上，张志祥表示，自2018年12月24日成功参与西钢破产重整以来，建龙集团先后投入资金60.9亿元推动企业转型升级，其中重整资金40.7亿元、固定资产投资20.2亿元。一年来，建龙西钢发展形势喜人。2019年，建龙西钢全年产钢401万吨，较历史最好水平增产112万吨；上缴税金4.5亿元，同比提高167%；新增就业岗位1500个。这些成绩坚定了建龙集团扎根龙江、融入龙江、发展龙江的决心。建龙集团将珍惜这次参与伊春市脱贫攻坚的机会，与铁力市通力协作，投足、用好这笔专项资金，加快推进项目早日见效，为推进伊春高质量转型发展、全面振兴全方位振兴做出贡献。

铁力市负责人表示，铁力市将充分用好建龙集团的支持资金，确保每一分钱都用于扶贫事业，产生最大的扶贫效益。

据《中国冶金报》记者了解，该集团成立以来，积极参与社会救助、扶贫攻坚、捐资助学等活动，至今已累计捐赠超过2亿元。

（原刊于《中国冶金报》2020年1月15日1版　通讯员　张文通　记者　谢国飞）

黄一新到金寨调研健康扶贫
要求突出精准实效、突出“造血功能”

9月19日，复星全球合伙人、南钢董事长黄一新一行前往全国“健康暖心——乡村医生健康扶贫公益项目”对口示范县——安徽省金寨县调研，走访当地乡镇医院、村卫生所等，开展乡村医生健康扶贫问需问计交流。黄一新提出，南钢将动员多方力量，深入实施东部与中西部间的扶贫协作，突出精准实效，突出“造血功能”，助推金寨尽快脱真贫、真脱贫。

金寨被誉为“红军的摇篮”“将军的故乡”，是首批国家重点贫困县，2011年被确定为大别山老区脱贫攻坚重点县。在金寨县麻埠镇，黄一新实地察看镇卫生院医疗状况，并召开乡村医护人员座谈会，进行扶贫项目对口捐赠，向金寨县乡村医生捐赠意外伤害险和重大疾病险，并向麻埠镇定向捐赠价值10万元的村卫生室办公物资。

黄一新表示，南钢希望通过借助乡村医生健康扶贫这一切入点、突破口，实现“村医守护百姓、我们守护村医”的目标，逐步帮助建立乡村健康体系，尽好大企业“坚决打赢脱贫攻坚战”的政治责任、社会责任。南钢将和对口县开展持续沟通，真正了解地方的真实需求和突出困难，在器械、药品、资金等方面，力所能及地做到精准发力、实在帮扶；协同加强对金寨环境生态、农副产品、旅游养生等方面资源的开发利用，带动产业发展、电商扶贫、实业扶贫等。

在开展产业扶贫上，南钢依托微信电商平台，开设乡村医生爱心公益微店，一方面聚焦产业扶贫，目前已将金寨县近20项农产品纳入其中，依托南钢乃至复星系平台推广、代销贫困地区特色产品，提供精准扶贫；另一方面聚焦旅游资源推介，通过微店宣传、组织天堂寨景区等相关旅游，带动当地旅游经济发展。

据悉，为配合国家健康扶贫工程，今年初，在国家卫生健康委指导下，健康报社、复星公益基金会、人口福利基金会等联合启动“健康暖心——乡村医生健康扶贫公益项目”。

（原刊于《中国冶金报》2018年9月28日4版　记者　王　敏　邵启明）

守护村医是全社会的担当

——祝瑞荣调研乡村医生健康扶贫大宁行实录

11月6日，复星全球合伙人、南钢总裁祝瑞荣前往全国“健康暖心——乡村医生健康扶贫公益项目”对口扶贫县——山西省大宁县调研，走访了大宁县医疗集团县、乡（镇）、村三级医疗卫生院所，实地推进乡村医生健康扶贫“五个一”项目，实施对口扶贫物资捐赠，为村医赠送意外和重疾保险，并开展乡村医生健康扶贫交流等。

“三川十塬沟四千，周围大山包一圈。”说的正是国家级深度贫困县——山西省大宁县。该县位于吕梁山连片贫困地区的最南端，生态脆弱和深度贫困在这里叠加。大宁县既是复星主导的全国“健康暖心——乡村医生健康扶贫公益项目”的首批对口县，也是国家卫生健康委的定点扶贫县。

11月6日一大早，捐赠仪式在大宁县政府办公楼举行。在捐赠仪式上，大宁县副县长葛毅介绍了当地经济社会发展和脱贫攻坚战推进情况，复星公益基金会项目副总监俞曦介绍了乡村医生健康扶贫项目实施的路径和投入等情况。

祝瑞荣表示，自己对乡村医生一直充满了崇敬和爱戴，记忆中儿时有个伤风感冒、皮外伤什么的，父母亲会赶紧找到乡村医生，抹点红药水、发一两片药丸、打上一两针，就解决了问题。“现在能够为乡村医生做点服务，我心里特别踏实，向广大农村医务人员致敬。”他说。

聊一聊医联体建设，“没想到”

在参观大宁县人民医院新址过程中，祝瑞荣了解了大宁县实施一体化改革组建医疗集团的情况。当地通过医疗集团制度框架的构建，科学配置县域内的医疗卫生资源，形成紧密型的医联体合作，提高医疗卫生服务能力、效率和活力，做到县强、乡活、村稳，为当地村民提供更加精准的健康帮扶和及时服务。

在太德乡健康管理中心（乡卫生院），祝瑞荣察看了县乡之间的远程会诊中心建设、乡镇医院基本医疗设施配备情况，并详细了解为全体村民建立“一户一册”健康管理档案、实施卫生健康跟踪服务的情况。看到当地居民健康管理的精细程度和精准措施，祝瑞荣连说多个“没想到”——没想到，乡镇医院里也能有山西省、临汾市、大宁县，甚至首都北京的医生来远程“坐诊”“会诊”，医联体建设将“互联网+”的作用发挥得如此到位；没想到，村民的大健康档案和服务如此健全、细致，并能全天候定位、跟踪；没想到，乡村医生有如此扎根基层、坚持坚守、精研医技、精准服务的奉献精神和工匠精神。

看一看最基层村医，更暖心

在调研慰问村医的路上，飘起了雪花，下起了小雨，山路、村路更加泥泞，但丝毫没有影响祝瑞荣探访村医的行程，他多次提到“多看一看最基层的村医”，要更真切地体验、感受村医的坚守和付出。祝瑞荣时走时停，一路慰问了美原村张玲萍等多名村医，并亲手将意外、健康险保单交到村医手上，感谢他们为村民健康做出的奉献和努力。

在昕水镇史家坪村乡村医生张瑞廷家，祝瑞荣看到了张瑞廷用坏的 10 个药箱，看到了张瑞廷儿孙满堂的全家福照片。今年 63 岁的张瑞廷，从 1973 年当上村医，巡诊的路程已经超过 50 万千米。过去，他都是背着沉重的药箱在崎岖的山路上行走奔波，直到 2007 年，条件稍稍好些了，才买了第一辆摩托车，如今这已经是他的第七辆摩托车。

祝瑞荣表示，贫困地区的困难群众，一直是习近平总书记心里最牵挂的人群，也是党和政府以及全国人民最牵挂的群体。乡村医生更是这个群体中的特殊人群，他们是国家在农村基层医疗的第一道防线。全国乡村医生健康扶贫项目的开展，就是为了实现“村医守护百姓，我们守护村医”的目标。

走一走村医巡诊路，有力量

11 月 6 日，祝瑞荣来回乘车 5 个多小时走黄土高原的山路，赶往与陕西延安仅隔一条黄河的徐家垛乡慰问乐堂村乡村医生贺星龙。在前往贺星龙所在村的路上，他们遇到修路车辆无法通行，祝瑞荣带头下车，徒步走起高原山路，并表示“正好体验一下村医看病巡诊天天要走的几十里山路，可以更真切地体验村医坚持坚守的艰难。”

贺星龙，十九大代表，“80 后”乡村医生，行医 18 年。祝瑞荣来到左诊所右住所的贺星龙家，坐在炕上和贺星龙聊起了当地村医群体总体状况和村民脱贫奔小康的努力。当选十九大代表后，贺星龙“外事”活动增多，有时不能在家中坐诊，但为了不影响到村民最基本的健康保障，贺星龙在网上购买了摄像头装在家中，出门在外时家里的药柜也不上锁，遇到有村民寻医问药时，他通过摄像头和手机屏幕就可以远程办妥。贺星龙还现场打开视频进行了演示。祝瑞荣称赞贺星龙，“服务村民健康，用心用情，还用上了高科技。”

在了解到大宁县通过实施“购买式造林”把增收和增绿统一起来，把提高农民组织化程度、造林营林护林、修建农村简易公路和小型水利设施等结合起来，带动贫困人口脱贫的创新做法后，祝瑞荣表示，精准扶贫和脱贫，就是要有精准措施，不能仅仅“授之以鱼”，更要“授之以渔”，既要温暖贫困群众的心，又要点燃贫困户对脱贫摘帽的坚决信心和对小康生活的希望，还要带领大家共同打好脱贫攻坚战。

（原刊于《中国冶金报》2018 年 11 月 22 日 4 版　记者　王　敏　邵启明）

南钢“乡村医生健康扶贫”第二批志愿者“出征”

近日，南钢召开“健康暖心——乡村医生健康扶贫”项目第二批驻点青年志愿者出征动员会，该公司党委副书记、工会主席张六喜，党委工作部、人力资源部、公司团委负责人等参加了动员会。

自2018年3月起，南钢党委书记、董事长黄一新，总裁祝瑞荣对口帮扶安徽金寨、山西大宁开展乡村医生精准扶贫“五个一工程”，即一个乡村医生保障工程、一个健康扶贫慢病签约服务奖励包、一个大病社会救助服务平台、一个暖心乡村医生评选和一批乡村卫生室智慧升级。

与此同时，南钢派出第一批6名精准扶贫青年志愿者驻点国家级贫困县，展开为期一年的一线帮扶工作。他们分别是南钢公辅事业部铁运中心刘玄驻点安徽金寨、特钢事业部技术研发处刘春利驻点山西大宁、板材事业部中板厂姚佳伟驻点甘肃东乡、板材事业部中厚板卷厂高宇驻点四川壤塘、炼铁事业部第二炼铁厂吴超驻点四川北川、公辅事业部铁运中心陈心宇驻点贵州习水等。

通过自愿报名，南钢党委工作部、人力资源部、公司团委等共同挑选决定，第二批6名志愿者分别是板材事业部营销处胡浩、板材事业部第一炼钢厂李绅豪、炼铁事业部燃料供应厂王建伟、公辅事业部水厂李涛、特钢事业部高线厂陈嘉琪和特钢事业部中棒厂闫国顺。

张六喜指出，这些志愿者是南钢青年的杰出代表，代表的是南钢的形象，要不辱使命，传播好南钢品牌，同时叮嘱第二批6名志愿者，要安排好家庭生活，照顾好自己，与单位保持沟通，助力开展好相关公益活动。

（原刊于《中国冶金报》2019年5月9日2版　记者　黄有才　邵启明　通讯员　王海鹏）

南钢启动“爱心公益帮扶行动”

1月3日，南钢启动“爱心公益帮扶行动”，从国家级贫困县安徽金寨县采购价值40万元的扶贫物资，助力当地群众打赢脱贫攻坚战。图为南钢党委书记、董事长黄一新（左）与安徽省金寨县卫健委爱卫办主任江煜参加启动仪式。

（原刊于《中国冶金报》2020年1月16日2版　特约通讯员　吴斌　摄）

昆钢向楚雄州大姚县捐赠水泥

5月6日下午，由昆钢捐赠，云南水泥建材集团易门公司生产的40吨“润丰牌”水泥被运至楚雄州大姚县三台乡，用于支援当地希望小学和易地搬迁等精准扶贫项目建设，为楚雄州的扶贫攻坚工作助力。

经过10多个小时、300多千米的昼夜兼程，5月7日下午3时许，这批水泥顺利到达三台乡。三台乡领导代表全乡彝族群众感谢昆钢和云南水泥建材集团的支持和帮助。

（原刊于《中国冶金报》2018年5月25日7版　陈民　王国祥）

刺梨琼浆润农心“海岱金果”助脱贫

——昆钢大力推进精准扶贫纪实

在云南省曲靖市宣威市海岱镇大梨树村，一座加工厂背靠青山、面朝绿水，“绿水青山就是金山银山”的金色大字在山坡上熠熠生辉。这座加工厂就是昆钢刺梨加工厂，是昆钢大力推进精准扶贫、精准脱贫的一大成果。

2018年底，昆钢实施的“海岱金果”项目——刺梨加工压榨生产线热负荷试车成功，170多吨刺梨鲜果的“金汁玉液”流进扶贫工作队和海岱镇广大贫困户的心田。2019年伊始，昆钢刺梨加工厂提出了于2019年春节前完成

100 万罐易拉罐刺梨汁饮料、推出系列刺梨产品任务的计划，标志着昆钢产业扶贫取得了新突破。

“项目的建成增强了贫困户种植无籽刺梨的积极性和主动性，我们与农户签订的收购保护协议，更让他们吃下了‘定心丸’，免除了他们的后顾之忧。”昆钢金福食品有限公司党支部书记普万刚说。

战略引领：“咬定”高原个性产业

自 2016 年开始，昆钢在海岱镇全面打响了精准扶贫的战役。几年来，昆钢一边克服转型发展保生存面临的巨大困难，一边全力以赴、积极探索，千方百计推进对海岱镇月亮田、腊谷两个挂联村的扶贫工作，确保到 2020 年，帮助已建档立卡的 383 户贫困户、共计 1074 人实现脱贫出列目标。

作为扶贫攻坚的主战场，海岱镇地处偏远，自然条件较差，尤其是月亮田、腊谷两个村，平均海拔在 2000 米以上，且石漠化严重；山高水冷，交通不便，长期的信息闭塞使得群众视野狭隘、文化素质低、“等、靠、要”思想严重；加上人多地少，农民收入来源主要靠销售玉米、土豆等普通农作物和开展少量的养殖业，生产落后、产品单一，山区群众因灾、因病、因学致贫问题突出。

如何才能做到真正意义上的“精准脱贫”，实现由“输血式”扶贫向“造血式”扶贫的转变，确保贫困户稳定增收，彻底实现脱贫不返贫呢？昆钢在对海岱镇进行深入帮扶的过程中，逐步探索出了一条由公司搭台发展个性产业的道路。

为了便于业务开展，昆钢专门在海岱镇成立了金福食品有限公司，在实行农产品订单收购的同时，按照“产业+农户+贸易”的工作思路，引导贫困户大力种植优势农作物，并形成高原特色产业，着力增强贫困地区的“造血”功能。

为了进一步开辟群众增收渠道，加快脱贫步伐，昆钢制订了“订单农业保当期脱贫，项目扶贫保长远脱贫”的扶贫策略，在订单农业稳定开展的基础上，立足当地气候条件，结合实际，积极探索项目扶贫，与海岱镇党委政府到贵州反复考察、论证，认为腊谷、月亮田两个村的气候、土壤条件都非常适宜种植无籽刺梨。

刺梨是一种在海拔500~2500米的山坡、沟谷中生长的多年生落叶灌木，也是很多人童年记忆中的山花野果。近年来，这种天然野果较高的营养和医疗价值逐渐被发现，并有着“维C之王”的美称，开发前景广阔，目前在贵州一带已实现了大面积人工种植。

作为拥有“植物王国”美誉的云南，高原上特有的野生资源是大自然赐予人类的美好馈赠，只要做好扶贫开发与生态保护的有机结合，就能充分发挥云南生态环境的后发优势，实现“人无我有，人有我优，人优我特”的个性化产业发展。因此，在确定无籽刺梨产业化种植目标后，昆钢首先在海岱镇大力宣传刺梨种植政策，动员贫困户解放思想、转变传统种植观念，以市场为导向、以产品质量求生存，共同发力，坚决打赢脱贫攻坚战。

打造品牌：“海岱金果”扮靓荒山

在无经验、无技术的背景下，为了能顺利开展刺梨种植工作，昆钢领导、驻村工作队与金福食品有限公司及海岱镇腊谷村委会成员考察了贵州安顺无籽刺梨生产加工和种植基地，了解了刺梨种植、批发收购和产品加工方式等情况，并学习了刺梨栽种及管理经验。2018年春天，昆钢投入20多万元，为月亮田、腊谷两个村引进了2万株无籽刺梨优等树苗，免费发放给农户栽种，并派出专业种植技术人员到种植基地进行指导。海岱镇上下积极响应，趁着春季气候温和的时机，全面掀起了刺梨种植高潮，先期即实现了200亩刺梨的试种。

为进一步帮助村民提高刺梨栽培水平，并加强种植管理，昆钢金福公司专业技术人员多次开展刺梨种植培训，在土地整理、苗木种植、浇水施肥、剪枝定型、后期管理、疾病防治等方面为村民提供全面系统的技术指导。每个村委会都派驻了护林技术员，指导村民认真观察和研究无籽刺梨生长规律，鼓励他们努力学习栽植技术，总结种植经验。

按照党组织带动、产业联动、生态带动、以先进促后进贫困户动力的“三带一促”机制，海岱镇各村党总支、村委会成立了刺梨专业合作社，把刺梨种植作为落实退耕还林政策和贫困户增收致富的主导产业来培育发展，同时带动零散贫困户种植刺梨；坚持“生态建设产业化，产业发展生态化”发展路径，将生态文明建设贯穿于刺梨种植的全过程。除了挂联的腊谷村和月亮田村，昆钢还成功在代坪村、德来村、磨戛村栽种7000余亩刺梨，其中贫困户刺梨种植面积达2000余亩。2018年，海岱镇9个村委会共完成了60万株无籽刺梨的种植任务。

现在，昆钢已在月亮田村建立起了1500亩的刺梨育苗基地，成功培育出刺梨苗30万株，第一批152户建档立卡贫困户刺梨种植面积达450亩，预计3年后，每亩产值将达3000余元。

据了解，2019年春节前，带头示范的种植大户将再种植刺梨600亩；2019年下半年，羊场村委会也将种植刺梨500亩。因带刺的果实采摘具有一定的难度，后续还要考虑挂果后的采摘成本问题，当前昆钢已与西南林业大学联系商讨开展采摘法技术培训。

快速建厂：农户吃下“定心丸”

在刺梨大面积种植蓬勃开展的同时，在海岱镇拟建一个刺梨食品深加工生产线的设想也在同步展开。这是从根本上解决刺梨种植销售问题，形成产业扶贫长效机制的有效措施。为彻底打消群众“没有销路”的担忧，昆钢还与农户签订了收购保护协议，让群众吃下“定心丸”，安心谋发展。

2018年初，昆钢党委书记、董事长赵永平多次率扶贫办及相关部门人员组成专家组，到海岱镇对无籽刺梨加工建设项目进行选址分析，经反复考察研究，将刺梨加工厂厂址选在了宣威市海岱镇的大梨树村。

2018年2月13日，计划总投资2800万元，年产果汁饮料5000吨、果脯500吨的刺梨深加工项目——“海岱金果”项目启动，成为昆钢贯彻落实习近平总书记精准扶贫、精准脱贫重要指示精神，确保贫困农户脱贫不返贫的“精品之作”。该项目投产后，每年需要2800吨刺梨，年平均销售收入约为5500万元，可以带动建档立卡贫困户1500余户、4600余人户均增收4000元，还可为当地提供50个就业岗位。

生产线投产后，昆钢发布了第一个系列产品——“海岱金果”饮品，推广后赢得了消费者的一致好评。

宣威市政府也对昆钢刺梨加工项目的设想和成功实践表示赞赏。刺梨加工厂的建设，既增强了宣威市实现脱贫攻坚目标的决心和信心，又进一步激发了贫困群众主动脱贫的内生动力，为抓好产业扶贫、助推如期实现脱贫攻坚目标树立了典型、做出了示范。

在云南省政府的支持下，目前，“海岱金果”项目已经规划了二期蓝图，主打刺梨高端产品生产，主要包括刺梨含片、口服液和香料提取，同时探索开发其他农副产品加工生产线。

相信在不久的将来，“海岱金果”一定能助力月亮田、腊谷两个村如期实现脱贫目标，兑现昆钢对贫困农户的承诺。

（原刊于《中国冶金报》2019 年 1 月 16 日 2 版　通讯员　王天俊）

雪，也可以是“暖”的

1 月 16 日，云南省宣威市海岱镇迎来了 2019 年的第一场雪，4 辆满载昆钢干部职工爱心的大货车，把 828 件捐赠的扶贫物资运到了月亮田和腊谷村委会，给当地村民送去了温暖。

此次昆钢职工捐赠的物资包括电视、冰箱、洗衣机、沙发、床、桌椅、柜子、电饭煲、电磁炉、取暖器、微波炉、毛毯、衣物等。昆钢扶贫办全程参与了物资运送和发放工作，并对捐赠物资进行登记造册并发放了爱心证书。

1 月 15 日 15 时，昆钢党委副书记、工会主席田勇，纪委书记王云萍来到捐赠物资装运现场，看望负责物资搬运和运送的员工，叮嘱他们在搬运、运送物资过程中要注意安全，协同驻村工作队、村委会，做好物资发放工作。田勇强调，参与扶贫是企业必须承担的社会责任，大家要继续认真做好精准扶贫相关工作，作为昆钢的一员，要怀着一颗感恩的心，自觉投身于扶贫工作中去，为脱贫攻坚做出贡献。

自 2018 年 10 月以来，昆钢工会倡议广大干部职工伸出援助之手，将家中闲置的家具、家电捐赠给挂联的贫困农户，得到了广大干部职工的积极响应。昆钢领导、机关干部、基层职工和离退休同志纷纷捐赠物品，距公司本部300千米远的大红山矿业公司也踊跃参与捐赠活动。

近年来，昆钢积极响应国家脱贫攻坚号召，主动履行社会责任，帮助宣威市海岱镇挂联建档立卡贫困户343户1095人早日脱贫。昆钢通过“订单农业+产业扶贫”模式，投资3300万元支持贫困农民发展相关产业，收购价值达512万元的农副产品，投资245万元修建了6条村组公路，提供82万元作为反哺农业物资，提供4万元用于捐资助学，切实体现了云南省属国企的担当。

（原刊于《中国冶金报》2019年2月19日2版　记者　王晓江　通讯员　吴玉堃）

昆钢领导赴海岱镇调研扶贫工作

近日，昆钢公司党委书记、董事长杜陆军一行到云南省宣威市海岱镇调研产业扶贫工作，并走访慰问贫困户。

杜陆军一行首先来到海岱镇昆钢金福食品有限公司，查看了刺梨汁的生产情况，参观了刺梨项目的生产工艺流程，详细了解了产品的推广情况和刺梨种植生长情况，并针对产品需要改进的地方提出了具体意见和建议。在随后召开的座谈会上，相关负责人汇报了金福食品公司的经营情况及下一步工作思路，昆钢扶贫办、驻村扶贫工作队负责人汇报了扶贫工作推进情况，海岱镇相关人员介绍了今年扶贫重点工作，并对昆钢的帮助和支持表示感谢。

杜陆军在座谈会对接下来的扶贫工作提出要求：一是要认真做好“订单农业+产业扶贫”特色工作，保证原料需求，保证产品品质，创新营销模式，确保扶贫项目能为贫困户带来长期稳定的收益；二是驻村工作队要继续深入贫困户家中，把扶贫工作做深做透，加强与海岱镇政府的对接，协助政府把扶贫工作做实、做细、做好；三是昆钢领导班子、各单位和部门要以实际行动关心和支持扶贫工作，帮助解决实际问题。

昆钢领导还分别前往各自挂联的贫困户家中走访慰问，询问贫困户生产生活情况，了解开展精准扶贫后贫困户生产生活发生的变化，鼓励他们争取早日脱贫。

（原刊于《中国冶金报》2019年7月18日2版　记者　王晓江　通讯员　李红瑞）

昆钢扶贫产品刺梨鲜果开始压榨

10月9日，昆钢下属的云南省宣威市海岱镇昆钢金福食品有限公司（下称金福公司）43.83吨刺梨鲜果在生产线上经过清洗、浮选、破碎、灭酶、压榨、脱气、杀菌等工序后，于10月10日晚23时，共生产刺梨原汁22.34吨。

金秋十月，正值无籽刺梨成熟、收获的黄金时节，海岱镇刺梨种植户也盼着一年的心血和付出在这个季节有所收获，赶在年底前将刺梨进行采摘、出售。

为保证2019年第四季度及2020年上半年刺梨饮料的生产，金福公司需赶在今年12月底以前，将未来一整年所需刺梨原汁准备充足。

刺梨原汁储备是一项系统性工作。金福公司提前安排和规划，组织宣威海岱镇刺梨种植户统一采摘，金福公司集中收购。由于海岱镇近年才开始大量种植无籽刺梨，长势较好的刺梨苗木近年才开始挂果，且挂果较少、产量低，金福公司还需从贵州安顺、清镇、兴仁等多个刺梨基地采购刺梨鲜果。通过外采及在当地以保底价收购，自10月8日开始，87.6吨刺梨鲜果陆续抵达生产现场。其中很大一部分来自当地。

金福公司还特别组织生产线员工再次学习原汁生产工艺流程和设备操作规程，继续做好安全教育，确保生产顺行和食品质量安全。

贫困户对刺梨树的种植，从最开始的昆钢给苗、指导种植、督促管理、形成示范，到政府引导、组织连片种植，再到后来建设加工厂，让贫困户吃下“定心丸”，这样通过“企业+政府+农户”的模式，联合成立多个刺梨示范种植基地，海岱镇形成了一条自行育苗、移栽、田间管理的种植体系。贫困户种植刺梨后获得了“第一桶金”，见到了“回头钱”，且报酬比种植普通农作物高出数倍，这就更加坚定了种植无籽刺梨的信心和决心。

（原刊于《中国冶金报》2019 年 11 月 5 日 2 版　陈　民　孙光丰　于卓冉）

昆钢筹资 40 万元硬化对口帮扶村道路

10 月 5 日，昆钢公司筹资 40 万元建设的云南省宣威市海岱镇三家村至其诺戛村的道路硬化工程完工，为当地农产品“走出去”、助力村民脱贫提供了便利。截至 10 月底，昆钢走村入户共收购农副产品 6 个品种收购金额达 57.2 万元，贫困户家庭收入大幅增加。

据悉，其诺戛村地处深山，多少年来，交通问题一直是制约当地脱贫成效的瓶颈问题。据了解，当地农产品种类丰富，散养土猪、土鸡产量高、味道鲜美，刺梨、核桃和土豆等产量也很可观。但出村道路尚未硬化，农产品运不出去，极大地影响了当地村民的收入增长。

为积极响应党中央和云南省委省政府的号召，今年 3 月，昆钢公司筹集 40 万元资金，用于对口帮扶的三家村至其诺戛村的道路硬化。9 月 28 日，道路硬化工程正式动工，历时 8 天完工，道路硬化长度为 1.1 千米、宽 3.5 米，硬化面积 3850 平方米。该工程对月亮田村、腊谷村（三家村、其诺戛村是月亮田村和腊谷村村委会下属的两个自然村）今年实现脱贫出列，有效提高自我发展能力做出了积极贡献。

另悉，2019 年初以来，昆钢公司累计投入资金 288 万元（其中，干部职工捐款 100 万元），用于月亮田村和腊谷村两个村委会 3 条入村道路的修缮、顾湾村委会“爱心公益超市”建设及人居环境整治项目，人居环境整治包括村内入户道路硬化、修缮排水沟、修建公厕、配置垃圾箱、购置垃圾车、修建蓄水池及爱心超市等。

（原刊于《中国冶金报》2019 年 11 月 19 日 2 版　陈　民　赵　斌）

一家民营钢企的3年扶贫路

如果你在江西萍乡问麻山镇苏坊村怎么走，一定会有人告诉你：“沿着麻龙公路，当看到飘扬的国旗和有长城墙的地方，你就到了苏坊村。”

麻山镇苏坊村是一个典型的“九山半水半分田”的土石山乡村，村民们长期以来“靠山吃山”，陷入了越砍越穷、越穷越砍的恶性循环。在密林深处居住的家务冲、排上、茶源3个自然村小组的上百户村民为了生存，曾被迫举家迁往萍乡城区、湘东镇等地，这里成为了名副其实的“空壳”村民小组。

2015年，麻山镇苏坊村被确定为省级贫困村，由方大萍安钢公司定点包扶。

3年后的现在，在萍乡城南菜市场，由一户茶源组村民发起的烹饪队伍已在萍乡烹饪界树起了口碑，以至于萍乡市区的烹饪界有一句行话：“无苏坊厨师拉不开席面”。

据了解，截至2017年年底，苏坊村9户建档立卡贫困户中有5户已实现脱贫；全村新增小车39辆，新建房屋16栋；人均年收入从2014年的2200元提升到1.2万元。2017年，在方大萍安钢公司驻村工作队的努力下，苏坊村还获批“秀美乡村”建设项目，100万元的建设资金将给苏坊村锦上添花。而在方大萍安钢另一个挂点帮扶贫困村———莲花县神泉乡五洲村，扶贫工作队帮扶了48人，其中在“一对一”帮扶的14户贫困户中，有11户彻底甩掉了贫困帽子，走上了致富道路。

方大萍安钢公司是江西一家有着60多年历史的大中型钢铁企业，2012年加盟方大集团。如今，该公司近万名干部员工励精图治，让企业驶入发展快车道，税收贡献翻倍增长，员工日益富裕。企业实力与日俱增的同时，该公司不忘党恩，积极回报社会，选派3人驻村扶贫，其中一人任苏坊村党支部“第一书记”。

让五星红旗飘扬在大山里

驻村工作队初到苏坊村，就与村两委商议，在村口树立了3根旗杆，升起了鲜艳的五星红旗。

进驻不久，工作队与村两委班子成员一道树立了“山增绿、林增效、田增粮、民增收”的目标，并制订了以青山绿水宜居为重点的生态美丽乡村发展计划。

扶贫先扶志。驻村干部把方大集团党建文化引入到脱贫攻坚工作上来，首先加强对全村党员的教育管理，要求全体党员佩戴党徽，定期上党课，定期开展党组织生活，将此纳入党员考核打分项目，并要求全体党员走访和慰问村里孤寡老人。看似简单的行为和措施，让全村百姓看到了党组织的强大力量，也带动了年轻人的入党积极性。3年里，驻村工作队收到了28份入党申请书。

为铲除滋生贫穷的“土壤”，工作队一方面通过围炉访、田头访、炊烟访等形式，加强对贫困户的走访，教育村民树立勤劳光荣、懒惰可耻的思想观念，摒弃“穷自在”“等靠要”等思想，让他们用勤劳的双手摘掉贫困帽子，创造幸福生活；另一方面，对于想改变贫困现状但缺乏知识、能力和方法的贫困户，扶贫人员积极为他们搭台通渠。

家务冲组村民童汝风凭借自己长期与森林打交道的优势，承包了800亩山林，植树造林，林中散养五黑鸡和山羊，杂木则用于蘑菇种养。这不仅让他的收入逐年上翻，还使得山林水土流失逐年减少。如今，他盖起了3层楼房，并打算将村民手中闲置的农田承包下来，用于种植药材，号召一批村民以林养农，大力发展林下经济。

2016年的建档立卡贫困户刘松林在工作队的帮助下，在自家的空地上种植了松树苗，并请来农技师对常年挂果不理想的板栗树进行会诊，仅后一项一年就净增收入2万余元，他也在2017年摘掉了贫困户帽子。

此外，村民陈德富、杨国林、杨体军先后办起了化工厂，成为苏坊村致富的领头人；刘礼安、刘成安兄弟俩办起了黑豚特色养殖，奔向小康生活；陈述文办起了农家乐，月收入也达到了8000多元。

要想富，先修路。在驻村工作队的引导下，村民自筹资金90余万元，加上积极争取到的上级配套资金，对麻龙公路苏坊段2.2千米进行了全面改造升级。

牵手共建美丽富裕乡村

3年前的五洲村是什么样呢？该村有958户，其中贫困户145户，是一个耕地少、资源缺、基础设施薄弱的贫困村。2015年，方大萍安钢公司与萍乡市公路局、市编办、萍乡日报社组成扶贫工作队进驻五洲村，扎实推进“连心、强基、模范”三大工程，脱贫攻坚取得显著成效。

扶贫工作队紧紧围绕构建特色农业产业体系，改“输血”救助为“造血”帮扶，帮助五洲村成立了2个农业专业合作社，发展贫困户家禽养殖和种植产业，还建成1个草莓基地，引进2家鞋厂、1个鳗鱼养殖基地和1个面条作坊；为10户建档立卡贫困户送上20头黑仔猪和优质饲料，帮助贫困户脱贫。

2016年脱贫的贫困户贺仁才用扶贫资金创办了一个面条加工作坊，一年2万多元的收入让他彻底告别了贫困。谈及此事，贺仁才喜上眉梢：“收入增加了，日子越来越好了，真心感谢你们！”

3年来，方大萍安钢公司和萍乡市有关单位帮助五洲村完成了3个小组的新农村建设工作，多方争取项目资金130万元，完成村组5.1公里道路硬化，建设了3.4千米的入户路、1个公路驿站和1.3千米示范路；在五洲村“拆三房、建新村”活动中，拆除面积达2万多平方米，农户改厕262户，建立公厕8座，建村门球场1个；改善村民饮用水工程，解决了全村人的饮水问题。

3年前，五洲村道路没有硬化，入村路、入户路都是泥土路，遇到雨天路面泥泞，极为不便；现在，入村路、入户路全修成了水泥路，路的两旁栽种了桂花树，马路上安装了路灯，危房改造全部完成。同时，方大萍安钢公司还出资帮助修建了230平方米的村级卫生室。旧貌换新颜，如今的五洲村道路洁净，绿树成荫，夜晚灯火阑珊，一派和美宜居景象。

扶贫路上继续前行

党有号召，企业就要坚决响应。虽然对苏坊村和五洲村的3年帮扶工作任务已经完成，但是方大萍安钢公司派驻的3名同志依然驻守在村里，继续与政府和其他帮扶单位高度协同，进一步巩固扶贫成果。

2017年，方大萍安钢公司又将萍乡市湘东区湘东镇美建村喻家洲作为挂点帮扶的新农村建设点，向其捐助10万元，用于村民居住区现场整治及休闲广场建设项目。

多年来，方大萍安钢公司始终认真践行方大集团的党建文化，坚持“取之于社会，回报于社会”的企业宗旨，在企业发展的同时，传承红色基因，积极履行社会责任，扶危济困，热心公益事业。据统计，3年乡村扶贫过程中，该公司出人出资出物，投入近70万元，用于村水库建设、脱贫项目扶持、道路修复、村级卫生室建设等，让当地村容村貌、生活条件等得到了明显改善，帮助两个贫困村进入了新的发展阶段。

一家民营钢铁企业，在扶贫路上一走就是3年，全力帮扶3个贫困村脱贫，致力于将贫困村打造成美丽新农村，是企业“听党的话，跟党走”的真实写照，也体现了企业的社会担当。

（原刊于《中国冶金报》2018年4月20日7版　通讯员　尹伟钢　张剑锋　彭云桃）

心系村民见真情

近日，一位步履蹒跚的老人来到江西省萍乡市湘东区麻山镇政府，将一封感谢信交到了该镇主管扶贫工作的副镇长王晋手中，感谢萍安钢铁驻村扶贫工作队和村两委（村党支部委员会、村民委员会）帮助其修缮房屋，并添置生活用品。

老人名叫何章生，是麻山镇苏坊村的一位低保户，他的3个女儿均已出嫁，自己和老伴年老多病。他们所住的房屋由于多年没有粉刷，显得比较破旧，室内电线老化，已经破损的窗户玻璃也没有更换。修缮房屋是老人的一个心愿，但由于经济问题一直未能实现。萍安钢铁驻村扶贫工作队得知这一情况后，一方面与村两委商议解决办法，另一方面积极筹措资金，终于在2019年春节前夕对老人的房屋进行了全方位修缮，并为其购买了新床，添置了一些生活用品。老人感动得热泪盈眶，逢人就说“天大地大，不如党的恩情大；千好万好，不如社会主义好”，并夸赞萍安钢铁驻村扶贫工作队“真正是服务群众的贴心人”。

麻山镇苏坊村的另一位低保户何志文家庭情况比较特殊，一家7口人，老老少少的吃喝拉撒全靠何志文的媳妇操持，繁重的家务压得她无法脱身从业，特别是因为没有洗衣机，光是一家7口人的洗衣问题，就占据了她很多时间。得知这一情况后，萍安钢铁驻村扶贫工作队员把自己家的全自动洗衣机捐赠给她。另外，该村贫困户童道良因家里没有热水器，一到冬天洗澡就容易感冒，工作队员又从自己家里为他搬来了电热水器……一桩桩、一件件，村民都看在眼里，暖在心上。

点评

扶贫工作涉及方方面面，不仅包括产业、医疗、教育扶贫和基础设施建设等大的行动，还包括修缮房屋、添置生活用品等小的暖心举措。萍安钢铁驻村扶贫工作队扶贫工作细致入微，真正实现了扶贫精准滴灌，真正温暖了村民的心，为确保每一位贫困村民脱贫路上不掉队、确保贫困人口到2020年如期脱贫做出了贡献。

（原刊于《中国冶金报》2019年4月30日5版　通讯员　尹伟钢）

萍乡市委领导调研督导萍安钢扶贫工作

近日，江西省萍乡市委常委、副市长冯文利到方大萍安钢铁定点帮扶贫困村——湘东区麻山镇苏坊村调研督导脱贫攻坚工作。冯文利充分肯定了萍安钢铁的社会责任感和对扶贫工作的高度重视，希望萍安钢铁一如既往做好帮扶工作，使苏坊村在整村脱贫后尽快走上富裕之路。

在萍乡市湘东区委书记、区长杨博，副区长贺灿梅的陪同下，冯文利先后参观了萍安钢铁帮扶的扶贫产业基地苏坊水电站建设工地和扶贫车间竹制品加工项目。萍安钢铁派驻苏坊村的第一书记肖南萍详细汇报了相关工作情况。

冯文利称赞萍安钢铁扶贫工作力度很大，对萍乡市的脱贫攻坚工作起到了示范作用，希望萍安钢铁进一步在萍乡市脱贫攻坚工作中做出表率。同时，要求扶贫车间生产的产品要更加精良，要着眼建立长效机制，通过产业扶贫推动就业；要充分发挥水电站对于苏坊村脱贫致富的重要作用，挖掘苏坊村本地特色产业，做强做好做优现有产业链，依靠市场竞争力赢得长期效益。

（原刊于《中国冶金报》2019 年 9 月 3 日 2 版　肖南萍）

方大炭素：小康路上，一个都不能少

5 月 18 日这一天看似普通，但对方大炭素财务部员工郝高山一家而言，是让他们终生难忘的特殊日子。这天中午，方大炭素党委副书记、工会主席郑文峰和工会工作人员来到郝高山家，将 10 万元救助款交到了郝高山和他妻子的手中，并代表公司向困难员工家庭表达了关爱之情。

员工突发重疾，企业伸出援手

郝高山是方大炭素财务部的一名普通会计人员，由于工作业务能力强，他也是公司财务部工作的核心骨干。2017 年，郝高山不幸突发脑溢血，造成语言障碍、行动不便。突发的重疾让原本幸福美满的家庭瞬间陷入了困境。

郝高山的病情和生活现状牵动着方大炭素公司领导、部门同事们的心。方大集团此前就曾提出："争取在 2020 年前没有一名困难员工，没有一个困难家庭，方大员工要提前过上小康生活。”方大炭素工会决定为郝高山提供10万元救助款，帮助郝高山一家走出困境，同步实现小康。

因为取款金额大，方大炭素相关工作人员立即和银行进行沟通。当银行工作人员得知10万元是给困难员工的救助款时，感慨地说：“从来没有见过这样关心员工的企业，方大真正把关心员工做到家了、做到位了。”

“方大还招工吗？我们都想去。”“做方大的员工，你们真是有福气！”旁边几位来取钱的群众无比羡慕地说。

“公司就是员工的家，有什么困难要及时跟我们讲，我们都会想办法帮助解决。”郑文峰详细询问了郝高山一家最近的生活情况，鼓励他积极配合治疗，增强与病魔抗争的信心和勇气，并祝愿他早日恢复健康，重返工作岗位。

面对公司领导热切的问候与关心，手捧着沉甸甸的10万元现金，郝高山两口子无比激动。努力站立起来的郝高山由于语言不便，说不出话来，但眼中含满了泪水。他一次又一次紧握工会领导的手，表达着心中那份深深的感激之情。郝高山的妻子代表丈夫连声道谢，激动地说：“郝高山实在是太幸运了，方大实在是太温暖了！”一年来，家庭突遇变故，生活的重担一下子全压在郝高山妻子瘦弱的肩膀上，她既要照顾生病的丈夫，又要照管正在上学的孩子。她一个人忙里忙外，无法外出工作，这对于原本并不富裕的家庭来说，无疑是雪上加霜。

值得庆幸的是，郝高山遇上了好企业、好领导。自郝高山生病以来，方大炭素公司和部门领导多次前往慰问看望，方大集团财务系统发起捐款倡议，方大炭素工会每月对郝高山家庭进行帮扶慰问，共同帮助郝高山渡过难关。尽管长期康复治疗的费用不低，但企业及时伸出援助之手，给郝高山一家带来了极大的慰藉。

“把企业当成家”，并非空洞口号

幸福的感觉不仅浸润着郝高山一家人，也感动了现场的方大炭素工作人员。该公司工会人员说：“这一次10万元的救助款真的是雪中送炭，随着公司唯一的一个困难员工家庭脱困，公司再也没有困难员工家庭了，提前实现了全面进入小康的目标。”

长期以来，方大集团秉持“听习主席的话，跟党走”的企业发展方针，始终与党中央保持高度一致，认真践行“经营企业一定要对政府有利、对企业有利、对职工有利”的企业价值观，以“党建为魂”企业文化引领高质量发展。伴随着方大炭素高质量发展的脚步，员工与企业实现了双赢。员工工资不断上涨，幸福指数不断攀升，日子过得越来越好，对企业的归属感也越来越强了。“把企业当成自己的家”，不是一句口号。在企业一次次惠及员工及家属的福利政策中，广大员工深切地感受到了“方大发展为了员工，方大发展依靠员工，方大发展成果与员工共享”的内涵和意义。

郝高山的妻子在随后的感谢信中写到：“当时，我们都惊呆了，不敢相信眼前发生的一幕，感觉像是在梦中。10万元对我们而言是一笔巨款，用‘恩情’形容也并不为过！我的爱人郝高山只是一名普通的员工，还没来得及为企业做出更多贡献，就得到了公司领导和同事们的关爱。此刻，我们全家无法用语言来表达我们的激动和感恩之情。郝高山患上重病是不幸的，但不幸中的万幸是能生活在方大这样温暖的大家庭，并拥有如此关爱员工的领导。我为郝高山是方大员工感到骄傲，我为自己是方大员工家属感到自豪。”

小康路上，一个都不能少。新时代、新起点、新征程，方大人正信心百倍、昂首奋进在小康之路上。

（原刊于《中国冶金报》2019年6月11日5版　通讯员　谢鹏洲　洪万有　罗永岗）

方大炭素开展向甘肃贫困儿童捐书活动

近日，方大炭素工会组织开展了“共享一片蓝天，同在阳光下成长”向贫困地区儿童捐赠图书画册主题活动，得到了全体员工的积极响应，共捐赠各类儿童图书、画册2000多本。不日，这批图书、画册将被送往国家级深度贫困县甘肃省临夏回族自治州东乡族自治县的幼儿园、学校，为那里的儿童送去企业员工的一片爱心。

前几日，正在东乡县参加产业扶贫工作的方大炭素员工反馈回来一个情况：那里的孩子除了课本以外，几乎没有什么课外读物，希望同事们能帮助一下孩子们。消息传来，该公司工会高度重视，立即向全体员工发出了“共享一片蓝天，同在阳光下成长”爱心捐书倡议，动员广大员工积极为东乡县的孩子捐书，帮助贫困地区的孩子实现拥有一本课外读物的小小愿望。

捐书倡议得到该公司广大干部员工的积极响应，大家纷纷从家中找出珍藏多年的少儿读物，有的员工还在书店或网上购买了新书籍。短短 6 天时间内，该公司员工共捐赠文学故事、童话、科普等各类少儿读物 2000 余本。目前，方大炭素各单位已经将员工捐赠的书籍、画册全部上交至该公司工会，经工作人员分类包装后，即将被送往东乡县的孩子们手中。

（原刊于《中国冶金报》2019 年 12 月 10 日 5 版　特约通讯员　谢鹏洲　通讯员　雷晓玲）

精准扶贫路　情满贫困村

——方大九钢结对帮扶湖口县团墩村工作侧记

自 2018 年以来，方大九钢积极响应党和国家“打赢脱贫攻坚战”的号召，积极结对帮扶江西省湖口县城山镇团墩村，将企业效益与社会责任有机统一，强力推进对口帮扶村脱贫攻坚工作，为打赢打好脱贫攻坚战精准发力。

驻村帮扶当好领路人

2018 年 8 月，在九钢团墩结对帮扶仪式上，湖口县副县长李水木向方大九钢驻湖口县城山镇团墩村第一书记助理柳晓刚颁发了聘书。面对结对定点帮扶工作，方大九钢领导高度重视，该公司董事长率队到团墩村进行了实地考察，企业相关工作人员与湖口县工商联、县扶贫办、城山镇政府及团墩村村委会多次协商沟通，制订了扶贫工作计划方案。

“自从村里来了第一书记助理，我们生活上遇到的难题都能得到解决，真是感谢党和政府的扶贫好政策，感谢方大九钢驻村工作人员，我对脱贫充满信心。”贫困村民们言语间流露出对美好生活的憧憬。一年多来，驻村工作人员发扬下得去、蹲得住、倾全力、用全心、解真困、扶真贫的工作作风，深入田间地头体验民情，为困难群众增加收入、脱贫致富出谋划策，当好了贫困群众的领路人。

产业扶贫托起致富梦

精准扶贫，产业先行。经多次调研市场并到周边乡村考察，方大九钢向该村设立扶贫资金 200 万元，流转土地 1050 亩，启动了蔬菜种植、优质水稻种植、水产养殖等 3 个扶贫项目，项目规模分别达到 240 亩、320 亩、150 亩。

“各类菜蔬和水产长势喜人，中秋节前通过卖蔬菜、卖鱼，我们赚钱了！国庆节后，我们种的玉米和南瓜还能继续创收！”说起“生意经”，团墩村委负责人既自信又兴奋。依托产业扶贫新模式，团墩村实施“支部+产业+贫困户”，以承包制承包到个人，并要求招收建了档的贫困户优先就业。依靠这一模式，全村带动贫困群众 20 余人承包养殖、种植基地，全年为团墩村集体经济增收接近 20 余万元。方大九钢为产业扶贫所做的一桩桩、一件件实事，正如春雨润物，让贫困村悄然改变着模样。

帮困解难彰显九钢情

“感谢共产党，感谢政府，感谢你们的帮助，不仅给我家盖起了房子，还让我们吃喝不愁、衣食无忧！”在今年中秋节前走访慰问过程中，贫困户陈喜华老人接过方大九钢走访人员送来的慰问品后，连用 3 个“感谢”表达自己的心情。

91 岁的陈喜花老人带着 50 岁出头的智障儿子生活，全家没有固定经济来源。在政府和社会各界的帮助下，她和儿子住进了新房，如今九钢人又给她家带来了大米、食用油等慰问物资，让她激动不已。

“精准扶贫不仅要帮扶贫困户在经济上尽快脱贫，更应关注贫困家庭的生活问题，帮扶就要帮扶到心坎上。”方大九钢党群工作部扶贫工作人员说。扶贫工作人员根据贫困对象的差异性，因地制宜、因户施策，不断细化帮扶措施，既向贫困村“爱心超市”提供物资，又进村入户、深入贫困户家中走访慰问，让大家感受到九钢人的关心和关爱。一系列的暖心举措，让方大九钢扶贫人真正成了贫困村里的“贴心人”。

（原刊于《中国冶金报》2019 年 10 月 17 日 2 版　通讯员　徐 升）

让乡村荒地变成“聚宝盘”

——方大九钢对口帮扶湖口县团墩村脱贫纪实

近日，方大九钢驻江西省九江市湖口县团墩村的扶贫书记柳晓刚从扶贫一线带来了好消息，由方大九钢投资新建的扶贫产业基地结成硕果。自 2018 年 8 月与该村结成帮扶对子以来，方大九钢坚持因地制宜、助推该村实现乡村振兴。

利用闲置土地做好文章

湖口县团墩村位于鄱阳湖东岸，有 18 个村民小组，总户数达 569 户，户籍人口有 2577 人，耕地面积达 2680 亩，水域面积达 450 余亩，以种植棉花、水稻为主，属于“十三五”期间的贫困村。2017 年 8 月，通过精准识别，确认共有贫困户 31 户 96 人，脱贫工作任重道远。

2018 年 8 月，方大九钢与该村开展结对帮扶，公司负责人率队到团墩村进行实地考察，发现该村因劳动力外流、土地抛荒等问题，土地效益得不到充分发挥，严重制约了该村发展壮大村集体经济。为此，方大九钢确立了“以贫困户增收脱贫为中心，寻找因地制宜项目，重点考虑村经济未来可持续发展”的脱贫思路，决定将脱贫攻坚的重点放在增强其造血功能上，利用该村闲置土地做文章。

方大九钢投资185万元，成立了团墩村农业产业专业合作社，为该村脱贫注入了新鲜血液。该村集中流转农户闲置的土地和农田近千亩，实行统一规划、统一开发，再把土地流转给项目，盘活土地资源转化为集体经济，开创了“帮扶单位+合作社+贫困户”产业扶贫新模式。

“以前的荒地终于利用起来了，可以说成了我们村里不折不扣的‘聚宝盘’。”柳晓刚说道。

结合市场需求　确定攻坚方向

土地平整好了，基地建起来了，可是种什么，怎么种，种的东西怎么卖呢？柳晓刚心里没底。

方大九钢给出了攻坚方向——结合市场需求，发展扶贫产业。经过多次调研，柳晓刚最终确定了产业扶贫方案，低洼田养龙虾，水田种有机稻，水面养鱼蟹，旱地种蔬菜，坡地栽果树。上报方案后，方大九钢立即回复：“放手干！大胆干！”育苗、栽秧、浇水、灌浆。柳晓刚在扶贫工作日记中，将所种玉米的成长经历记录得一清二楚。不到半年，100亩精养池、400亩优质稻田、240亩露天蔬菜种植基地、60亩蔬菜大棚、150亩稻虾种养基地已基本完成建设。

为拓宽农产品销售渠道，柳晓刚曾多次到九江蔬菜批发市场，调研哪类蔬菜销售较好，了解电商销售合作模式。今年9月，柳晓刚还通过腾讯视频为该村扶贫产业进行了代言。付出终有回报。今年中秋节前，团墩村的蔬菜、鱼虾开始售卖，国庆节后，玉米、南瓜也逐步上市，产业基地有了创收。

“现在，我们的产业扶贫已经逐步走上了正轨。下一步，我们将依托自己的扶贫产业与农业合作社，持续种出精品，做大做强特色农产品。”柳晓刚信心满满。

（原刊于《中国冶金报》2019年12月5日2版　通讯员　欧　青）

柳钢精准扶贫　该出手时就出手

10 月 10 日，柳钢支援广西壮族自治区安监局定点帮扶贫困户建房用的 100 吨钢材，在鹧鸪江钢铁物流园装车发运（如图）。据悉，广西壮族自治区安监局扶贫工作队于 8 月来函，请求柳钢帮助解决该队在贺州市钟山县定点帮扶的 40 多户贫困户住房建设问题。该公司核实具体情况后，积极履行社会责任，按照相关程序审批同意该项捐赠。

（原刊于《中国冶金报》2016 年 10 月 20 日 2 版　记者　覃守超　通讯员　蒋国华　摄）

柳钢扶贫工作受肯定

2016~2017 年度“美丽广西”乡村建设（扶贫）工作队工作总结表彰暨

新选派队员动员会在日前召开。会上，柳钢喜获 2016~2017 年度自治区“美丽广西”乡村建设（扶贫）工作先进后盾单位荣誉称号。据悉，广西仅 3 家区直属企业入榜。同时，柳钢派驻柳城县工作队队长刘毅获“优秀工作队员”荣誉称号。

多年来，柳钢坚决贯彻执行广西壮族自治区党委、政府关于扶贫工作的有关要求，高度重视扶贫工作，积极参与驻点扶贫和美丽乡村建设工作，认真履行驻村帮扶工作单位职责，立足于帮扶对象实际情况，稳步推进各项扶贫工作，取得了显著成绩。柳钢党委结合扶贫点情况，确定“成方连片、规模布局、有序开发、共同发展”的扶贫思路，充分发挥大企业优势，加强和完善帮扶村基础设施建设。2017 年，柳钢直接投入在定点扶贫村扶贫项目建设方面的资金达 114.9 万元。同时，柳钢驻村干部们积极主动作为，争取各方支持。2017 年，大田村（柳钢扶贫驻点）争取项目资金 570 多万元，完成 12 千米水泥道路铺设；完成乌吉村 6.3 千米、吉曼村 7 千米、九同村 8.5 千米道路硬化，黄奈村完成村小学的异地搬迁及生产扶贫路硬化 12 千米等，项目投资金额为 800 多万元。柳钢驻村干部们还结合当地特色，着力培育特色农副产业，引进“秋野家”“苗村馆”等农产品公司，通过“公司+基地+农户”模式，着力培育花心薯、高山红糯等特色农副产业，共（协议）种植 250 余亩。

（原刊于《中国冶金报》2018 年 5 月 25 日 7 版　记者　覃守超）

酒钢扶贫养殖新产业启航

从棚栏车上下来，健硕的母牛相继走进甘肃省武威市古浪县黑松驿镇能繁母牛养殖示范基地。围观的村民们脸上露出微笑，心里想着哪一头母牛是属于自己的。

这是酒钢第二次为黑松驿镇进牛了。上一次是20多天前的6月26日，那天一共购进了150头能繁母牛。酒钢集团公司总经理魏志斌与古浪县县委书记李万岳一起，为黑松驿镇能繁母牛养殖示范基地举行母牛投放仪式。

黑松驿镇自然条件差，十年九旱。该镇13个贫困村中，有10个属于酒钢的扶贫点，贫困户多达1852户7516人。经过酒钢5年的帮扶，目前未脱贫的还有661户2361人。

今年，酒钢把扶贫重点放在了产业扶贫上，为黑松驿镇捐赠500万元帮扶资金。其中，100万元用于养殖基地建设和经营流动资金，400万元用于购进250头能繁母牛，以发展能繁母牛养殖产业。甘肃省政府的政策扶持力度也较大，贫困户若能养两头能繁母牛，就可享受到政府发放的1万元扶贫补助金。

为了养好牛，酒钢协助该镇成立了扶贫开发有限公司，酒钢原来的驻村干部伊有堂担任该公司经理。伊有堂爱动脑筋，帮助该镇发展起了电商产业，现在又开始帮助乡亲们养牛。伊有堂介绍说，酒钢一共购进250头能繁母牛，其中30头归村集体经济组织所有，220头分配给符合条件的220个农户。这220个农户每户再自筹16000元购进1头能繁母牛，这样每户就有2头能繁母牛，即可享受到政府补助的1万元。农户的2头能繁母牛寄养在养殖示范基地，基地每年每户保底分红2000元。

酒钢的产业养牛政策，黑松驿镇萱麻沟村村民田德成举双手赞成。他说：

"我的家庭比较困难，贷款 16000 元，认领了 2 头牛。我与基地有 3 年合同，3 年我一共能分到 6000 元分红。这样我靠政府补助的 1 万元和基地的分红，就能把贷款还清了，我就白得了 2 头能繁母牛。"

酒钢工会副主席蒋文武介绍说，酒钢集团旗下祁牧乳业有着多年养牛经验，可以为黑松驿镇的能繁母牛养殖示范基地提供技术、管理、卫生保健等方面的支持。养殖新产业启航，可以帮助该镇 10 个贫困村实现集体经济收入增长，同时还能提供 12 个养殖就业岗位。

（原刊于《中国冶金报》2019 年 7 月 18 日 2 版　记者　王汉杰）

酒钢获"全省脱贫攻坚帮扶先进集体"荣誉

近日，甘肃省脱贫攻坚领导小组下发文件，表彰 2019 年度全省脱贫攻坚先进集体和先进个人、全省脱贫攻坚帮扶先进集体和先进个人。酒钢集团公司获"全省脱贫攻坚帮扶先进集体"荣誉，酒钢驻村帮扶工作站站长王德玉获"全省脱贫攻坚帮扶先进个人"荣誉。

2019 年，全省上下深入学习贯彻习近平总书记关于扶贫工作重要论述和省委省政府各项决策部署，紧盯目标抓落实，完善落实"一户一策"，扎实开展产业扶贫和"3+1"冲刺清零专项行动，推动全省脱贫攻坚重点领域主要任务基本实现清零，全年减少贫困人口 93.5 万，贫困发生率下降到 0.9%，有 31 个贫困县脱贫摘帽，涌现出了一批勇挑重担、攻坚克难、工作扎实、成绩突出的先进集体和先进个人。为表彰先进，树立典型，省脱贫攻坚领导小组评选出"全省脱贫攻坚先进集体"100 个，"全省脱贫攻坚先进个人"199 名，"全省脱贫攻坚帮扶先进集体"189 个，"全省脱贫攻坚帮扶先进个人"410 名。

据了解，2019 年，酒钢集团公司聚焦"两不愁、三保障"目标，紧盯贫困对象和脱贫任务，全面推进帮扶各项工作。全年，集团公司领导赴帮扶点入户 40 人次，中层帮扶干部入户 1221 人次；集团公司直接和间接投入帮扶资金640万元，实施重点帮扶项目16个，购销农副产品价值400余万元，帮扶10个村1848户7494人全部达到“两不愁、三保障”的条件，为古浪县实现整体脱贫摘帽作出贡献。

（张志方）

爱心路灯照亮村庄

到1月2日，德龙钢铁投资兴建的路灯照亮周边10千米村庄的主要道路已达半年之久，为附近村民生活带来了便利。近年来，德龙钢铁主动履行社会责任，针对周边3个村庄干道的路灯不亮、没有路灯的情况，面向全体职工征集路灯设计方案，出资对厂区周围村庄近10千米的道路进行改造，并安装了新的路灯，形成了一道靓丽的风景。

（原刊于《中国冶金报》2018年1月9日2版　杨胜敏　摄）

中天钢铁在行动

中天钢铁参与援助西藏产业扶贫项目

近日，日喀则市卡嘎镇菜籽油加工项目签约和奠基仪式在西藏日喀则市卡嘎镇举行（如图）。据了解，该项目为海关总署进藏推进产业扶贫项目，包括中天钢铁在内的5家江苏企业和拉萨海关共同出资220万元用于援助卡嘎镇菜籽油加工项目。该项目建成后，卡嘎镇将拥有1条年产200吨精炼油的生产线，有效解决当地油菜籽深加工问题，为当地创造新的就业机会，推动当地实体经济高效发展。

（原刊于《中国冶金报》2019年11月14日1版　记者　朱元洁　文　钟梨　摄）

以工促农产业兴　脱贫致富生态优

——立恒集团发展光伏香菇产业实现精准帮扶侧记

4月16日清晨，当人们还在睡梦中时，家住山西省曲沃县席村的朱俊义，已早早来到山西立恒钢铁集团公司太子滩现代农业示范园区（以下简称太子滩农业园区）光伏香菇大棚内，开始采摘香菇。而这时的《中国冶金报》记者，也正走在太子滩农业园区里。

千亩油菜花盛装迎客，散发出沁人心脾的清香；掩映在金色花海中的高科技智能联栋温室大棚内，精心培育的60余万株凤梨、红掌等高档花卉长势喜人，即将迎来销售旺季。与高科技智能联栋温室大棚隔路相望的400栋光伏香菇大棚内，由立恒集团精准帮扶的数十家邻村贫困户正在采摘和分拣香菇，即将迎来好收成。

“这里原先是一片盐碱地，由于常年返碱严重，农民无法耕种，土地几乎没有收益。”立恒集团总经理张天福告诉《中国冶金报》记者。为造福一方百姓，改善生态环境，实现土地资源的高效利用，2012年以来，立恒集团积极响应国家“以工促农”的政策号召，在当地党委、政府的支持帮助下，先后投资2亿余元，以工业经营农业的形式，以租用流转土地的方式，对公司周边2个乡镇、12个行政村、2000余户的近万亩盐碱土地，实施了集中连片式的综合治理改造。至此，这片土地产出收益由原来的亩均不足百元提高到现在的4万元以上，不仅提高了土地利用率，减少了污染，净化了空气，还使区域生态环境得到了有效治理和保护。

立恒集团建厂10余年来，在做好钢铁主业的同时，始终不忘自身肩负的社会责任，每年拿出巨资投入精准帮扶事业，不仅为企业持续发展壮大赢得了民心，也为国家全面建成小康社会做出积极贡献。

结成帮扶对子，帮助农户实现脱贫致富

4月是香菇生长旺季，朱俊义每天可摘200多斤新鲜香菇。只见一筐筐香菇摘满后，他又将其送到园区冷库，由公司库管人员过磅称重和打冷处理。在此期间，朱俊义还不时启动香菇棚内的雾化喷水装置，保证香菇生长所需的温度和湿度。等他忙完棚内所有的管护工作，差不多已到中午，基本不耽误家里的其他农活儿。

朱俊义是立恒集团现代农业示范园区400栋光伏香菇大棚的承包户之一，此前常年在家务农，收入十分微薄，是公司周边邻村的贫困户。2016年10月，立恒集团对太子滩万亩盐碱地实施综合治理改造、开发建设光伏香菇产业扶贫项目后，便与朱俊义结成帮扶对子，与其签订香菇大棚种植承包合同，由公司免费进行香菇种植技术培训，免费提供香菇大棚、菌棒、菌架、保温设备等生产设施，并配套建设香菇菌棒生产车间、鲜菇仓储冷库，配备产品外销冷藏车，香菇的仓储和销售全部由公司负责。

在立恒集团全方位的精准帮扶下，2017年5月，第一茬香菇上市后，直接为朱俊义带来了15000元的收入，基本实现了脱贫的目标。

像朱俊义这样与立恒集团结对子承包香菇大棚的邻村贫困户，还有数十户。他们在立恒集团香菇产业的精准帮扶下，一户户都实现了脱贫致富，步入了小康家庭的“快车道”。

农光互补，打造生态循环农业典范区

“我们在对盐碱地实施治理改造、上产业扶贫项目时，充分考虑了高效、绿色、有机、循环因素，因地制宜地发展了香菇种植、花卉培育、莲藕种植、水产养殖等扶贫项目，并采用‘公司+基地+农户’的现代农业发展模式，由公司免费提供生产资料和技术指导，生产全过程严格按照无公害农产品生产

要求实施管理，所有产品全部由公司按照保护价格进行统购统销，进而实现企业与农户的双赢。”张天福说。

据了解，立恒集团光伏香菇产业扶贫示范项目，既符合国家新能源产业政策的发展要求，还可通过空间立体化利用，在不改变土地属性的前提下，实现节约用地、提高产出的目的，具有不与农争时、不与人争粮、不与地争肥，且绿色循环等优点。

张天福说，光伏香菇大棚顶部的光伏板在吸收太阳光发电的同时，可为香菇种植遮挡光线；大棚内数千个菌棒分层摆放在一排排的菌架上，不会受到盐碱土质的影响，以实现空间的立体化利用。另外，使用过的废弃菌棒还可加工成为有机肥料和生物质燃料，最终实现全产业的绿色循环发展。以现有的 20 兆瓦光伏发电规模和 400 栋香菇大棚产能计算，每年可实现发电产值 3600 万元，年香菇产值 6000 余万元。同时，公司还安置了周边邻村剩余劳动力数百人，为地方经济发展和产业转型起到了积极的推动作用。

经过 6 年多的开发建设，曾经贫瘠荒芜的太子滩万亩盐碱地，如今焕发出勃勃生机，已变成一家集高科技智能温室区、农光互补产业区、南渔北引示范区、双千亩莲鱼共养区、晋国文化游览区、生态湿地保护区六大区域于一体，具有现代农业示范、特种水产养殖、文化旅游观光、湿地公园休闲、大气环境改善、工业用水保障六大功能的省级现代农业示范园区，初步形成了“企业带基地、基地带农户、农户促企业”的良好格局。立恒集团先后荣获“全国基层农业科技试验示范基地”“山西省无公害水产品产地”“山西省无公害农产品产地”“省级休闲农业与乡村旅游示范点”等多项称号。

在此基础上，立恒集团将继续以菌棒供应、技术指导为依托，引领并带动周边百姓和贫困户共同发展香菇、莲藕、花卉种植产业，实现农业产业的规模化、现代化发展。同时，立恒集团还将投资上千万元，新上香菇产品深加工、销售冷链物流等项目，推动企业扶贫产业由种植基地向加工制造基地转变，全力推进园区生态化建设，完善休闲农业设施，深度挖掘文化内涵，最终把园区打造成为美丽乡村展示、绿色农业示范和生态循环农业典范区，实现“村庄美、产业兴、农民富、环境优”的总体目标。

航拍的立恒集团光伏香菇产业扶贫示范项目

（原刊于《中国冶金报》2018 年 5 月 9 日 1 版　实习记者　丁卫国　文/摄）

德胜钒钛捐赠资金助力乐山市脱贫攻坚

日前，四川德胜集团钒钛有限公司向乐山市市中区扶贫事业捐赠500万元。至此，德胜钒钛2018年1月已捐出508万元回报社会。据统计，2017年，这一数字为2135.274万元。这些款项都被用于了乐山市的扶贫、教育和基础设施建设。

2017年9月，乐山市异地扶贫搬迁住房建设任务全部完成。用于住房建设的钢材中，有相当部分由德胜钒钛制造。这些产品“除了出力还让利”——在金口河、马边、峨边、犍为的异地扶贫搬迁项目中所用的钢材，该公司共让利100多万元。“这是企业应尽的责任。”在谈及为脱贫攻坚所做的努力时，德胜钒钛董事长周平如是说。

发展企业，回报社会。20年来，该公司捐资捐物合逾3亿元。无论企业经营状况是低谷或红火，该公司出资出力回报社会的追求始终外化于行，未曾停止。

（原刊于《中国冶金报》2018年3月9日7版　通讯员　张斯炜　特约通讯员　王立新）

家国情怀　责任担当

——龙腾特钢帮扶贫困村脱贫攻坚纪实

一

这里是常熟市三个最大的蔬菜基地之一。

霏霏细雨之后，穿行在两行苍翠欲滴的行道树和一片蔬菜大棚之间，透过大棚撩开的塑料布幔，可见大棚内密密匝匝、长势茂盛的黄瓜、西红柿和西蓝花等蔬菜。放眼四顾，这是一个绿水环绕的村庄，许多崭新的农家住宅楼掩映在四处浓郁的绿树丛中。不远处的省道边，三座脚手架围护的高大厂房已经封顶。村委小办公楼的一边，竣工不久的老年活动中心正在装修，不过这里最醒目的是新落成的“新时代文明实践站”外墙上的一块红色标牌，上书“常熟市龙腾特钢结对扶贫示范点”，这里就是龙腾特钢对口扶贫的梅李镇珍北村。

在龙腾特钢持续十年的帮扶下，珍北村的人均收入已经从2009年的12000元增加到2019年的34600元，2020年可望突破4万元。村级总收入从2009年的104万元增加到2019年的393万元，2020年在疫情影响之年仍然取得了同比增长4%的成绩，首次突破400万元。

令人欣喜的是，珍北村在摘掉了贫困村的帽子的同时，还获得了“苏州市美丽村庄先进集体”和“现代农业先进集体”等光荣称号。而龙腾特钢，也成为当地高质量完成脱贫攻坚帮扶目标的先进典型单位。

二

小康不小康，关键看老乡。

2010年元旦后不久，龙腾特钢党委书记、董事长季丙元专门召开了一次党委和企业高管联席会议，他在会上提出了“扶贫攻坚，村企共建”方案，决定承担帮助梅李镇人数最多的贫困村珍北村脱贫致富的攻坚任务。季丙元书记说，消除贫困、改善民生、带领广大群众共同致富，是我们党改革开放之初就确定的使命，也是我们龙腾特钢应尽的义务。我们都是是土生土长的当地农民，经济发展了就要带着农民兄弟一起致富。龙腾特钢党委要把协助珍北村脱贫作为分内职责。

这群戴着安全帽的钢铁工人，大多是从田野里走出来的当地青年农民，怀着对故乡父老乡亲的感恩之心和报效故乡的家国情怀，他们把帮助贫困村早日脱贫致富作为反哺故乡的实际行动。

会上，季书记还提出要做到“授人以鱼”与“授人以渔”并举、龙腾特钢“输血”和珍北村“造血”并重，并决定从 2010 年起每年向珍北村提供 30 万元扶贫款。同时，要协助珍北村找准短板，制定扶贫计划，因地制宜地从农家工商三方面为珍北村确定精准扶贫项目。

为了把对口扶贫工作落到实处，党委决定由季丙元书记挂帅，由当过村支部书记、富有农村工作经验的党委副书记丁君华负责与珍北村党支部的对接和具体工作。十年来，丁君华每年都要专门围绕脱贫工作与珍北村支部一班人共同谋划发展目标、扶贫线路，工作步骤等，为珍北村脱贫致富献计献策。而十年来，龙腾特钢无论企业利润厚薄，每年都确保按时足额地向珍北村提供 30 万元扶贫资金，为村级经济发展打底子。

三

珍北村共有 59 个村民小组，1407 户农户，5102 人，全村农户分居在 6.58 平方公里的区域范围内，有 6400 亩耕地，农业上主要以蔬菜种植为主。

自从龙腾特钢与珍北村建立对口扶贫关系之后，公司党委和行政班子人员都成为致富信息的有心人，热心于为村里脱贫贡献良方。2014 年，丁君华协助村里引进或改良了葡萄等瓜果品种，其中村里大棚种植的“吉健牌”葡萄由于有个儿大、口味清甜和有机种植等优势，每年上市后都供不应求。种植面积从起初的 250 亩，增加到 600 多亩，到 2019 年底，全村涌现三四十户葡萄种植大户。2019 年，珍北村共收获葡萄等瓜果 60 万公斤，销售收入达到 406 万元。

村里为不断提升村民种植技能，增质保量，促进农民增收，还建立了专业果蔬合作社，引导和带领村民发展高效益绿色果蔬。珍北村农户还热情地指导邻村农户种植葡萄，毫无保留地向他们传授葡萄种植技术，为邻近村民增收发挥了作用。

珍北村农业以蔬菜种植为主。2013 年，龙腾特钢鼓励并资助菜农建设钢架标准大棚菜园，蔬菜种植区域机耕作水平也有了提高，并以点带面发展大棚种植，逐步扩大直到在全村农户普及，从而改变了过去菜农“靠天吃饭”和“受制于天”的状况。在龙腾特钢的支持下，村委会在蔬菜种植大棚内添置了通风、灌溉等设备，新建了配套的沟渠，改善了种植环境，累计发放惠农大棚 3800 多套，还新建节水灌溉泵站 17 座，铺设的管网长达 30 多公里，实现了全村农田节水灌溉全覆盖和灌溉的半自动化。村里还多次邀请蔬菜种植能手殷健、任建洪等村民在村里开展经济作物农技培训讲座，针对蔬菜等农作物容易出现的问题和病虫害防治普及科学知识，提高了菜农的大棚种植管理的水平。

在龙腾特钢的帮助下，珍北村的大棚蔬菜种植面积已从 2013 年的 1800 多亩增加到 3500 多亩，大棚生产的西红柿、黄瓜、茄子、西蓝花等蔬菜成为常熟城区和邻近城市的抢手货。2019 年，珍北村全年收获各类蔬菜 1100 万公斤，实现销售收入 1600 万元。

龙腾特钢还利用多条省市级公路穿村而过的交通优势，协助珍北村在公路沿线建设厂房。2019 年，珍北村决定对以前的一座厂房进行改造扩建，以取代 20 世纪八十年代末建设的单层厂房，新建的标准厂房面积为 10231 平方米，是原单层厂房的 3 倍。在市镇两级政府的支持下，项目被列入“苏州市贫困村抱团发展转化项目”，在本村及苏州、常熟两市和龙腾特钢的资助下，珍北村投入2400万元建设基金。这座新厂房到2020年底可交付使用，启用后每年可为村里新增200万元租金。

四

经过十多年的努力，珍北村的人均收入从2009年1.2万元增加到2019年3.46万元，2020年可望达到人均收入4万元。已经摘下贫困村帽子的珍北村如今，正在开展美丽乡村建设，这个十年前还没有一条水泥路的贫困村，如今全村四通八达的水泥路贯穿59个村民小组的所有农民家，目前全村家家户户都住进了楼房。

在这基础上，珍北村立足本村实际，落实党中央乡村振兴战略要求，2015年以来，建成苏州市级“美丽乡村”村庄两个，二星、三星级康居乡村11个，2020年，村里加快落实“千村美居”步伐，上半年开工在建村庄达到8个，计划年内启动13个自然村庄的整治改造，村容村貌得到了极大的的变化，昔日贫困的珍北村如今，在习党的富民政策指引下，过上了小康生活。

在帮扶珍北村脱贫致富的同时，龙腾特钢以习近平总书记强调的“实施乡村振兴战略的总目标”为指导，根据“产业兴旺、生态宜居、乡风文明、治理有效、生活富裕”乡村振兴总要求，推动珍北村的环境文明和精神文明建设。

为加强农村精神文明建设，满足村民的精神文化需求。龙腾特钢出资为设在村内的珍门小学建设了环境优美，设施齐全的共享法治广场，村民闲暇时常在广场上开展健身和文娱活动。为了服务村民，村里建设了“日间照料中心”，内设阅览、电视、棋牌、医务、小食堂等，便于村民分室活动，预期今年9月启用，启用后成为珍北村基层宣传文化工作和精神文明建设的新平台。

在从经济、信息、精神文明建设等方面大力帮扶珍北村的同时，2019年，龙腾特钢党委一鼓作气，通过市有关部门开展易地扶贫帮困活动，他们与贵州省思南县竹山村结成帮困对子，决心按照习近平总书记关于“两不愁三保障”这个主要目标，做出新的贡献。

为实施新的扶贫目标，公司党委副书记丁君华去年5月专门携带龙腾特钢的爱心捐款前往贵州大山深处的竹山村看望村民，与村委就脱贫攻坚等工作作了探讨交流。2020年是我国全面打赢脱贫攻坚战、龙腾特钢在全面建成小康社会的决战期，以高度的社会责任感，通过采取扎实有效的举措，为实现这一伟大目标作出了就有贡献。

在倾力帮扶贫困村的过程中，这十年来，龙腾特钢以一个民营企业的社会担当精神，为铺路搭桥、助学济困、赈济灾区、慈善捐助、乡村美化和亮化等公益事业建设、提供了上千万元的资助。为报效国家、报效故乡、奉献钢铁工人的赤诚之心。

（李根龙）

北京科技大学打造高校定点扶贫“秦安样本”

北京科技大学（以下简称学校）自2012年与甘肃省秦安县建立结对帮扶关系以来，遵循“秦安实践出题，科大智库答卷”的基本逻辑，聚焦“两不愁三保障”突出问题，形成“以加强党建为先导、教育扶贫为主线、产业扶贫为主题、科技扶贫为支撑”的定点扶贫工作思路，全方位、立体式打造高校定点扶贫“秦安样本”。2019年，学校全面超额完成定点扶贫责任书各项任务，助力秦安县实现整县脱贫摘帽。学校被评为“2019年度甘肃省脱贫攻坚帮扶先进集体”。

全面超额完成定点扶贫任务

2019年，北京科技大学对秦安县投入帮扶资金386万元；引进帮扶资金311万元；培训基层干部387人；培训技术人员1420人；购买秦安县农产品226万元；帮助销售农产品461万元。助力秦安县完成减贫3.25万人，贫困发生率下降至0.76%。

打造乡村教育精准扶贫体系

聚焦控辍保学。鼓励学校教师、校友和爱心人士一对一结对帮扶贫困学生，并开展暖心、励志教育，累计资助贫困学生405人（合计20万元/年）。设立“励志助学金”（10万元/年）和“鼎新奖学金”（10万元/年），帮助贫困学生顺利完成学业。组织12名贫困家庭优秀学生参加“手拉手共度六一”游学北京活动，丰富成长体验，助力全面发展。

推动助教兴学。建设研究生科技服务基地等9个教育基地。以“送教下乡”方式对全县教学点的260名教师进行培训。每年出资设立10万元“敬业奉献奖基金”，表彰秦安县优秀教师。组织秦安县2名校长去北京挂职进修。每年选派4名优秀研究生赴秦安县支教，参与课堂教学和第二课堂建设。组织教授到秦安中学举办科普、励志讲座10场，参与4000余人次。

实施捐资助学。向中国扶贫基金会争取爱心包裹项目，并将价值200余万元的爱心包裹发放给全县2万余名乡村小学生。北京少年创客研究院为“秦安县少年创客工作室”捐赠价值100万元的设备和教程。中国光华科技基金会向百所学校捐赠价值100万元的爱心图书。中国青少年发展基金会捐资10万元资助100名贫困学生。携手腾讯、中美教育实施“智慧校园”项目，覆盖秦安县62所中小学。

开展产业扶贫助推产业升级

提升城乡发展规划水平。特聘中国中小商业企业协会7名领导专家为“县域经济发展顾问”，为秦安县经济发展出谋划策。举办“2019年中国·秦安党建引领乡村振兴战略论坛”，汇聚多方专家学者为秦安县发展把脉问诊。携手浙江大学编制《秦安县国土空间发展规划纲要》《刘坪桃花小镇概念性规划》，提升城乡产业规划水平。

推动传统产业升级发展。培训企业管理人才、农技人才和农村创业致富头人1420人。联合金融机构实施苹果“保险+期货”项目，投入50万元保费补助1516个贫困户苹果种植实现收益保底。捐资20万元援建果品分拣“扶贫车间”，吸纳25名贫困村民家门口就业。投入20万元修建产业路60公里。向贫困村民发放优质苗木7.5万株，扩大种植2000余亩。

拓展农特产品销售市场。校地双方签订《政府采购协议》，通过举办农特产品展销会、工会福利采购、“爱心大礼包”认购、后勤集中采购和食堂“扶贫窗口”销售等方式开展消费扶贫226万元。同时，组织果树网络认购、公益营销大赛、引进电商平台和校友企业等，帮助销售农特产品收入460余万元。

助力文化旅游产业开发。举办“大地湾文化与科技国际学术研讨会”，扩大秦安县国内外文化影响力。联系中央电视台《中国影像方志》栏目拍摄甘肃“秦安篇”，讲述“羲里娲乡”故事。携手北京林业大学编制《秦安县绿地景观提升规划》，将秦安悠久历史文化融入产业升级发展。组织“秦安文化走进北科大”，邀请非遗项目传承人到学校展演展示秦安文化。

实施科技扶贫助力提质增效

划拨50万元专项经费围绕秦安县教育、科技、文化、健康等发展问题进行研究。邀请10余支专家及研究生团队赴秦安县开展“科技下乡”，入选“全国高校师生主题社会实践百个优秀团队”。依托科技史一流学科开展秦安县遗址保护开发和国家级非遗项目申报；推动经管学院与秦安县果品龙头企业签订战略合作协议；依托环境学科参与秦安县污水处理项目，进行农村“厕所革命”试点改造；依托教育学科开展乡村教师“走教模式”研究；依托学校医学大数据联合体在秦安县建立“健康扶贫社会服务基地”，助力秦安县获批“全国首批健康扶贫示范项目”，选派医生赴空军特色医学中心等进修。组织专家团队为麦积区铷矿资源勘探、张家川县铁铜矿开采及冶炼提供技术支持。

构建抓党建促脱贫帮扶模式

构建“高校党支部+贫困村党支部”的浸入式共建帮扶模式。组织学校先进党支部、二级单位分别与秦安县8个贫困村党支部和4个贫困村开展结对共建，带动学校“十佳团支部”与秦安县桥南中学13个团支部结对共建，找准结合点，开展党建交流、教育培训、文化交流、捐资助学、消费扶贫等活动。

构建“典型案例探索+普遍经验推广”的点面结合帮扶方式。成立“北科大秦安扶贫临时党支部”，强化挂职干部队伍建设和理论研究。国务院扶贫办《扶贫开发》、教育部网站“一线采风”栏目、甘肃省脱贫攻坚专报、甘肃脱贫攻坚动态等集中报道学校典型案例8篇。中央电视台、新华社、人民日报、光明日报、中国教育报等宣传报道学校工作成效20余次。

构建“贫困村实践出题+理论研究答卷”的实践理论互动机制。聘请学校马克思主义学院院长等为“秦安县党建顾问”，开展县域党建课题研究，探索农村党建工作的有效形式和途径。依托“北科大驻秦安县第一书记工作室”，一年来工作团队在重要学术期刊发表基层党建、贫困村治理等文章6篇；获批教育部直属系统挂职干部扶贫专项课题1项。

（北京科技大学扶贫办　蒋灵斌　沈　崴）